权威·前沿·原创

皮书系列为
“十二五”“十三五”国家重点图书出版规划项目

BLUE BOOK

智库成果出版与传播平台

北京蓝皮书
BLUE BOOK OF BEIJING

中国社区发展报告（2019~2020）

ANNUAL REPORT ON COMMUNITY DEVELOPMENT OF CHINA (2019-2020)

主　编／谭日辉
副主编／李金娟　穆松林

社会科学文献出版社
SOCIAL SCIENCES ACADEMIC PRESS (CHINA)

图书在版编目(CIP)数据

中国社区发展报告. 2019－2020／谭日辉主编. －－
北京：社会科学文献出版社，2020. 8
（北京蓝皮书）
ISBN 978－7－5201－6713－0

Ⅰ. ①中… Ⅱ. ①谭… Ⅲ. ①社区建设－研究报告－
中国－2019－2020 Ⅳ. ①D669. 3

中国版本图书馆 CIP 数据核字（2020）第 092148 号

北京蓝皮书
中国社区发展报告（2019～2020）

主　　编／谭日辉
副 主 编／李金娟　穆松林

出 版 人／谢寿光
责任编辑／王　展

出　　版／社会科学文献出版社·皮书出版分社（010）59367127
地址：北京市北三环中路甲 29 号院华龙大厦　邮编：100029
网址：www. ssap. com. cn
发　　行／市场营销中心（010）59367081　59367083
印　　装／天津千鹤文化传播有限公司

规　　格／开 本：787mm×1092mm　1/16
印 张：23. 25　字 数：345 千字
版　　次／2020 年 8 月第 1 版　2020 年 8 月第 1 次印刷
书　　号／ISBN 978－7－5201－6713－0
定　　价／128. 00 元

《中国社区发展报告》编委会

主　　　　编　谭日辉

副　主　编　李金娟　穆松林

课题核心组成员　谭日辉　李金娟　穆松林　李　茂　王　涛

本　书　作　者　（以文序排列）

谭日辉　王　涛　李树丛　毕　娟　李　茂
罗　旭　张佳鑫　白慧君　冯　昊　张　慧
刘　姝　李金娟　李晓壮　赵　一　柴浩放
李红武　刘吉新　杨育忠　李　露　安若冉
海淀区志愿服务联合会课题组　李　宁
金　桥　祝　琳　马晓燕　张菊枝　宋　梅
王雪梅　周剑洋　朱海龙　徐　焕　黄家亮
马　颖　殷星辰　焦若水　高怀阳　张思杰
穆松林

主要编撰者简介

谭日辉　博士，研究员，北京市社会科学院城市管理研究基地主任。主要研究领域为社区、城市治理、社会治理、应用社会学等。主要代表作为《一个南方城市的空间社会学研究》（专著）、《北京社区治理机制研究》（专著）、《管理创新与政策选择——政府培育扶持社区社会组织的研究》（合著）、《社会心态与民生建设研究》（合著）、《2020北京城市空间格局优化研究》（合著）、《社会组织发展的深层困境及其对策探讨》（论文）、《北京城市空间格局优化研究》（论文）、《三轮驱动与北京特大城市治理体系创新》（论文）。

李金娟　博士，北京市社会科学院社会学研究所助理研究员。主要研究方向为社区治理、社区养老。

穆松林　博士，北京市社会科学院社会学研究所副研究员。主要研究方向为社区治理。

摘　要

本报告是北京市社会科学院“中国社区发展报告”课题组编撰的2019～2020年度分析报告，由北京市社会科学院城市研究所组织研究机构专家、高校学者以及政府研究人员撰写。

本报告分析了2019～2020年中国社区发展的现状、挑战以及发展趋势。本报告以翔实的统计数据和实地调查资料为依据，分六大板块，以2篇主报告和24篇分报告，分别讨论了中国社区发展，特别是北京、上海等特大城市社区发展的总体情况和未来趋势。主报告分别立足国家层面的宏观高度和大型城市层面的发展视角，对基层城乡社区治理现状进行分析，在此基础上形成对当前社区治理总体形势的科学研判；针对我国大型城市社区居家养老的发展形势和路径提出对策建议。第二板块由5篇文章组成，深入分析了社区公共卫生领域的热点议题，例如公共卫生事件中的城乡社区防控、互联网医疗的介入路径、社区服务模式，以及社区医疗保健应用于养老服务的社区医养结合发展等问题。第三板块由5篇文章组成，分析了城市社区养老服务功能整合、服务模式的融合发展以及社区老年教育等内容，并立足北京实际着重提出建构首都科学养老服务模式的对策建议。第四板块的4篇文章分别结合北京、上海等地的经验及实践，运用定性与定量相结合的研究方法分析了当前城市社区参与模式创新发展问题，并从不同研究视角提出对策建议。第五板块分别从社区居委会、社区服务站、物业管理等不同治理主体层面展开关于社区多元协商共治共建共享格局的探讨。第六板块由5篇文章组成，立足社区发展，从智慧社区发展趋势、社区基金会、北京昌平城乡接合部未来发展、西北地区城市社区治理改善以及北京社区公共设施空间布局优化等视角进行探讨并提出应对措施。

序

《中国社区发展报告（2019～2020）》包括两个主题，一个是“社区发展”，另一个是延续2019年度蓝皮书的主题——“社区养老”。

社区养老自不待言，一方面，应当保持连续性；另一方面，养老也确实成为党和政府高度重视的问题，对此，党中央、国务院专门印发了一份应对人口老龄化的国家战略规划！至于社区发展，一方面与蓝皮书的书名契合；另一方面书中文章所涉及的热点问题，即社区治理、社区物业、社区养老、社区卫生以及社区志愿者等都属于社区发展的领域。因此，对上述两个主题的研究肯定具有重要的学术价值和现实意义。

如果考察社区发展这个术语的话，它应当是由美国学术界首先提出的。1947年，美国印第安纳厄尔翰学院威廉·毕都（William Biddle）教授开设了Community Dynamics课程，后来，该课程发展为在80多所大学和学院设置的Community Development（社区发展）课程，它是一个包括社会学、心理学、社会工作、城市规划、家政学等的跨学科的课程。20世纪60年代，美国联邦政府开始了全国性的社区发展运动；1970年，美国专业性的社区发展学会成立；80年代，该学会拥有会员上千人，分别活跃于大学、政府、企业和社区组织中。直至今天，社区发展仍然是美国不少大学城市社会学和社区研究的主要课题之一。例如，美国哈佛大学前社会学系主任、亨利·福特讲座教授、美国国家科学院院士罗伯特·桑普森（Robert J. Sampson）教授，就是城市社会学和社区发展研究的领军人物。在1999年出版的《城市问题与社区发展》这本书中，他提出了社区发展的五大目标，即：发展和增强社区的物质资本、人力资本、社会资本、财政资本和政治资本。

受美国社区发展研究和实践的影响，1951年，联合国经社理事会通过决议，试图利用社区组织中的社区福利中心作为推动经济社会发展的基本途径，后以社区发展来取代。1952 年联合国正式成立社区组织与发展小组，1954 年改为联合国社会局社区发展组。从此，社区发展在全世界特别是发展中国家展开。

在我们国家，刚开始进行社区建设的讨论时，也有人提出使用“社区发展”这个概念，但是后来，我们最终使用了“社区建设”。不过，总的来讲，社区建设与社区发展所关注的问题并没有多大差别。

例如，20 世纪 90 年代初美国开始进行的最重要的“全国社区发展行动”、“综合社区行动”和“社区建设行动”计划，其工作目标就包括强调社区的能力培养，加强居民之间的纽带联系，帮助居民以个人或者集体的方式参与社区变迁；强调社区参与、能力建设、社区治理、合作、社会资本建设，加强公众实践，关注种族问题等；努力解决诸如收入不足、青少年怀孕、住宅和公共服务短缺、犯罪和吸毒等社会问题。

笔者曾经对美国纽约和波特兰的一些社区做过田野调查，发现其社区组织和邻里委员会处理的事务包括老人和残障儿童的看护、财产税、社区环境美化、房地产事务、公共交通、青少年工作、图书馆、防火灾、环境教育、就业、食品卫生与供给服务、狗的特殊照顾、健康照顾、社会服务、立法、城市设施和预算、文化艺术节、儿童诊所、简讯、防洪等。

20 世纪 90 年代末，我们国家首先在城市开展社区建设，其主要内容有五项，即：社区组织建设，包括党组织建设、街居管理体制改革、居民自治组织、中介组织；社区服务，包括面向社区残疾人、老年人、优抚对象和社会困难群体的福利性服务，面向全体社区成员的便民利民服务和面向社区单位的社会化服务，面向下岗职工的再就业服务和社会保障社会化服务；社区卫生，包括社区的公共卫生、疾病预防、保健、康复、医疗和计划生育等；社区治安，包括社区的治安保卫、民事调解、帮教失足青年、防火防盗和其他社会治安综合治理工作；社区文化，包括各种群众性的文化、教育、科普活动，以及其他形式的社会主义精神文明建设活动等。

由于国情和制度的不同，美国的社区发展和我国的社区建设的内容，应当讲各有侧重，但是在为居民服务方面，总的来讲大同小异。特别是社区居民委员会在日常工作中面对的大量事务与美国社区邻里委员会所面对的相差无几。所以，在我国，社区发展与社区建设两个词应当是可以通用的。

社区建设经过十几年的发展，到2013年前后，开始进入社区治理的阶段。2013年11月，十八届三中全会召开，会议通过了《中共中央关于全面深化改革若干重大问题的决定》，全会发表的公报指出："全面深化改革的总目标是完善和发展中国特色社会主义制度，推进国家治理体系和治理能力现代化"，要"加强党委领导，发挥政府主导作用，鼓励和支持社会各方面参与，实现政府治理和社会自我调节、居民自治良性互动"。

《中共中央关于全面深化改革若干重大问题的决定》针对基层社会指出：要"发展基层民主。畅通民主渠道，健全基层选举、议事、公开、述职、问责等机制。开展形式多样的基层民主协商，推进基层协商制度化，建立健全居民、村民监督机制，促进群众在城乡社区治理、基层公共事务和公益事业中依法自我管理、自我服务、自我教育、自我监督。"

社会治理和社区治理的提出，是党的社会建设理论与实践的重大创新。因为此前一直讲的是要"加强社会建设和管理，推进社会管理体制创新"。相比社会管理，社会治理更具现代化的特征。虽然只有一字之差，但两者含义的区别相当大，可以讲，是执政理念的变化。

在城乡社区治理体系和治理能力现代化方面，2017年6月，中共中央、国务院专门颁布了《关于加强和完善城乡社区治理的意见》。这是新中国历史上第一个以党中央、国务院名义出台的关于城乡社区方面工作的纲领性文件，文件明确指出城乡社区是社会治理的基本单元，并提出了我国城乡社区治理的总体要求，规定了完善社区治理体系、提升社区治理能力、补齐社区治理短板等方面的内容。这一文件是对社区建设新治理观的深入阐释，开创了我国社区治理实践的新纪元。

2019年10月召开的党的十九届四中全会通过了《中共中央关于坚持和完善中国特色社会主义制度推进国家治理体系和治理能力现代化若干重大问题的决定》，在时间点上进一步提出"三个更加"的总体目标。到2021年即我们党成立一百年时，在各方面制度更加成熟更加定型上取得明显成效；到2035年，各方面制度更加完善，基本实现国家治理体系和治理能力现代化；到新中国成立一百年时，全面实现国家治理体系和治理能力现代化，使中国特色社会主义制度更加巩固、优越性充分展现。

通过以上简单的梳理，我们可以清楚地看出，我国的社区发展从20世纪80年代的社区服务开始，90年代末升级为社区建设，到本世纪的2013年再次升级为社区治理。因此，进行这方面的学术研究是非常必要的。

本书中有多篇社区治理的文章，既有北京的，也有全国各地的，都是学者们基于实地调研、反映现实的思考和研究。

从理论上讲，社会治理与社会管理最重要的区别就是多元主体协作治理而不是单个主体单方决定，这也应当是我们变社会管理为社会治理最主要的原因。党的十九大报告指出，我国的社会治理遵循的是“党委领导、政府负责、社会协同、公众参与、法治保障”的“五位一体”思路，即从一个主体变为党委、政府、企业和社会组织以及公民个人多个主体共同参与社会公共事务的治理，并用法治进行规范和保障。十九大报告还提出，要“打造共建共治共享的社会治理格局”。这里的重心在于一个“共”字，共建强调资源整合、合力合资，是治理的前提；共享强调成果共同受益，是治理的成果；而共治则体现着整个治理过程强调协商合作，共治的核心在于多元主体共同治理，即党委、政府、社会和个人共同推进治理过程。

社区养老延续了2019年的蓝皮书主题。2019年底，国家发布了一份非常重要的文件，这就是《国家积极应对人口老龄化中长期规划》（下文简称《规划》），事关2.5亿人。《规划》近期至2022年，中期至2035年，远期展望至2050年，是到本世纪中叶我国积极应对人口老龄化的战略性、综合性、指导性文件。

近期目标是到2022年，积极应对人口老龄化的制度框架初步建立；全员劳动生产率平稳增长，劳动年龄人口平均受教育年限稳步提升；基本养老保险和基本医疗保险实现法定人员全覆盖，养老保障水平正常调整机制初步建立；多层次养老保险制度体系初步构建，功能完善、规模适度、覆盖城乡、医养结合的养老服务体系基本建成，老年宜居的社会环境初步建立。此外，《规划》还指出了中期目标和远期展望。

《规划》再次明确了“健全以居家为基础、社区为依托、机构充分发展、医养有机结合的多层次养老服务体系”，并第一次将应对老龄化上升为国家战略。这充分说明了对养老问题的研究越来越重要。

《规划》还指出了主要问题和解决的措施，即目前我国居家、社区养老服务供给能力不足，养老机构服务供给总量短缺与结构性短缺矛盾并存。对此，一要提升居家社区养老品质，建立完善支持居家社区养老的政策体系；探索社区互助式养老，鼓励老年人根据喜好及相互约定，自愿开展多种形式的互助式养老；加强社区养老服务设施布局，加快建设分布式、多功能、专业化的社区养老服务设施。二要强化养老机构服务能力。一方面，要强化公办养老机构保障作用。另一方面，要大力发展民办养老机构，逐步形成以社会力量为主体的养老服务格局；全面放开养老服务市场，支持社会资本投资兴办养老机构，落实同等优惠政策。三要推进医养有机结合等。

蓝皮书的主编和各位作者都有社区研究的多年经验，撰写的文章都基于社会学实证研究的方法和路径，因此，理论分析及其归纳的结论肯定有助于我们对社区发展和社区养老诸问题的认识和解决。

夏建中

2020 年 3 月 28 日

前　言

本书是北京市社会科学院“中国社区发展报告”课题组对2019～2020年度中国社区发展的形势研究和预测的年度报告。本年度《中国社区发展报告》从以下五个方面展开分析，提出对策建议。

1. 社区卫生篇

“社区卫生篇”针对突发社区公共卫生事件情形下如何科学建构预警应急机制，从社区公共卫生规划引领的战略高度、强化社区防控的组织体系及专业统筹指导和人才储备、完善防控物资储备和分配机制、优化社区信息系统、构建人文关怀机制等层面提出政策建议；同时就互联网医疗概念及其创新应用、社区医疗保健的未来发展趋势进行了细致阐述。此外，报告还结合社会工作机构线上服务模式及农村社区在公共卫生事件中的应急治理现状分别进行深入论述。

2. 社区养老篇

社区养老服务模式的重要性已经成为共识，报告进一步从功能优化视角切入分析，主要结合当前北京市养老服务发展现状，针对当前社区养老服务模式发展进行理论探讨，以在社区层面进一步整合服务资源更好满足辖区老年人养老需求。报告指出，社区养老服务体系建设要加强顶层设计，推进社区嵌入式养老模式向社区整合服务模式演进，有效整合社区范围内多方服务资源，形成便捷、可及、可选，集公共福利和普惠市场化于一体的社区养老有效供给模式。

报告指出，养老服务需要更多制度创新和资源投入，一方面需要进一步提升养老相关事务的法治化、规范化水平，克服养老产品（服务）的市场推动力和竞争优化压力不足等问题；另一方面应注重从老人的实际需求角度制定养老政策，调整养老服务供给“指挥棒”，尽力避免“有行无市”，有层次有步骤推进养老服务体系高质量发展，加快为老服务护理人员队伍的职业化建设，最终实现养老服务的有效供给。

3. 社区参与篇

新时代，社区居民及其组织参与社区事务和活动的形式日益趋于多元，已成为社区发展不可或缺的重要力量。“社区参与篇”立足相关理论，依据有关统计数据，针对我国特大城市社区治理经验、社区楼组自治、志愿服务力量参与社区治理状况以及社区治理的性别参与等议题，从现状、问题、对策建议层面进行了详细剖析，有助于进一步推动基层社会治理实践发展。

4. 社区治理篇

随着社会结构变迁，社会主要矛盾的变化以及居民需求的日益多元化发展，传统的社区治理架构已经不适应当前社会发展要求。因而，为满足居民生活需求以及构建良好社会秩序，需要不断创新社区治理路径。社区治理篇基于不同理论研究视角，运用问卷调查等定量分析方法，结合上海、北京等大城市治理实践，从社区治理主体如居委会角色功能、社区服务站微治理机制、城市安全社区建设过程、城市社区协商议事运行机制以及物业管理等多维侧面切入剖析，展现、探讨了我国社区协同治理创新格局并在分析现状及问题的基础上提出对策建议，为促进社区善治提供了有益的研究视角。

5. 社区发展篇

报告基于对智慧社区的内涵，中国智慧社区发展历程、模式及问题的分析，对其未来发展趋势形成科学研判。以绿色发展理念为指引，报告认为，社区不仅是人民生活的“第一空间”，更是追求美好生活的“起始空间”，并结合北京社区公共设施的空间布局特征，针对存在问题与不足，提出社区公共设施空间优化路径。此外，报告基于社区发展视角，一方面立足全球视野，对社区基金会的中国发展路径给出了科学阐释；另一方面分别针对北京市城乡接合部地区社区（村）社会治理能力和水平的提升以及西北地区社区社会工作的发展提出对策建议。

本年度《中国社区发展报告》的作者均来自专业的研究和调查机构、

大学以及政府有关研究部门，各位作者的观点，只属于作者本人，既不代表总课题组，也不代表作者所属的单位。

本年度《中国社区发展报告》涉及的大量统计和调查数据，由于来源不同、口径不同、调查时点不同，可能存在不尽一致的情况，请在引用时认真核对。

本课题的研究受到北京市社会科学院的重点资助，本课题研究活动的组织、协调以及主报告的撰写，均由“中国社区发展报告”课题组负责。

本年度《中国社区发展报告》由谭日辉、李金娟负责统稿，主报告由谭日辉、王涛负责写作。北京市社会科学院科研处处长朱霞辉，社会科学文献出版社社长谢寿光、皮书分社社长邓泳红为本书的出版做了大量工作，在此表示诚挚谢意。

编 者

2020 年 6 月

目　录

Ⅰ　主报告

Ⅱ　社区卫生

Ⅲ　社区养老

Ⅳ 社区参与

Ⅴ 社区治理

Ⅵ 社区发展

皮书数据库阅读使用指南

主 报 告

General Reports

B.1

建设更加和谐稳定的社区

——2019～2020年中国社区治理形势分析与预测

谭日辉　王 涛*

摘　要： 本报告从基层城乡社区治理的现状分析当前社区治理的总体形势，探究城市社区与乡村社区发展的关联以及独特性，并从中分析城乡社区发展面临的问题与挑战，提出“精治、智治、共治、法治、德治”五位一体的治理思路，培育良好的社会心态与社会工作人才资源，夯实社区治理根基，以期为城乡社区建设提供思路，促进城乡社区治理的转型升级。

关键词： 城乡社区　精细化治理　社会心态　社区建设

* 谭日辉，博士，北京市社会科学院城市问题研究所研究员，北京城市管理研究基地主任，主要研究方向为社区、城市治理、社会发展与社会政策等；王涛，中国科学院大学硕士研究生。

当前社会治理重心下移与社区治理有效性提升成为新时代社会治理的重要命题，城市社区与乡村社区呈现不同的特性，要求我们采取不同的思路与方法，优化重构社区治理体系，促进城乡社区治理的转型升级。

一　2019 ~2020年中国社区发展总体形势

当前社会处于深度转型的关键时期，经济发展已经逐渐从注重发展速度向注重发展质量转型，社会民生发展与经济发展水平的同步性趋势进一步增强，城镇化水平进一步提升。在当前治理体系建设与治理能力建设的背景下，治理的理念与现代化进一步结合，社区作为国家治理的“最后一公里”，其重要性日益凸显，成为社会建设的重要着力点。在新的指导思想与方针政策下，中国的社区发展也呈现新的特点。

（一）城镇化发展造成了城市社区的扩张与乡村社区的衰落

国家的城镇化与经济的发展交织深入推进，人口的流动与社会分工的转型发展打破了传统社会赖以存在的根基，城镇化的发展起到了“催化剂”的作用，使得城市社区进一步发展与农村社区进一步衰落。国家统计局数据显示，2019 年末，我国常住人口城镇化率达到 60. 60% ，比 2018 年提高了 1. 02 个百分点；城镇常住人口 84843 万人，比 2018 年增加了 1706 万人；乡村常住人口 55162 万人，减少 1239 万人。而与之相对应的是农村基层自治组织的减少与城市基层自治组织的增加。截至 2018 年底，全国基层群众性自治组织共计 65. 0 万个，其中：村委会 54. 2 万个，比上年下降 2. 2% ；村民小组 449. 1 万个，村委会成员 221. 5 万人，比上年下降 1. 2% ；居委会 10. 8 万个，比上年增长 1. 3% ；居民小组 156. 3 万个，居委会成员 57. 9 万人，比上年增长 2. 3% 。

（二）城乡差距进一步缩小，基础设施不断完善

随着对农村经济发展支持力度的加大，城乡居民收入差距进一步缩

小。2019 年，农村居民人均可支配收入 16021 元，增长 9.6%，同比加快 0.8 个百分点；城镇居民人均可支配收入 42359 元，增长 7.9%，同比加快 0.1 个百分点。农村居民人均收入增速快于城镇居民 1.7 个百分点。城乡居民收入比值由 2018 年的 2.69 缩小至 2.64，城乡居民收入相对差距继续缩小。

同时，民生领域资源与投资的增加，使得城乡社区基础设施进一步完善，社区老年、儿童服务进一步增加。全国有 84.5% 的户所在社区（自然村）饮用水经过集中净化处理，比上年提高 2.3 个百分点；有 94.2% 的户所在社区（自然村）垃圾能够做到集中处理，比上年提高 1.9 个百分点；有 87.2% 的户所在社区（自然村）有卫生站，比上年提高 1.5 个百分点；有 98.5% 的户所在社区（自然村）通宽带，比上年提高 0.7 个百分点。社区服务中，2018 年，全国共有社区养老照料机构和设施 4.5 万个，社区互助型养老设施 9.1 万个，社区留宿和日间照料床位 347.8 万张。而 2019 年末全国共有各类提供住宿的社会服务机构 3.7 万个，其中养老机构 3.4 万个，儿童服务机构 663 个。社会服务床位 790.1 万张，其中养老服务床位 761.4 万张、儿童服务床位 9.7 万张。年末共有社区服务中心 2.6 万个，社区服务站 16.7 万个，城乡社区服务覆盖率进一步提升①。

（三）社区服务人员数量与素质进一步提升

社区工作人员的素质和能力直接决定了社区服务的水平与基层治理的能力。2012 年我国已经出台了《社会工作专业人才队伍建设中长期规划（2011～2020 年）》，提出到 2015 年社会工作专业人才总量达到 50 万人、到 2020 年达到 145 万人的目标。到 2019 年，我国已经累计有 33.2 万人取得了助理社会工作师证书，10.7 万人取得了社会工作师证书，全国社会工作人才总量已经达到 120 万人，照这样的势头下去，在 2020 年这一“十三五”规划收官之年，达到甚至超过 145 万人的目标没有问题。截至 2018 年底，

① 数据来源：民政部数据统计。

我国已有社会组织 817360 个，覆盖社会服务、养老、儿童、妇女、残障等多个领域，承接多项政府购买服务，发挥着巨大的社会力量①。

（四）城乡社区发展深化与转型的契机

有效应对公共卫生事件，既彰显了我国的制度优势，又凸显出社区与社会工作者的重要作用。公共卫生事件中也暴露出城乡基层社区治理的短板，也为城乡社区深化发展与转型提供了契机。

一方面，居民与社区的联系日益增加，对社区工作人员作用的认知不断加深，夯实了社区群众根基，为社区参与内容的深化和社区共商共建格局的构建提供基础。社区封闭期间，社区人员成为家庭与外界的窗口，买菜、快递、体温测量等一系列的措施，将居民与社区的关系进一步拉近，无形之中增加了居民的归属感与集体感。这对于当前社区，尤其是城市陌生人社区的深化发展与转型是一个契机。

另一方面，城乡基层社区建设与治理中的短板与不足，也为城乡社区接下来的发展指明了目标与方向。首先针对社区层面的预警能力、社会保障能力、应急能力以及社区秩序建设的不足，应积极增强社会工作者在政策倡导、社会救助、资源联结与精神文明建设等方面的专业服务和技能。其次把握好当前信息通信技术、大数据与智能化的发展趋势，逐步构建城乡智慧社区。国务院 2014 年发布《关于促进智慧城市健康发展的指导意见》，提出到 2020 年要建设一批特色鲜明的智慧城市（比例超过 50%）的长期目标。据智研咨询数据，2018 年我国智慧城市建设市场规模达到 7.05 万亿元，其中智慧社区市场规模约为 3920 亿元，占比约为 5.56%。智慧社区市场中，智慧社区智能家居产业规模为 920 亿元，规模占比为 23.47%；智慧社区视频监控设备产业规模为 438 亿元，规模占比为 11.17%；智慧社区通信产业规模为 198 亿元，规模占比为 5.05%。疫情期间，智慧社区更是已经成为

---

① 数据来源：民政部数据统计。

城乡社区的标配，社区的智能化建设可能成为城乡社区深化与转型的契机[①]。

二　2020年中国社区发展面临的难题与挑战

在当前“区－街－社区”三级治理结构模式下，责任向社区下沉，向网格延伸。以社区为基本单位实现网格化管理，发挥着至关重要的作用。在公共卫生事件中，广大社区工作者、基层民警、卫生服务站医生、下沉干部、志愿者等夜以继日、不辞辛劳、默默付出，悉心为群众服务，为遏制疫情扩散蔓延、保障群众生活做出了重要贡献。这既反映出我国治理体系的“短板”与不足，又深刻体现我国社区发展面临的普遍问题。正是这些问题的存在，使得社区在预警、物资储备、应急管理等方面出现“漏洞”。反观当前的社区发展，反思发展过程中社区存在的问题与不足，进而探求解决的路径与方法，是时代赋予我们的命题。

（一）传统社区管理模式难以适应现代社会的发展

随着我国进一步深化改革，巩固发展成果，注重经济效益与社会效益的结合，强调“五位一体”的总体布局，我国城乡的经济结构和社会生态发生了急剧转型，尤其是城市发生剧烈的变化。社区制在实践中形成了行政化治理模式和大众化治理模式，抑制了社区活力，造成了民主参与和治理绩效的双重失效。传统的社区管理模式越来越显现出弊端，难以与当前的社会发展接轨。

首先是当前居委会和村委会的自治功能与能力被行政体系弱化，难以发挥群众参与的制度优势。政府与公民社会的有效配合尚未形成，国家权力向社会的回归尚未完全实现，社会资本的重要作用尚未充分发挥。基层管理的主要职能是强化村社自治与提供居民服务，但是在当前的行政式“管理”

① 数据来源：智研咨询数据统计。

惯性下，村委会与居委会承接更多行政性的职能与任务，反而对社区居民服务、居民自治与居民共建活动有所忽视。注重“对上”贯彻与执行行政命令，忽视了“对下”的关切，未能形成上下畅通的沟通机制。其次，基层自治组织的赋权不足，缺乏自主性与积极性。在当前职能下移、权力下沉的背景下，城市传统的“街居制”管理占据重要的地位，街道办承担着一级政府的任务，行使了大量政府的责任与职能。但是由于街道办事处只是派出机构，不具有独立行使行政权力的能力，缺乏合法性的支持，难以有效发挥基层自治组织的功能。农村社区也是一样，权力集中于中上游，基层缺乏主动性与积极性，习惯于机械地完成上级的行政任务与命令，逐渐与社会的发展脱节，与群众脱离，缺乏应急处理的合法性基础与危机防控能力。

（二）人口的频繁流动增加了城乡社区的管理难度

我国的城镇化率从 1978 年的 17.92% 提高到 2019 年的 60.60%，城镇化的快速推进，不仅给城市的劳动力市场输送了大量工人，也为乡村的发展注入了资金与活力，促进了农业现代化与城市现代化的双向发展。但是，随着外来务工人员的增加与频繁流动，迁出地和迁入地社区的管理压力也呈现指数型增加。由于城乡二元户籍制度长期占据城乡管理的统治地位，与居民相关的福利制度与政策皆依托于居民户籍，包括养老保险、医疗保险等，形成显著的城乡二元福利特色，在制度未有效贯通与整合的情况下，流动人口与福利出现空间上的“分离”，给流动人员的就医、就业造成不便，也给迁出地的管理带来不便。而对于迁入地社区来说，流动人口的大量增加，不仅增加了人员管理的不便，还对社区的交通、生态、基础设施、综治安全等提出了更高的要求，需要关注流动人口与本地居民之间的矛盾与利益关系，促进外来人口的社区参与和社会融入。流动人口作为城乡联结的纽带，群体本身具有高度的异质性与独特性，其高度的流动性又成为社区安全与稳定的隐患。

（三）城乡社区参与意识与能力呈现二元分化

我国城乡社区参与也呈现明显的二元分化，乡村社区居民参与意愿较强，但是社区参与能力不足。城市社区居民参与能力较强，但是参与意识淡薄。城乡社区参与意识与能力的二元分化，加大了群防群治的难度。

传统的乡村社区是熟人社区，社区规模、血缘地缘纽带的维系以及长期以来集体经济的发展，将人们的关系维持在“较为亲密”的水平，因此居民集体感、社区归属感较强，参与意愿较高，社区动员难度较小。但是教育水平的落后与教育资源的贫乏，造成社区参与能力不足。城市社区在发展过程中逐渐偏向陌生人社会，居民缺少情感维系与集体的概念，彼此间较少存在利益的纠葛与联系，偏向于一个个独立的个体，因此对社区的归属感较弱，虽然本身素质较高，参与能力较强，但是参与意愿较弱。公共卫生事件中深刻体现出这一特征，城市社区居民能够自觉居家隔离、科学防护与自我抗疫，但是参与社区防疫抗疫的比例较小；乡村社区动员较为迅速，能够实现村民的积极参与，包括村民自发设置警戒线与关卡，但是容易出现不理智行为，包括挖路筑墙、破坏交通等。

（四）城乡社会工作人员的数量与质量在复杂的现实面前“捉襟见肘”

城乡社区显现出的共性问题，即社区内部利益关联复杂、社区类型多样、土地权属不清、居民需求多元的复杂现实和当前社区服务人员数量与素质不足、社会力量缺乏之间的张力。随着城乡社区的不断发展，政府、市场、社会对社区的影响日益增加，社区内部的利益关联复杂度提升，居委会、业委会、物业与居民之间利益的异质性增加了各主体之间的矛盾，也增加了社区治理的难度。乡村的社区类型较为单一，但是城市社区类型复杂多样，商品房、平房、单位大院、老旧小区、城中村、混合型社区，不同的社区具有不同的土地权属和特殊的现实问题，管理具有挑战性。同时，随着物质经济水平的提高，人们对生活质量与社会质量有了更高的追求，对美好生活的追求成为主流，人们期待更多的获得感与幸福感。

但是，当前社区的服务人员面临着人员数量与质量两方面的压力。一方面，治理体系建设要求更多的社会工作人员参与。另一方面，社会发展中出现的新变化，要求我们提升社会工作者的素质。截至 2019 年，我国已经累计有 33.2 万人取得了助理社会工作师证书，10.7 万人取得了社会工作师证书，但是随着居民需要更多现代化、个性化和多样化的服务，当前社会工作者的人数与素质远远无法满足现实的需求①。

（五）境外人员集中居住的大型老旧社区面临挑战

公共卫生事件中，上海、广州、北京等大城市成为重点防控区域。目前，中国疾控中心表示已经建立海关、入境人员 14 天隔离观察与医疗机构三道防线，将输入病例基本堵在了第一道和第二道防线。但是，目前北京、上海、广州等大城市已经有大量回国人员在社区进行居家隔离。部分不适合集中观察或单独居住的特殊入境人员也将回到所在社区进行隔离。这给社区工作带来新的挑战，尤其是居住于大型老旧社区的外来人员，面临社区居民密度大、人员流动性高、缺少物业管理部门的配合、消杀制度与设施不全等问题。

三　2020年中国社区发展态势和政策建议

新的一年，中国社区的发展应该立足于国家治理体系与能力的现代化建设，用系统性、全局性、城乡统筹的眼光来看待问题与解决问题，实施“精治、智治、共治、德治、法治”五位一体的治理思路，同时培育良好的社会心态与社会工作人才资源，夯实社区治理的根基。

（一）实施精细化社区治理新模式，促进“精治”与“智治”的融合

传统的城乡社区管理模式已经滞后于当前社会和经济的发展，官僚行政化的发展逐渐弱化了城乡社区的自治功能。因此要重新构建和完善城乡基层

① 数据来源：民政部数据统计。

治理体系，必须树立系统性、全局性的观念，实施精细化社区治理新模式，促进“精治”与“智治”的融合。

一方面，要树立“全周期管理”的治理理念和思路。当前的城乡治理过程中各个治理主体的关系未理顺，权责边界不明晰，容易造成多个主体之间的矛盾与冲突。政府主体占据强势地位，一家独大，而对驻区单位、社会组织、居民等主体地位的重视程度不足，难以构建平等对话的格局与平台。因此，在城乡社区治理过程中要树立“全周期管理”的思路，统筹治理过程中的各个利益相关者，并将制度建设、法制建设层层落实，从社区层面细化群防群控的精准度，实施更加精细化的城乡社区治理新模式。

另一方面，要把握好智能化技术、通信技术运用的新趋势，实施网络网格化管理，加快社区社群建设，利用大数据、人工智能、云计算等建立智慧社区，大力发展智能远程就医、远程开门、智能巡逻测温机器人等智能化产品，建设畅通的沟通机制与协商平台，将社区的每一位居民都纳入数字化的网络网格中，及时了解每一位居民的心理状态与需求，促进“精治”与“智治”的融合，提升城乡社区治理的有效性和智能性，提升城乡基层管理能力。

（二）创新社区居民参与模式，培育社区共同体意识以实现“共治”

社区居民的参与是社区治理的核心，社区参与是共同体意识的表现，也是推动社区自治的关键所在，是实现社区治理效益最大化、实现“善治”的根本要求。针对城乡出现的社区参与意识与能力的二元分化，实行具有针对性的策略，创新城乡社区居民参与的模式，培育共同体意识，以实现各主体之间的协商参与，实现“共治”。

首先，要加大无物业小区、新小区和农村社区的建设力度，引入政府、市场和社会各个主体，激活社区志愿服务，加大培育社区社会组织的力度，引进与孵化各种社区社会组织，提升社会组织参与社区治理的能力与水平。充分发挥社区社会组织的灵活性与专业能力，发挥资源联结的独特优势。搭建各主体平等沟通交流的平台，完善各主体在社区的共治共建共享新格局。

其次，把握好居民与社区联系日益密切的契机，进一步深化党建引领社区动员新模式。加强对社区公共卫生的重视，深入构建社区内各类党组织网络，挖掘退休党员资源，落实在职党员社区报到机制，构建“企业回报社区、党员服务社区”的新模式。夯实基层社区基础，努力实现社区党员、基层管理者、社区企业、社区组织、社区志愿者与居民多方协同参与，促进城市社区“党员带头、群众参与”局面的形成。对乡村社区，要进一步加强社区宣传与教育，通过组织村民大讲堂、社区联合大学，利用新媒体、网络平台等多个渠道，逐渐树立终身学习的观念，通过社区教育提升村民社区参与的能力与素质。

最后，重视外来人口的社会融入，城乡社区都应该营造出良好的社区氛围，努力减少人员的流动性。城市社区应该创造包容、发展、非歧视的氛围，引导外来务工人员与本地居民和谐共处。社区活动搭建平台，促进外来人员与本地居民的参与，逐步建立外来务工人员的社会支持网络与情感网络，增加其对社区的归属感和满意度，逐渐树立主人翁意识。乡村社区要进一步落实乡村振兴战略，以乡村振兴为抓手推进农村社区治理现代化，通过发展性地建设乡村社区，实现政治、经济、社会、环境、生态五位一体发展，建设和谐美丽新农村；提供更多的就业机会与平台，鼓励村民自主创业。逐步实现村民对美好生活的梦想，增强其居留的意愿，努力减少人员的流动性。

（三）促进社区的法治与精神文明建设，实现“法治”与“德治”的统一

良法是“善治”之前提，也是社会良性运行和发展的保障。精神文明建设是社会主义现代化的重要保证，也是社区现代化建设的重要前提。因此在城乡基层社区治理的各个方面，都要体现“法治”与“德治”的思维，用法律制度规范约束，用精神文明建设引领，实现“法治”与“德治”的统一。

首先，社区治理过程中，要坚持运用法治思维和法治方式科学有序地开

展工作。法治是衡量社会治理体系和治理能力现代化的重要标准之一。社会关系的调整与社会利益的表达，都必须严格遵循法定依据、法定职权和法定程序。基层社区法治建设中，要加强基本法治宣传和法律服务，组织基层开展普法宣传，引导广大人民群众增强法治意识，依法支持和配合社区法治建设。完善和社区居民相关的各项法律，真正做到“有法可依、有法必依、执法必严、违法必究”，将法治建设与法治观念内化于每一位居民的心中。

其次，加强社区精神文明建设，就是要在城乡社区加紧社会主义核心价值观建设、文明城市、文明村镇和文明社区建设。大力实施市民文明素质提升工程，着力提高文明礼仪素养、思想道德素养以及科学文化素养。大力推进村容村貌整治工程，涵育乡风村风民风，传承优秀乡贤文化。加大对道德模范的鼓励与宣传力度，切实做好城乡精神文明建设。

（四）培育良好社会心态，理性面对突发事件

社会心态像一个无形的能量场，影响着个人和全社会的心理和行为。疫情期间，当面临突发情况和危急情况时，不同的社会心态容易产生不同的社会情绪，进而产生不同的社会行为。因此，保持积极、理性、健康、良好的社会心态就显得尤为重要。社区层面培育居民良好的社会心态，首先要提供足够的社会心理服务。党的十九大报告指出“加强社会心理服务体系建设，培育自尊自信、理性平和、积极向上的社会心态”，十九届四中全会再次强调“健全社会心理服务体系和危机干预机制”。因此我们要充分发挥现有社会心理服务资源的作用，充分调动精神卫生和心理健康专家团队以及社会服务机构的积极性，通过多种渠道宣讲心理健康知识，提升心理健康素养。重点为防疫抗疫的医护人员提供心理建设服务，并对受疫情严重影响的人群提供长期的心理援助工作。其次，良好的信息公开与信息透明化建设可以有效缓解居民的紧张情绪，及时将国家的大政方针建设与各种施政方针政策公之于众，以引导居民情绪的合理宣泄，做好社会情绪的管理。社区层面应该加大对科学知识、理性情绪的宣传力度，要加强对社区居民的舆情引导，更好地强信心、暖人心、聚民心。

（五）培育社会工作人才资源，夯实社区治理根基

封闭式管理语境下，社区工作人员成为连接家庭与外界的纽带，社会工作人员的能力和素质直接决定了防疫工作的质量，也决定了基层城乡治理的成效。城乡社区的治理，归根到底是“围绕人”与“依靠人”来进行的，始终离不开人的参与，因此培育高层次的社会工作专业人才，夯实社区治理的基础，成为当前社区发展的首要任务。一方面，社会政策应该进一步向社会工作、社区工作人员倾斜，包括工作环境的改善、工作待遇和工资等的提升，保证社会工作人员能够留在社会服务领域。另一方面，社区与开设社会工作学科的高校联合培养专业人才，通过提供实践基地和督导的方式，为社会工作人才提供专业的实践场所，在提升我国社工人才质量的同时，增强社工高级人才的归属感。其次，完善社区工作人员“社工证”考核制度，鼓励社区工作人员不断学习，以面对日益复杂的社区环境和挑战。最后，要努力培育社区社会力量，促进居民与社会组织在各个领域的参与。

参考文献

陆继锋、陈庆道、赵辉：《基于社会治理重心下移的社区治理有效性提升：挑战与对策》，《山东行政学院学报》2019 年第 5 期。

赵志虎、陈晓枫：《加强自治，鼓励多元主体参与　大力推进农村社区治理转型升级》，《人民论坛》2019 年第 33 期。

罗家为、冯志峰：《城市社区治理的模式转向：社会化与专业化》，《甘肃行政学院学报》2017 年第 6 期。

陈燕、郭彩琴：《中国城市社区治理：困境、成因及对策》，《苏州大学学报》（哲学社会科学版）2016 年第 6 期。

何海兵：《我国城市基层社会管理体制的变迁：从单位制、街居制到社区制》，《管理世界》2003 年第 6 期。

肖林：《“‘社区’研究”与“社区研究”——近年来我国城市社区研究述评》，《社会学研究》2011 年第 4 期。

文丰安：《我国农村社区治理的发展与启示：基于乡村振兴战略的视角》，《湖北大

学学报》（哲学社会科学版）2020 年第 2 期。

姜晓萍：《国家治理现代化进程中的社会治理体制创新》，《中国行政管理》2014 年第 2 期。

陈雪峰、傅小兰：《抗击疫情凸显社会心理服务体系建设刻不容缓》，《中国科学院院刊》2020 年第 3 期。

B.2
当前我国大城市社区养老的形势与发展路径

李树丛*

摘　要：　社区养老服务作为三大养老模式之一，在我国养老服务发展中处于至关重要的地位，可以有效缓解家庭养老和机构养老的矛盾。让社区养老服务实现服务功能优化，在社区层面整合服务资源，更好满足所辖老年人养老需求，成为当务之急。社区养老服务体系建设要加强顶层设计，推进社区嵌入式养老模式向社区整合服务模式演进，有效整合社区范围内多方服务资源，形成便捷、可及、可选，集公共福利和普惠市场化于一体的社区养老有效供给模式。

关键词：　社区养老　嵌入式养老　老龄化

人口老龄化压力不断加剧，融合家庭、社区、机构养老优势形成服务合力已成共识。让老年人尽可能长时期在家养老，让老年人既得到亲情的关怀和支持又节约成本，把机构的专业性服务辐射到家，起到弥补家庭和机构养老之不足并发挥两端优势的社区养老已成为城市养老的重要议题和布局方向。长期以来，90%的居家养老和4%的机构养老界限较明确，而处于中间的社区养老特色与区分不明确，社区养老的依托功能没有充分发挥，典型的

* 李树丛，北京市民政局养老工作处副处长。

症结就是社区养老不能有效衔接老年人动态需求的有效供给。因此，在当前家庭照料资源不足的背景下探索发掘浓厚孝文化的家庭支持功能，并利用机构养老在失能、高龄等困境老年人身上的专业化、集中供养功能，帮助老年人尽可能在家养老，改变供需错位，实现供给侧与需求侧良性匹配的发力点必然是社区养老。

一　社区养老面临的形势与改革方向

2000 年 2 月 13 日，为满足迅速增长的社会化养老需求，国务院转发了民政部、国家计委等 11 个部门的《关于加快实现社会福利社会化的意见》，进一步明确了“在供养方式上坚持以居家为基础、以社区为依托、以社会福利机构为补充的发展方向”，社区养老成为我国养老服务体系的重要一极。直至近几年，社区养老逐步得到各界重视，形成了家庭、社区、机构一体化的整合发展雏形。在家庭养老资源日趋紧张、机构养老成本和运营成本居高不下的现实情况下，老年人及家庭对社区养老服务的依托和服务功能寄予厚望，而这也成为政府着力推进和攻克的难点。社区养老服务的功能定位应是有效提升老年人生活质量，依托社区养老的力量来缓解家庭养老和机构养老所面临的困境。社区是老年人的栖身之所，社区养老服务以社区有需求的老年人及其需求为中心，利用社区整合到的服务资源为其提供个性化的服务。根据社会学家滕尼斯对“社区”的概念界定，社区是地域性和文化性相统一的生活共同体，因而在社区养老服务发展中应充分考虑社区独特的地域及文化特征。社会养老服务规划与布局要求与辖区居民经济水平、文化特点、社会发展水平相一致，提供适合其生存和发展的社区养老服务内容。通过社区养老服务的传递，在个人层面提升老年人生活质量，在社区层面形塑适合老年人的良好生态系统，而决定社区养老服务能否快速发展的则是城市的社区养老服务体系的顶层设计及其实现路径。

从城市社区老年人养老需求看，主要分成两个部分。一部分主要是需要照料服务的高龄和失能老年人，他们属于政府基本养老服务（公共福利）

涉及范畴，在老年人家庭照料资源紧张和机构照料成本无法承担时，社区养老及时发挥辅助功能，可协助老年人尽可能长时间在家养老。随着人口老化加剧，这部分人群会越来越多。另一部分是具有活力和生活能够自理的老年人，这部分老年人独立性强，因年龄、经济能力、健康状况不同，对养老服务的需求更多元多样，属普惠养老服务范畴。这两部分老年人都可以从市场上获得适合自身的服务，只不过属公共福利覆盖的内容可以由政府埋单，普惠服务则由老年人及其家庭承担。社区养老服务能为老年人高效输送生活所需且更加便利可及、灵活可选、能够负担的服务。以此来看，社区养老服务体系的建设是当前应对老龄化压力，实现家庭养老、社会化养老、公共福利、普惠市场化服务整合的关键环节。

当前改革制约城市社区养老服务有效供给的重要任务是充实和调整现有社区养老服务机构设施功能并优化升级。社区养老模式来源于英国的社区照顾。社区照顾至少有两种含义：一是不使老年人脱离他所生活、熟悉的社区，在本社区进行服务；二是动员社区资源，运用社会人际关系即社区支持体系开展服务①。因此，社区养老机构和服务是与老年人所熟悉的文化和家庭亲情开放融合的空间和关联。当前社区养老服务机构（北京称社区养老服务驿站或者农村幸福晚年驿站、上海称社区邻里中心）还有相当多的服务尚不能充分与本地老年人需求相契合，未来应有效调动现有养老服务设施功能、服务资源的内生能量，以及顶层设计激发的以社区老年人需求为中心的整合性联动效应的外生能量。就当前发展态势来看，社区养老服务还有一项任务就是把嵌入式社区养老初级阶段升级到整合式社区养老发展阶段。城市嵌入式养老以辖区内养老机构或养老照料中心为基础，由其经营邻近区域的社区助老机构（少有养的功能），政府通过购买居家服务项目以实现将养老机构辐射到周边居家养老服务的目标。各经营主体区域划片经营，其自身资源融合能力有限，决定了其只能满足社区老年人的部分需求和应急需求，而普遍面临服务较分散、服务标准不统一、监管难度大等一系列亟待破解的

---

① 欧莹莹：《城市社区养老问题研究综述》，《云南行政学院学报》2008 年第 1 期。

难题。因社区养老服务的供给带有公共福利特性，需要政府加强顶层设计，通盘规划。目前在我国大城市已逐步形成以邻近养老机构为资源中心向周边辐射的“嵌入式”养老模式，以实现机构养老和社区养老两种模式的整合，即以社区为载体，以资源嵌入、功能嵌入和多元运作方式嵌入为理念，通过竞争机制在社区内嵌入一种市场化运营的养老方式，整合周边养老服务资源，为老年人就近养老提供专业化、个性化、便利化的养老服务。短期内这一举措可以解决社区老年人养老难的问题，但从长期发展来看，这与市场在养老服务中起资源配置作用相悖，未来政府应对社区养老进行市场化驱动引导，经营不善者可以由市场优质服务主体取而代之，以实现优质资源向上流动。社区养老机构发展还有一个问题，就是政府无偿或低偿提供用房是嵌入式养老模式发展的基本保障。“麻雀虽小，五脏俱全”是嵌入式养老机构的典型特征，服务链条长却难以形成规模效应，势必加重嵌入式养老机构的运营负担。嵌入式机构要实现日托和短期照护服务的功能调整，需要医生、护士、护理员及其他所需人员配备到位，这无疑会加重其运营负担，小规模运营很难实现盈利。因而服务专业性强的连锁化经营会是未来趋势，除此之外就是增加政府财政对社区养老机构的支持。

二　社区养老服务面临的挑战与发展路径

（一）供给末端发生的供需错位

养老服务机构真正实现就近解决老年人实际养老需求，需要对社区老年人进行精准分类，当前社区养老服务把握老年人需求的精准度不够，计划性、项目化服务任务性太强，服务较单一，再加上服务专业性不强、服务随意性强，老年人必然有些需求无法从社区养老机构得到满足。

（二）服务资源分散，无法在社区形成基于动态需求的整合性供给

养老服务资源呈现碎片化分布，老年人知晓的服务有限，并且老年人的

动态变化需求与可触及的计划性供给不匹配，产生了供非所需的现象。而这些问题需要从顶层进行整合化、市场化设计，以实现供需衔接的有效供给。

以上两点说明，顶层设计的整合工作和服务机制没有形成。基于全球社区养老服务前沿与我国社区养老本土化实际，建议构建如下社区整合式工作与服务机制。

充分发挥养老服务行业协会的功能，加强社区养老服务供给优质资源库的建设。服务需求的差异性和多元多样性决定了服务供给的多元化。①对社区老年人需求与供给进行精准化分类。②加强多元优质服务的标准和专业化，实现其整合联动供给效应的机制建设。③指导社区养老服务运作机制的完善和建设。充分发挥政府与专业协会的协同作用，政府做好顶层设计，并指导行业协会规范发展，形成对社区可持续发展服务资源有效供给主体的监管，进而加强标准化服务的供给主体资源库建设。资源库以老年人养老需求的精准服务分类为基础，为服务质量把关和指导，遴选优质服务资源，形成供给资源库。

稳定协调各方资源，推进为社区老年人评估、输送优质整合性资源的社区养老服务专员队伍建设。以北京市为例，市委社会工作委员会和市民政局合署办公，有利于将老年社区工作者发展为养老服务专员。在社区层面，执行“长者需求评估→整合服务方案→整合服务机构评估分级→整合服务方案实施→长者反馈意见”闭环工作流程，为老年人提供精准服务。政府指导社会组织为社区老年服务专员提供专业的老年人综合服务需求评估技术和老年个案管理技术，以有效衔接公共福利、市场普惠服务资源，加强社区老年人对于优质服务的知晓性、选择性、反馈性。

发挥智慧技术在社区养老服务中的功能。信息化技术的发展使得远程服务本地化、区域服务便捷化成为可能，成为在社区层面缓解老年人养老资源不足、提升社区服务质量的有力支撑。以家庭照料床位为例，家庭照料床位就是养老服务机构将延伸的床位设立在老年人的家中，综合评估老年人身体和心理情况并对其居住的房屋进行适老化改造，安装智能硬件设备。一方面养老服务机构通过智能设备可以监测老年人身体情况以及老人动态；另一方面老年人可通过智能设备联系养老机构提出服务需求，由养老机构提供专业的上门服务。

结　语

面临大城市养老的压力，要实现城市社区养老服务能力的提升，须实现现有养老服务设施与功能的调整，精准对接社区老年人需求；打通服务资源壁垒，通过顶层设计的轨道建设，让市场在社区养老服务供需上发挥配置资源的作用；通过社区养老服务供给机制的调整，使社区成为优质服务资源集散地、服务智力的交汇合作处、供需匹配和数据融合前沿。激发并整合政府、社会、市场、家庭养老服务功能，有效打通并融合居家、社区、机构养老服务，形成服务合力。通过养老服务专员，以融合服务数据为基础，将静态数据及时转变为动态数据，及时更新末端需求信息，精准对接养老服务的供需双方，在老年人需求和供给发生的最前端解决实时发生的问题，使社区成为养老服务资源链接、供给、反馈、提升的末端平台。这样，老年人在社区中可以享受便捷化的助餐、家政、康复护理、卫生保健、社会参与等社会支持服务，老年人及其家庭可以根据需要灵活选择，在现有需求得到满足后，通过服务反馈系统，反向推动供给侧创新。通过社区养老整合工作与服务机制的运作，实现资源整合、多元协同、供需匹配、数据融合的社区养老服务体系，为社区居家老年人提供全方位、多层次、专业化和精准化的养老服务。

社区卫生

Community Health

B.3
北京市社区公共卫生事件防控存在的问题及建议

毕 娟*

摘 要： 社区是公共卫生事件防控的第一道防线，发挥着重要的基础性作用。北京市基层公共卫生服务体系以及社区公共卫生事件防控体系逐步完善，并发挥了重要的作用，但是也暴露出一些问题，建议今后的社区公共卫生防控工作在立足战略高度加强规划引领、强化社区防控的组织体系及专业统筹指导、加强人才储备和构建基层公共卫生“预备役队伍”、完善防控物资储备和分配机制、优化社区信息系统、构建人文关怀机制等几个方面加以完善。

* 毕娟，管理学博士，北京市社会科学院管理研究所副所长，副研究员，主要研究方向为公共管理、政府绩效管理。

关键词： 社区　公共卫生事件　防控体系

社区是传染病等突发公共卫生事件防控的第一线，在城市传染病及突发公共卫生事件防控中发挥着重要的基础性作用。2020 年 2 月 10 日，习近平总书记在北京调研指导疫情防控工作时强调："社区是疫情联防联控的第一线，也是外防输入、内防扩散最有效的防线。把社区这道防线守住，就能有效切断疫情扩散蔓延的渠道。"① 经历了 2003 年的"非典"之后，北京市社区公共卫生服务体系不断完善，应对传染病及突发公共卫生事件的能力不断提升，防控重心下移，社区成为防控的关键环节。实践中，北京市社区层面的防控措施有创新、有特色、有针对性，但是，社区公共卫生服务体系也暴露出一些问题，社区在传染病等突发公共卫生事件中的治理能力和应对能力还有一定的提升空间。

一　北京市社区公共卫生事件防控体系概况

北京市社区公共卫生服务体系逐步完善，在公共卫生事件防控的组织体系、制度体系及经验措施等方面形成了一定的成果。

首先，基层公共卫生事件防控组织体系不断完善。基本形成由区疾病预防控制中心、社区卫生服务机构等基层卫生服务机构以及街道、社区等基层组织共同组成的核心防控主体。同时，它们还与其他基层医疗机构、医学救援中心、卫生监督所、中小学校保健所、食药监局、动检所，以及区域内各大学校医院和媒体等机构建立了密切联系，形成了联防联控的组织体系。

其次，构建了基层公共卫生事件防控的制度体系。"非典"疫情暴发之后，北京市就改变了"重治轻防"的观念，成立了"突发公共卫生事件应

---

① 《习近平谈怎样做好社区工作》，党建网，http://www.dangjian.com/djw2016sy/djw2016syyw/202003/t20200311_5469023.shtml。

急指挥部”，先后颁布实施突发公共卫生事件总体应急预案、传染性非典型肺炎应急预案、应对流感大流行应急预案等，建立健全部门协调机制、监测和预警机制、物资储备机制，“着重加强疾病预防控制、医疗救治、监督执法、卫生信息体系建设”①，在社区层面也陆续发布了《北京市卫生局关于进一步加强基本公共卫生服务工作的通知》（京卫疾控字〔2012〕28 号）等文件，完善基层防控制度体系。

最后，社区在历次的突发公共卫生事件防控中积累了一些有益的经验，也取得了一定的成效，如广泛的社会动员、构建群防群治的局面、社区网格化管理、入户排查、有效隔离、重点群体监控、社区封闭式管理等。近年来，北京市较为有效地应对了 H7N9 禽流感等一些新发传染病的挑战，体现了基层公共卫生防控体系的能力和水平。

二　社区在应对公共卫生事件中存在的问题分析

结合当前北京市社区应对公共卫生事件的防控工作以及基层的实践，可以看出社区在突发公共卫生事件防控中还存在一定的问题。包括社区公共卫生防控工作的相关战略规划不足、对社区防控措施统筹和专业指导不够、社区防疫设施与物资保障不到位、社区公共卫生事件防控专业人才缺乏以及信息体系不完善、人文关怀有待加强等。

（一）社区公共卫生防控工作战略规划不足

从宏观来看，北京市对传染病等突发公共卫生事件应急管理工作的战略规划重视程度还不够，对于相应的基础设施建设、人才储备、设备购置、科研规划、法律规范与标准体系建设等系统化考虑不足。近年来，北京市在以人民为中心的工作方针下，持续推进医药卫生体制改革，在公共卫生、医疗卫生、医疗保障、食品安全等方面配套实施了一系列改革与发展举措。但

① 中共北京市委党史研究室：《中国改革开放全景录·北京卷》，北京人民出版社，2018。

是，改革的重点还在于推动公共卫生服务均等化，缓解看病难、看病贵问题以及构建多层次的医疗保障体系。总体来看，对于传染病等突发公共卫生事件的应急管理以及基层社区传染病防控等问题的战略及统筹考虑不足，如《北京市“十三五”期间深化医药卫生体制改革实施方案》等文件中对相关内容涉及较少。此外，针对社区传染病及突发公共卫生事件防控的专项规划及政策文件也相对较少。

（二）对社区防控措施的统筹和专业指导不够

此次应对公共卫生事件过程中，由于各个社区的规模、人员、布局结构等情况各不相同，各个社区采取了丰富多样的防控措施，有很多创新的个性化的举措，也取得了一定的效果。但是，从各个社区的防控工作来看，还缺少相应的统筹和专业指导。虽然北京市从 2017 年起开展了为期三年的“卫生应急工作规范化建设提升工程”，体现在组织管理、联防联控、预案管理、监测预警、事件处置、紧急救援、队伍建设、培训宣传和总结评估等几个方面，但是在社区层面的细化应用还不够。2020 年 1 月 30 日，北京市发布了《北京市新型冠状病毒感染的肺炎疫情社区（村）防控工作方案（试行）》，但是此方案在颁布之初并没有具体的可操作的配套指导，针对现实中遇到的细节问题的操作性还不足。如：方案中的“实施网格化、地毯式摸排”对如何具体实施指导不细致，对人员如何配备、专业防护有何要求等没有细则和专业指导。

此外，对于各社区防控措施缺少一定的制度规范和专业化标准，重大传染病防控工作具有较强专业性，不能仅凭一腔热情。在上述通知方案下发前，很多社区多借鉴“非典”防控的经验展开疫情防控，建立立体防控体系，并没有制度化的规范可以遵循，部分社区的防控措施具有一定随意性，有些社区自主采取的措施还可能存在一定的隐患。如：某小区出入口添置的“消毒通道”、某村卡口处搭建的半封闭消毒通道通过雾化消毒液对过往人员进行喷洒消毒。此举被新闻媒体广为报道，但是随后北京市疾控中心及一些专业机构开始呼吁“过度消毒有危害”，并指出“社区、单位不需要对进入社区内的人员、汽车、自行车等人体、车体消毒”[①]。这说明社区防控中部门间协调合作不足，联防联控的效果还有待提升。特别是专业机构的指导落后于基层社区防疫实践本身，或者对社区防疫工作没有进行及时有效的专业指导。再如：北京市号召党员进社区投身防疫工作，各个社区也积极吸纳党员群众参与防控工作，但是这些党员群众大多数缺少传染病防疫和自我防护的专业知识，各社区普遍存在党员群众未经专业培训便上岗参与排查的问题，一旦遇到疫情，就有可能由于防护不到位而造成不必要的感染问题。

（三）社区防疫设施与物资保障不到位

一方面，在社区层面，疾控中心和社区卫生服务中心等基层公共卫生部门具有储备应急物资的职能和经费预算，而街道的公共预算中对于传染病防控等问题往往考虑不足，社区不会有意识储备应对传染病疫情的防控物资。此外，社区卫生服务中心等基层公共卫生机构还存在应急专项资金投入比例较低、应急物资储备种类和数量差异较大、应急经费和应急物资储备相对不足等问题，关键时刻无法充分保障突发公共卫生事件应急工作需要。再加之防控物资统筹发放及部门间协调机制不够健全，社区未能第一时间获取防疫物资的问题就会凸显出来。

另一方面，社区在防控中临时购置的物资与设施有可能存在质量问题或使用不当问题，进而产生防控工作的漏洞。社区及各单位在购置防疫物资时发现，当前市场上的口罩、护目镜、测温仪、防护服等五花八门，质量参差不齐，给社区疫情防控工作造成困扰。而培训不足、专业知识有限造成的专业防疫物资使用不当也是社区防疫物资保障不到位的表现之一。如：社区普遍采用的红外测温仪在实际使用中存在“罢工”及精准度不够的问题，这与产品是否合格、使用前是否进行了校准和调试、操作人员对测温仪的性能和操作规程是否掌握都有一定的关系。

---

① 《过度消毒危害大，市民消毒误区多》，北京市疾病预防控制中心微信公众号，2020 年 2 月 12 日。

（四）社区公共卫生事件防控专业人才缺乏

一方面，基层公共卫生机构，如疾控中心、社区卫生服务中心等存在专业技术人才不足、人才流失、引进人才难、人才结构不合理、不同机构和社区间专业人才储备不均衡等问题，对于重大传染病的预防、风险评估、应急处置等能力较弱。同时，还存在对于基层公共卫生服务人员的培养、培训不足问题，很多社区卫生服务中心医护人员未参加过疫情处置演练，在面对真实疫情时就会暴露专业人员不足的短板。

另一方面，基层社区缺少防控专业人员，并且相关培训不足。由于街道社区缺乏公共卫生事件防控的专（兼）职人员，在日常的防控方面，很难做到疫情监测信息及时收集与上报等，出现信息不对称问题。同时，社区公共卫生事件防控的社会动员及人才队伍储备机制还不够健全，缺乏具有专业知识的志愿者、党员及群众后备军。北京市的指导方案进行了广泛的动员，包括街道社区干部、社区卫生服务中心医护人员、家庭医生、居民和志愿者、楼门长等，但是对于动员人群的专业性关注不够，没有重点考虑有专业知识的人员，如社区的医务工作者、大中小学校医、医学院学生等，在日常防控中有意识地进行防控专业人才队伍动员与储备的机制仍未完全建立。

此外，针对社区人员的相关专业培训也不够。《北京市疾病预防控制机构指导基层开展基本公共卫生服务的实施方案》（京卫疾控字〔2012〕50号）等文件主要针对的是基层医疗卫生机构，对街道社区人员的考虑不足，没有将街道社区工作人员纳入系统化的专业培训和指导的范畴。尽管部分区疾控中心工作人员对社区人员进行了传染病突发公共事件应急培训，通过视频课程教大家如何洗手、戴口罩，如何进行社区防控，但是这也只是应急之举，没有形成常态机制。并且，真正参加轮值防控的人员，如片警、物业、楼门长等人员并不一定能获得相关专业培训。

（五）社区公共卫生防控的信息体系不够健全

一方面，传染病疫情报送系统较为单一，部门间协调不足。国家在

2004 年建立了“纵向到底、横向到边”的中国传染病疫情和突发公共卫生事件网络直报系统，但是此次疫情中未能及时有效地发挥应有的作用。当然原因是多方面的，但不可回避的是，我国的疫情信息传输和协同联动系统还存在一定的问题。北京市基层社区依据中国疾病预防控制信息系统要求进行传染病等突发公共卫生事件报告和分析，并按周、按月进行疫情分析、撰写防疫简报等。在联防联控中，对社区各相关单位进行季度通报等。但是，总体来看，街道社区各部门间还未建立网络信息交换平台，使得传染病等突发公共卫生事件信息通报滞后，也影响了联防联控各部门协调合作的效率。

另一方面，社区在传染病防控中没有建立起对辖区居民的信息发布机制、发布途径，社区居民获取本社区疫情信息的途径不够畅通。此次疫情中，社区与居民的沟通更多通过微信群、社区宣传栏等方式。居民大多通过政府发布会、网络媒体等了解本社区（或小区）是否存在发病病例，而对于本社区（小区）疑似病例情况、重点防控人群情况等不能了解，在一定程度上会造成社区居民的心理负担。

（六）社区防疫中的人文关怀体系还未完全建立

公共卫生事件中每个人都是脆弱的，从身体到心理，社区居民也是如此。我们所要开展的不仅是一场“抗疫反击战”，也是一场“心理攻坚战”，只有心理防线坚不可摧，才有可能取得彻底的胜利。这时，就需要体现出综合性的人文关怀。现代医学研究也证实，在整个疾病的治疗过程中，除药物治疗外，心理治疗也是一种重要的手段。那么在公共卫生事件中综合性的人文关怀尤为重要。当前虽然北京市有些社区已经采取了一定的措施，如朝阳区提出“带着感情带着温度做好防控工作”，并开通了健康咨询热线，做好居民情绪疏导；也有一些单位，如中科院、北京师范大学等开通了心理咨询热线以应对焦虑情绪，但是，这项机制并未在全北京各个街道社区推广，很多社区还未高度重视疫情防控中的人文关怀问题，也未能有效整合相关资源、总结提炼相关经验形成制度化、常态化的人文关怀制度与机制。

三　完善社区公共卫生事件防控体系的对策建议

尽管北京市社区公共卫生服务体系不断完善，而且在应对公共卫生事件中发挥了重要的基础性作用。但是，针对其中存在的问题还应有所反思，并进行有针对性的改进，以促进街道社区提升突发公共卫生事件防控能力。

（一）将社区公共卫生事件防控问题提高到战略高度并合理规划

近年来，世界各地的新型传染病等公共卫生危机层出不穷，人类的生存面临着严峻的挑战。因此，有必要举国上下重视传染病等突发公共卫生事件的预防与应急处置能力建设。而社区是防控的基础单元和前沿阵地，占据着非常重要的地位，需要放在战略高度进行重视。尤其应对基层社区公共卫生服务体系建设，特别是传染病等突发公共卫生事件的防控能力建设进行前瞻性统筹、科学性规划，并树立长期发展理念，持续完善与调整相关规划、计划，并严肃规划的执行，达到科学统筹与有效指导。同时，应使社区传染病防治等达到“战时”状态，或者达到能够随时启动“战时”状态，一旦遭遇疫情能够迅速启动。在社区公共卫生发展规划方面，应建立社区传染病与突发公共卫生事件应急能力建设专项规划，细致考虑具体的发展原则、目标、基础设施建设、物资资源配置、专业人才配置、专业防控措施及其流程与标准、应急预案及其调整机制、信息系统建设、人文关怀体系建设等，将社区公共卫生事件防控工作做到实处。

（二）强化社区防控的组织体系建设和专业统筹指导

应进一步完善社区公共卫生事件防控组织体系，形成良好的分工协作与部门联动。第一，卫健委、中医药局等政府和专业部门应该切实对社区的公共卫生事件防控进行统筹规划和有效指导，制定相应的法规和政策、发展规划、防控应急预案及标准等。第二，疾控中心等专业部门应切实发挥专业优势，成为公共卫生事件防控的技术支撑，加强监测预警、实验室检测、现场调查与处置、预案编制等能力，并对社区的防控工作给予专业的培训、指导与支撑。第三，基层社区卫生服务中心、区医学救援中心等医疗卫生机构应切实成为传染病防控的主力军，在疫情暴发时能够有效发挥专业防控作用。第四，区卫生监督所、区食药监局、区动检所、区中小学校保健所、区各大学校医院等各个防控主体应在各自发挥作用的同时做到统筹协调、协作互动。第五，街道社区作为防控的前沿阵地及落实主体，应该发挥“吹哨报道”的制度优势，在疫情防控中凝聚各方力量。同时，增强自身公共卫生防控的专业能力和相应的资金、物资保障能力。此外，宏观上全市应对各社区公共卫生事件防控工作进行系统、科学、专业的设计和指导；出台相应制度文件，并制定指导规范和细则，提高应急预案的可操作性；制定相应的技术标准和执行准则等，对一些社区防控采取的具体措施和有益经验进行系统化梳理，将其经验固化成规范性的制度文件用于指导以后的防控实践。

（三）加强人才储备，构建基层公共卫生“预备役队伍”

一方面，应加强区疾控中心、社区卫生服务中心等机构专业人才的引进与培养，加强社区公共卫生事件防控的人才储备。同时，应考虑在街道社区设置公共卫生事件防控专职或兼职岗位，并对街道社区联防联控体系内各部门人员进行专业培训，定期开展突发公共卫生事件应急演练，强化街道社区在公共卫生事件防控工作中的专业性和应对能力。另一方面，应发挥街道社区国民动员的独特优势，广泛动员社区居民与组织参加到防控队伍中，并注重专业人才的吸纳、培训与储备。将各级卫生防疫部门和医疗机构的专业人员、社区工作者、志愿者、各级学校校医及各单位医务室人员、医学院学生、具有专业知识的普通居民等重点人群纳入基层公共卫生系统的“预备役队伍”，作为传染病等突发公共卫生事件防控队伍的组成部分。这些人平时分布在各自的工作岗位上，每年安排相关专业知识培训和实战演练，练就过硬的传染病等公共卫生事件防控本领，一旦遭遇疫情，能够迅速完成由“平时”向“战时”的转换，成为应对传染病等突发公共卫生事件的专职队伍的有益补充。

（四）完善公共卫生事件防控物资储备和分配机制

针对北京市社区防疫应急物资保障不及时问题，应该建立相应的储备制度、财政支持机制和分配机制。首先，对于重大传染病防控物资应建立常备机制，并根据物资特点进行有序更替，同时做好撤换物资的合理处置与利用，避免浪费。其次，应加大财政投入力度，设置专项资金支持街道社区应急物资储备工作。再次，在突发公共卫生事件时，联防联控机制中应增加应急物资的分配内容，明确基层公共卫生机构、医疗机构、社区等在应急物资中的统筹使用责任。此外，社区层面还需要加强依法动员社会力量参与公共卫生事件防控的能力，在征集必要的物资、进行联防联控等方面发挥辖区企业、社会组织等的力量，多方筹集公共卫生事件防控所需物资，缓解应急防疫物资和生活保障物资的暂时短缺，增强社区防控能力。

（五）优化社区信息系统建设

在社区层面，应在原有传染病疫情和突发公共卫生事件网络直报系统的基础上，搭建多元化的信息平台和信息沟通途径。在基层公共卫生部门、医疗机构、街道社区、食药监、公安等部门之间打通信息壁垒，形成有效沟通，提高和增强联防联控效率与效果。社区应进一步充分利用网络及大数据信息技术和手段，开展人口流动信息监测与重点人群盯防，开展远程突发事件应急处置以及信息通报工作，提升社区的公共卫生事件应对能力。还可以促进线上线下结合，搭建社区公众参与的互助平台，进行防控知识普及、防控政策及措施宣传。此外，还应建立社区疫情信息的零报告制度，即便本社区（小区）没有发病或疑似病例，也应及时、定期向社区居民通报情况，保障社区居民的知情权，达到稳定人心的目的。

（六）构建社区人文关怀机制

在社区公共卫生事件防控应急预案启动的同时，应建立与启动相应的人文关怀机制，主要包括加强对社区居民心态的监测、评估和预警，构建情绪交流渠道，帮助社区居民进行心理调适，完善社区居民心态疏导机制等。同时要广泛整合社会资源，利用学校、科研院所等专业机构，以及社工组织和志愿者等，提供专业的心理咨询服务，进行合理的心理干预，对不同人群采取针对性的人文关怀措施。对于不同人群和组织的需求给予有针对性的关注：对患者和疑似病例进行心理干预、心理疏导，增强其抵抗疾病的信心；对一线医护人员及其家庭、家人给予生活和感情上的抚慰与关怀；对不同岗位上的“抗疫”人群给予慰问与鼓励；为普通民众提供精神引导和生活保障等。

参考文献

中共北京市委党史研究室：《中国改革开放全景录（北京卷）》，北京人民出版社，2018。

陆学艺主编《北京社会建设60年》，科学出版社，2008。

韩柏慧等：《北京市朝阳区社区公共卫生服务人力现状分析》，《中国卫生资源》2016年第4期。

蔡伟等：《北京市某地市级疾病预防控制机构突发公共卫生事件应急能力调查分析》，《预防医学情报杂志》2018年第4期。

李若曦等：《北京市丰台区社区卫生服务中心突发公共卫生事件应急能力的现况》，《职业与健康》2016年第7期。

B.4 互联网医疗在社区公共卫生事件中的应用创新

李　茂*

摘　要： 公共卫生事件备受社会各界高度关注。社区防控是公共卫生事件中至关重要的组成部分，也是基本保障。本文首先分析了我国互联网医疗的基本内涵和主要应用，探讨了互联网医疗在社区公共卫生事件中的具体作用。本文指出互联网医疗在社区公共卫生事件防控功能发挥方面存在的问题与不足，并提出要加快互联网医疗优化步伐从而实现应用创新。

关键词： 互联网医疗　社区　新冠肺炎　疫情防控

社区是人民群众居住、生活的场所，是人民群众安居乐业的基础，也是社会治理的关键组成部分，社区防控是防控公共卫生事件至关重要的组成部分，也是基本保障。2 月 10 日习近平总书记在北京市调研疫情防控工作时，对做好社区防控工作做出重要指示："社区是疫情联防联控的第一线，也是外防输入、内防扩散最有效的防线。把社区这道防线守住，就能有效切断疫情扩散蔓延的渠道。全国都要充分发挥社区在疫情防控中的阻击作用，把防控力量向社区下沉，加强社区各项防控措施的落实，使所有社区成为疫情防

* 李茂，博士，北京市社会科学院市情调研中心副研究员，研究方向为网络经济管理。

控的坚强堡垒”。[①] 在社区疫情防控工作中，互联网医疗可以充分发挥技术优势，通过基础功能的发挥提升社区防控网格化管理水平，实施更加科学合理的防疫措施。应加快互联网医疗技术进步和制度优化步伐，实现在社区医疗健康中的应用创新。

一　互联网医疗的内涵和主要应用

在讨论互联网医疗在社区公共卫生事件防控中的应用创新之前，有必要厘清互联网医疗的概念和内涵。学术界对于互联网医疗的定义有很多，但基本上都认为互联网医疗是以互联网技术为载体，以现代信息技术为手段，与医疗卫生产业融合而形成的一种产业形态。“互联网医疗”与“互联网+医疗”、“智慧医疗”和“医疗信息化”等概念在实际应用中并不详细区分，但在本文展开讨论之前，有必要加以辨析。

“互联网+医疗”侧重的是“+”，强调的是互联网行业与医疗行业的产业融合过程。“智慧医疗”指的是通过医疗健康卫生信息数据，采用先进科学技术，实现行业内不同主体（如医务人员、患者、医疗机构和医疗设备）之间的互动，逐步实现智能化的过程。“医疗信息化”指的是医疗服务的数字化和网络化，医疗主体可以实现运行数据的收集、存储、处理、提取和交换，并满足医疗主体不同的功能需求。因此，“智慧医疗”是较高层次的“医疗信息化”，“医疗信息化”是“智慧医疗”的基础条件之一，“互联网+医疗”侧重的是动态的产业融合过程，而“互联网医疗”则是指具体的产业形态和行业业态（见图1）。

从业态演进角度来看，互联网医疗脱胎于远程医学（Tele-medicine），它是远程医疗（Tele-medical）实践的重要组成部分。远程医学是以计算机、遥感、遥测、遥控技术为依托，利用各种平台实现大空间尺度诊疗的理论；

① 《以更坚定的信心更顽强的意志更果断的措施　坚决打赢疫情防控的人民战争总体战阻击战》，《人民日报》2020年2月11日，第1版。

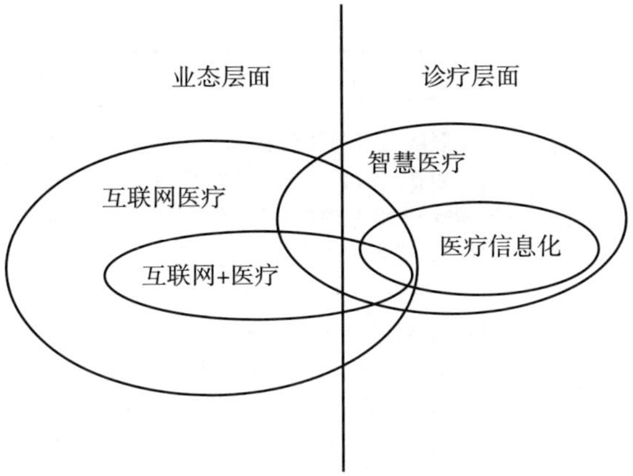

图 1　概念韦恩

远程医疗指的是利用信息技术和其他高科技手段，依托实体医疗机构的医护人员利用信息平台进行远距离诊断、治疗和咨询。

从全球经验来看，互联网医疗的快速发展还是在互联网应用成本大幅降低和商业应用高度成熟以后。特别是在移动互联网时代，互联网行业与医疗行业呈现深度融合态势，在不同国家和地区形成了不同的业态模式。现阶段，我国互联网医疗主要包含互联网诊疗、互联网医药、互联网医保、互联网医院和互联网医疗信息服务多种形式，相关制度[①]配套逐步完善（见表 1）。

表 1　互联网医疗形式、核心内容及主要制度

序号	形式	核心内容	主要制度
1	互联网诊疗	注册医师通过互联网信息平台开展部分常见病、慢性病复诊和“互联网＋”家庭医生签约服务	《互联网诊疗管理办法（试行）》《执业医师法》《医疗机构管理条例》

① 这里的制度主要是指国家和行业层面的法律法规、行政规范类文件（如指导意见、命令、决定等）和计划性方案（如纲要、计划、规划等），暂不考虑地方性和区域性的政策、制度等。

续表

序号	形式	核心内容	主要制度
2	互联网医药	互联网渠道与传统医药营销渠道的互动融合，形成更透明、更高效、更专业的医药销售通路和市场，成为药品零售新业态	《药品网络销售监督管理办法（征求意见稿）》
3	互联网医保	互联网技术与医保体系的结合，可实现医保便捷移动支付和医保控费功能	《关于促进“互联网+医疗健康”发展的意见》《深化医药卫生体制改革2019年重点工作任务》
4	互联网医院	互联网医院包括作为实体医疗机构第二名称的互联网医院，以及依托实体医疗机构独立设置的互联网医院	《互联网医院管理办法（试行）》《执业医师法》《医疗机构管理条例》
5	互联网医疗信息服务	人口、公共卫生、诊疗服务、医疗保障、药品供应和医院管理等数据网络化，还包括互联网医疗健康教育和互联网医疗科普等	《互联网医院管理办法（试行）》《远程医疗服务管理规范（试行）》

二　互联网医疗在社区公共卫生事件防控中的主要作用

社区防控成为全社会公共卫生事件防控格局中的重点工作，社区的医疗健康卫生需求矛盾更加突出。互联网医疗能够充分利用全新的服务模式，充分发挥其技术特长，为医疗资源的优化利用提供帮助，最大限度保障社区基本医疗服务和关键防控需求，在此次疫情抗击中发挥了重要的作用。

第一，社区居民网络寻医问药，降低实体医疗机构门诊压力。公共卫生事件中，社区居民充分响应党和政府的号召，主动减少出门次数，避免前往人群聚集之处，充分降低感染风险。不过，广大社区居民寻医问药的需求现实存在，互联网医疗可以充分发挥其信息沟通作用，为广大社区居民提供问诊咨询服务。2020年1月29日，国家卫健委医政医管局发布了《关于做好应对2020年春节假期后就诊高峰工作的通知》。该通知提出，为了集中全国资源抗击新冠疫情，合理疏导就诊群众，防止疫情蔓延，要求“有条件的医疗机构可以提供网上或电话问诊咨询服务，对于符合条件的慢性病、老年病患者，处方用量可以适当延长，减少患者来院就诊次数”。2020年2月5日，国家卫健委办公厅发布《关于加强信息化支撑新型冠状病毒感染的肺炎疫情防控工作的通知》，该通知要求“积极组织各级医疗机构借助‘互联网+’开展针对新型冠状病毒感染的肺炎的网上义务咨询、居家医学观察指导等服务，拓展线上医疗服务空间，引导患者有序就医，缓解线下门诊压力”。在政策引导下，众多医院通过互联网平台开展诊疗工作，降低了广大群众交叉感染的风险，而且提高了社区居民的安全感。

第二，面向社区居民实际情况，有条件地开展互联网诊疗。互联网诊疗是互联网医疗的核心领域，也是互联网医疗在此次疫情防控中的重要支撑所在。《互联网诊疗管理办法（试行）》规定，互联网诊疗是指医疗机构利用在本机构注册的医师，通过互联网等信息技术开展部分常见病、慢性病复诊和“互联网+”家庭医生签约服务。公共卫生事件下，社区居民的常见病和慢性病复诊不必前往实体医院进行，最大限度地保证了医疗资源的合理化应用和集约使用。在现有政策制度框架下，医院通过互联网平台（或者互联网医院）向社区居民开展部分常见病、慢性病复诊，降低社区居民线下就诊交叉感染风险。“互联网+”家庭医生也是互联网诊疗在社区疫情防控中的重要应用之一。通过互联网双向签约，社区居民在家即可接受家庭医生的在线式服务套餐。这些服务套餐主要针对社区居民的常见病和慢性病，如高血压、糖尿病、冠心病和脑卒中等，利用互联网远程诊疗系统开展复诊工作。不仅如此，“互联网+”家庭医生服务还可以为社区居民提供其他健康服务，服务内容包括解读体检报告、评测健康状况、提供康复指导、普及家庭护理常识等。一些基础条件较好的社区开通了高龄老年家庭“一键式”家庭医生和紧急救治服务，实现了第一时间处理、第一时间救治。这些措施减轻了社区居民的恐慌情绪，为正确引导居民做好疫情期间的科学防护提供了有力支撑。

第三，提供药品配送服务，满足社区居民用药需求。经过多年的发展，我国互联网医药已经形成了四种“2C”模式（面向消费者）：一是平台模式，以天猫医药为代表，构建医药平台，吸引医药厂商和药方入驻提供药品信息，消费者线上提交需求，线下完成购买服务；二是自营模式，以京东大药房为代表，实施的是线上医药零售的自营化；三是线下 KA 模式，以益丰大药房为代表的，大多是线下实体零售药店的自营电商；四是 O2O 模式，以叮当快药为代表，线上购买并通过线下药房即时配送药品到指定地点。这四种模式极大地解决了社区居民疫情防控期间的用药问题。互联网医药平台为有条件的医疗机构开通在线复诊与药品配送功能，让慢病患者在家即可实现复诊，并通过线上完成支付并开具电子处方，让药品直接配送到家。互联网医药平台还可以对接不同医院，通过 HIS 深度对接，实现电子病历的数据流通，实现处方流转，在线支付后等待专业的物流公司采用安全的方式将药物配送上门。这种机制使社区居民足不出户就可以享受到专业的药品物流服务，达到了“社区居民少跑腿、物流信息多跑路”的建设初衷，有效地降低了疫情蔓延的风险。

第四，开展在线心理疏导，稳定社区居民情绪。突发公共卫生事件带来的诸多不便容易引起负面的社会集体情绪。随着社区防控力度的加大以及持续时间的延长，社区居民普遍陷入一定程度的焦虑和恐惧之中。特别是随着社区管控、交通管制、商业机构停止服务等社会干预措施的逐步升级，一部分社区居民的情绪更加恐慌。针对以上情况需要做出必要反应，便捷高效的互联网在线心理疏导发挥了重要作用。互联网医疗信息系统可以提供多样化、沉浸式和互动式的场景体验，鼓励广大心理健康工作者和社区居民开展深度交流和情感共享，提高社区情绪管控能力。开展各类线上活动，实现线上放松、减压及调节情绪等目标，让广大社区居民了解党和政府的防疫措施。医疗互联网信息平台及时发布权威消息和科学解读，有效疏导社区居民情绪、提振社区居民精神，消除焦虑、茫然和恐慌等负面情绪，让居民在家生活更加安心。

三 尚待完善与突破之处

我们也需要注意到，互联网医疗在应对公共卫生事件中暴露出诸多不足，特别是在社区防控中还有很多地方需要完善和改进，值得业界引起重视。

第一，互联网诊疗的范围有待优化。《互联网诊疗管理办法（试行）》指出“互联网诊疗是指医疗机构利用在本机构注册的医师，通过互联网等信息技术开展部分常见病、慢性病复诊和‘互联网+’家庭医生签约服务”，但对哪些疾病属于常见病，哪些疾病应归类于慢性病并没有做出明确的规定。不仅如此，此办法并没有给出“复诊”的明确定义，只是指出复诊需要取得患者病历，但是提供互联网诊疗服务的医生如何判定患者是“复诊”，如何判定患者病历的真实性、可靠性，还需要进行进一步的制度创新与优化。在疫情防控这一特殊时间段，可以有条件地放开互联网诊疗首诊权限，允许有资质的机构和医师在网络上开展一些常见病的首诊工作，充分降低医疗机构的资源供给压力，满足社区居民的实际需要。

第二，互联网医院需要进一步下沉。现有的互联网医院形式主要有两种，一是作为实体医疗机构第二名称的互联网医院，二是依托实体医疗机构独立设置的互联网医院。现实中，互联网医院的设置标准较高，以公立医院和实力雄厚的企业为主体，缺乏基层医疗机构和社区的参与。虽然这些互联网医院的服务供给能力较强，但面对疫情期间巨大的社会医疗需求还是显得捉襟见肘。因此，互联网医院的建设需要进一步向基层下沉，向社区“沉淀”，利用医师多点执业和移动网络技术进步等机遇，加快互联网社区卫生站的建设步伐，夯实社区疫情防控的医疗资源基础，让更多的资源、更强的医师力量通过网络汇集到基层医院和社区卫生站，使基层医院做到早发现、早报告、早隔离、早诊断、早治疗、早控制，提高疫情防控能力。

第三、互联网医药政策应根据疫情防控实际情况进行调整。非处方药的互联网销售已经比较普遍，但处方药的网络销售因为种种原因未能放开。《互联网诊疗管理办法（试行）》中指出，医师掌握患者真实情况后，可以为部分常见病、慢性病患者在线开具处方。《互联网医院管理办法（试行）》也指出，互联网医院的执业医师开具的处方经过各方审核合格可以委托符合条件的第三方配送。也就是说，部分处方药（非麻醉、精神类药品，用药风险较低）是可以委托符合条件的第三方配送的，这里的第三方包括互联网医药平台，国家并没有禁止处方药的网络销售。疫情防控期属于特殊时期，处方药的网络销售可以适度酌情放开。一些大型社区慢性病患者对药物的需求量较大，而采用患者前往药店购买的方式增加了交叉感染和集体传播的风险。因此，需要进行一定程度的制度优化，在疫情防控期间有条件地放开慢性病处方药的网络销售路径。社区病患在互联网医药销售平台凭借具有真实性和可验性的处方购买处方药，满足对日常用药的需求。

第四，互联网医疗数据与社区疫情防控系统亟待对接。由于种种原因，互联网医疗数据还处于在系统内“自循环”的状态，而很多社区防控系统却苦于“缺乏一手数据”，没有信息技术支持和信息平台支撑，一部分社区的疫情防控信息还停留在人工登记、人力排查状态。从整体上来看，互联网医疗数据没有和社区疫情防控系统对接，难以形成“数据合力”，难以对社区重点排查对象实施健康跟踪，进行针对性排查和有效预测工作，阻碍了社区疫情防控精细化水平的提高。

四　相应的对策与建议

互联网医疗在社区公共卫生事件防控中发挥了显著的作用，也暴露出一些问题与不足。业界要学习贯彻党的十九大精神和习近平新时代中国特色社会主义思想，提高站位、扩展视野，结合实际、精准施策，有条不紊地推动行业应用创新，有力支持社区防疫工作。

一要以人民群众健康为核心。互联网医疗和社区疫情防控目的是一致的，就是保护人民群众的健康，相关应用创新要有人民性，着力解决群众医疗卫生实际困难，促进优质医疗资源真正下沉，努力为群众提供优质高效的社区疫情防控服务。二要充分认识到互联网医疗是一种业态创新，应用创新要充分考虑互联网医疗的演进规律和演变态势，把握住内在规律，切实把握好方向。三要紧跟科学技术发展的步伐，将新技术、新应用引入互联网诊疗、互联网医院，利用区块链和大数据等技术提升社区疫情防控水平，利用人工智能技术提高诊疗水平。

第一，在一些区域开展互联网诊疗创新。尝试开展互联网诊疗流程和范围创新试点工作。在技术条件允许的情况下，开展部分常见病和部分慢性病的互联网首诊工作，有资质的医师通过互联网医疗平台为病患者提供首诊服务，开列可验证真伪的电子处方，并由互联网医药配送平台快递至社区指定地点，充分降低普通群众交叉感染概率，实现患者就医行为"物理隔绝"。这种创新可以有效提高社区居民的就诊效率，满足社区居民的日常就医问诊需求，打破医疗资源城乡限制和区域限制，实现医疗卫生资源的有效配置，缓解实体医疗机构的门诊压力。

第二，加快建设社区互联网卫生服务中心。政府及相关部门主动牵头，做好政策引导，鼓励和支持互联网医疗资源下沉，借助有实力的互联网医院和互联网医疗平台的人力资源和技术资源，在社区已有卫生基础设施上投资建设社区互联网卫生服务中心。这些社区互联网卫生服务中心组成数据共享网络，及时通报重点人群健康状况和社区防控情况，实现社区防控"一盘棋"，消除社区防疫的"死角"。社区互联网卫生服务中心与互联网医院、实体医院的科室和医师相互链接，可以实现远程会诊和远程协商，提高综合处置能力。在疫情防控期间，还可以将发热门诊和监测点前移至社区，并及时配好防护装置和受过培训的人员，对社区重点人员进行流行病学检测和排查。不仅如此，社区互联网卫生服务中心建立社区非新冠肺炎病患数据库，协助社区病患购买处方药，提供病患真实性认证，保证社区病患正常合理的用药需求得到满足。

第三，搭建灵活、高效的普通居民的电子健康认证系统。2020 年 3 月、4 月是各行业返岗复工的重要阶段，传统的个人健康证明以纸质证明为主，开具时间长，处理效率有效，也难以根据个人健康情况进行变更，不能满足不同用人机构的实际要求。可以充分借助微信小程序、支付宝应用等平台，搭建方便、高效、可验证、实时更新的电子监控认证系统。用户通过微信小程序和支付宝应用自主申报，及时告知三个月居住史、疫源地接触史、危险人员接触情况和个人健康状况等信息，并出具实时个人健康电子认证，满足广大居民返岗复工以及必要的差旅活动需求。系统还可以对居家、集中隔离观察对象进行自主填报管理，发现有漏报、体征异常等现象，立即进行预警。

第四，主动应用新技术，实现互联网医疗技术的革新与升级。对于此次疫情防控，中央提出了16字总要求，其中就有“科学防治”。[①] 从人类社会发展的历程来看，科学是战胜传染疾病的最好武器，技术是控制传染疾病的最优手段。此次疫情防控是互联网医疗实现技术革新与升级的良好契机，一方面要夯实已有技术应用基础，提高技术体系稳健性，应对海量的互联网医疗应用；另一方面要充分利用大数据、人工智能、区块链等最新高科技手段，在病毒溯源、疾病预防、重症救治、疫后医保等方面发挥作用。

参考文献

《坚决把思想和行动统一到党中央决策部署上来》，《人民日报》2020年2月25日第1版。

孟群、尹新、梁宸：《中国互联网医疗的发展现状与思考》，《中国卫生信息管理杂志》2016年第4期。

舒展羽、陈芳、吕强等：《互联网医疗面对社会服务的困境与对策》，《中国全科医学》2017年第2期。

谢文照、龚雪琴、罗爱静：《我国互联网医疗的发展现状及面临的挑战》，《中华医学图书情报杂志》2016年第9期。

王安其、郑雪倩：《我国互联网医疗运行现状——基于3家医院的调查分析》，《中国卫生政策研究》2016年第1期。

---

① 《习近平会见世界卫生组织总干事谭德塞》，《人民日报》2020年1月29日，第1版。

B.5
公共卫生事件中社区服务模式创新探析

罗 旭　张佳鑫*

摘　要： 在特殊背景下实现对特定群体的服务与关注是社区服务的重点，需要从新的角度以新的模式解决疫情期间的新问题。本文以北京市夕阳再晨社会工作服务中心发起的“手拉手，共战疫”抗疫一线医护人员家庭关爱计划以及“花园心声”心理探访项目为案例，探究针对社区青少年、老年人以及困难群众等特定群体的线上社区服务模式以及具体做法，同时研究相应做法的延续性及其在日常社区服务中的可行性。

关键词： 疫情防控　心理服务　社会组织　社区服务

绪　论

（一）研究背景

在公共卫生事件中，社会组织也应当发挥专业优势，以路径优势、信息

* 罗旭，北京邮电大学经济管理学院研究生、北京市海淀区文明志愿者协会理事、夕阳再晨公益组织联合发起人、中共北京市社工服务机构第三联合党委专职副书记兼纪检委员、福布斯30U30社会领域上榜者、中国青年志愿者代表、首都五星级志愿者、北京市孝星、西城青年之星、北京市海淀区十大明星志愿者，主要研究领域为社会创业以及企业战略管理；张佳鑫，博士，北京邮电大学信息与通信工程学院讲师、北京市夕阳再晨社会工作服务中心主任、社会工作师、中国志愿服务联合会常务理事、中国青年志愿者协会理论研究委员会副秘书长、中国老年学和老年医学委员会委员，主要开展卫星通信、大数据与智慧城市、志愿服务、社会治理、青年成长、养老服务等方面的研究。

渠道优势、社会工作服务经验优势做好疫情信息排查、政策宣传、心理疏导等社区服务工作。为积极响应习近平总书记“在疫情期间要加强心理干预和疏导，有针对性做好人文关怀”的指示，以及国家卫生健康委办公厅、民政部办公厅发布的《关于加强应对新冠肺炎疫情工作中心理援助与社会工作服务的通知》，北京市夕阳再晨社会工作服务中心发起“手拉手，共战疫”抗疫一线医护人员家庭关爱计划服务社区内抗疫一线医护人员家庭中的青少年与老人，同时发起“花园心声”心理探访项目关注社区居民身心健康，以探索针对社区困难群众、青少年及老年人等群体的服务模式，及时关注不同社区人群需求变化发展态势，提供优质服务。

（二）研究意义

公共卫生事件下的社区一线的全面服务不仅关系到个人身心健康和生活需要，同时也是恢复社会经济发展、稳定调节社会秩序的重要保障性工作。基层社区在疫情防控中发挥着关键作用，为应对当前局势，基层党委政府均成立指挥工作专班，开展防控工作。然而目前社会服务系统在应对公共卫生事件中仍然存在很多问题，因此在防控疫情背景下，对社区服务模式的创新探索具有重要意义。

第一，打通社会组织参与街道社区疫情防控工作的路径。受到公共卫生事件影响，大多数社会组织与街道社区日常合作的项目都受到影响与延误，北京市夕阳再晨社会工作服务中心发起的“花园心声”、“手拉手，共战疫”项目则充分发挥社会组织的专业优势，帮助街道社区解决疫情防控中的实际问题，有效地参与到街道社区的疫情防控工作中来，真正探索出了一套行之有效的路径方法。

第二，帮助社区缓解人才缺口压力。在公共卫生事件下，街道社区的工作任务更加繁杂，关口监管、人员出入排查、防疫防控科普知识宣传等工作开展对街道社区提出了人员数量需求。在身体健康援助、心理帮扶、青少年居家课业辅导等服务需要上，社区还存在各领域专业性人才储备欠缺的问题。因此社会组织要积极发挥路径优势、信息渠道优势、社会工作服务经验优势以帮助社区打破人才数量和专业困境。

第三，帮助街道社区有效梳理模式，提升治理水平。现有治理防控参照经验主要来自 2003 年“非典”时期，但是由于时代背景的不同和体制的变化、技术的发展，现有的社区工作并不能完全按照非典时期进行，如利用互联网平台提供科普关怀服务等新兴服务方式还需要更加完善的制度配合。

一 案例分析

（一）“手拉手，共战疫”项目

1. 项目概述

在公共卫生事件中，医护人员作为抗击疫情的核心战斗力不计个人得失，奔赴一线，为的是抗击疫情、守住防线，而在后方家庭，缺少父母陪护成长的青少年和缺少子女照顾的老年人成为社区服务工作需要关注的服务对象。疫情期间，社区由于抗疫工作形式复杂、专业性人才缺口较大而缺乏更多服务力量关注抗疫一线医护人员的家庭需求，而专业社会组织刚好能够弥补这一缺陷。北京市夕阳再晨社会工作服务中心发起“手拉手，共战疫”抗疫一线医护人员家庭关爱计划，以“1+2+1”志愿服务模式（即 1 个家庭匹配 2 名志愿者，并分配 1 名督导员进行服务督导），结合 4 级 12 步志愿服务方法，服务社区内抗疫一线医护人员家庭中的青少年与老人。

2. 项目运作模式

（1）服务网络搭建

“手拉手，共战疫”一线医护人员家庭关爱计划服务模式网络以北京市夕阳再晨社会工作服务中心为项目组织运营主体，以青年志愿者队伍为专业服务主体，以一线抗击疫情的医护人员家庭留守青少年及老年人群体作为服务对象主体。夕阳再晨作为青年社会服务组织，在项目服务过程中发挥专业技能及工作经验优势，积极协调青年志愿者队伍与社区医护人员家庭的沟通联系；组建志愿服务运营团队，搭建服务运营组织体系，负责项目开展指导及志愿服务队伍联系、培训、需求对接、排班上岗、激励保障等项目运营内容；完善志愿者激励保障内容和政策支持，做好成果转化、典型挖掘、模式总结探索等工作，将项目经验模式转化为社区青少年及老年人服务模式的体系化成果。青年志愿者队伍通过系统培训督导，负责项目服务主体内容，以线上网络开展为主要媒介，针对一线医护人员家庭在抗击疫情过程中提出的孩子课业辅导、家庭成员生活陪护、日常起居需要等方面的需求开展相应社会工作。医院及社区等相关工作单位负责医护人员需求信息收集和排查工作，并做好相应项目内容宣传，协助处理项目工作内容。

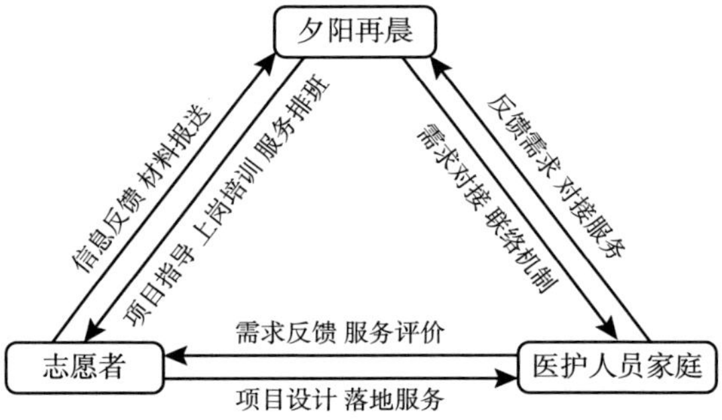

图1　服务网络模式

（2）服务内容及团队确立

根据项目前期基础调研成果，“手拉手，共战疫”一线医护人员家庭关爱计划依照医护人员家庭需求以及夕阳再晨社会工作服务组织专业技能优势，针对青少年及老年人两类抗疫期间相对弱势群体制定了相应服务内容，并根据服务内容组建专业服务团队。

在项目服务内容的确立过程中，首先考虑到疫情防控下青少年和老年人在社区服务过程中的实际需求。青少年正处于人生发展关键时期，童年期、青春期等各阶段心理需要及成长需要有较大的区别，同时由于价值观尚未成熟，容易在疫情期间受到由于父母抗疫缺乏关照陪护、复杂混乱的网络信息等因素的干扰。而老年人一直是社会服务工作的服务主体，时代发展下老年人群体的信息获取渠道相较于其他社会群体受到较大限制，给防疫抗疫带来了困扰，同时其身体健康、心理健康问题面临着更加复杂的隐性风险。

因此在针对青少年和老年人群体进行服务内容设计时，考虑多方因素，结合志愿者能力特长，项目面向社区医护人员家庭青少年群体设计了亲情陪伴、心灵陪伴、课业辅导、经典导读、科技探秘（高校志愿者结合所学专业进行科普内容设计）、初高中学习规划、大学生涯规划、高考志愿填报、疫情防护知识教育等多维度服务内容，以帮助医护人员子女在关爱中健康成长，减少疫情发展带来的干扰。而针对老年人群体，则主要提供科技知识普及、亲情陪伴、心理疏导、疫情防护知识教育、智能手机使用等关爱服务，同时与老人一起制作“时光相册”记录人生的温暖时刻，为医护人员送去关心和寄托，以缓解老人对子女抗击疫情的紧张、担心等情绪。

根据服务内容，项目专业服务团队主要由教育专家、心理学专家、社会工作者、志愿服务骨干、高校志愿者组成，由教育专家、心理学专家、社会工作者组成督导团队，负责家庭援助服务过程中的线上培训、督导、服务规划指导、梳理总结等工作。同时夕阳再晨建立 12 人的志愿服务骨干团队开展项目运营工作，划分为运营服务组、资源对接组、宣传信息组三个职能小组，对接医院、社区，保证志愿服务项目稳定运行，履行好社会服务组织的沟通桥梁搭建职能。

（3）服务路径流程

项目主要以“1 +2 +1”志愿服务模式（即 1 个家庭匹配 2 名志愿者，并分配 1 名督导员进行服务督导），结合 4 级 12 步志愿服务方法开展服务工作。其中“4 级”涵盖前期调研筹备、队伍组建培训、服务监督评价、成果体系整合四方面内容，以确保提供契合医护人员家庭需求的靶向服务，保证项目持续有效运行，同时为项目模式拓展反思做好数据储备工作。

在前期调研筹备环节，夕阳再晨发放专项志愿服务需求调研问卷及志愿者招募基本信息统计问卷两份调研问卷，通过医院、社区组织、志愿服务平台等多个渠道发放，实现医护人员家庭基本信息、服务需求，志愿者基本信息、个人能力、服务意向等多方面基本信息采集。同时借助平台渠道进行项目前期内容宣传及志愿队伍招募工作。除了信息摸排之外，对于收集摸排上来的信息，在签署且遵守保密协议的前提下进行分析和研判，结合行业专家意见从流动性、扩散性等指标进行相关趋势分析研判和态势感知，并为街道社区提供相应报告与资源调度建议。

队伍组建培训阶段，需要结合项目对采集到的志愿者信息及能力进行初步筛查，筛查内容包括但不限于服务意愿动机、个人技能、政治面貌、年级专业、志愿服务经历等。同时针对线上志愿服务基本技巧、常见问题、服务伦理道德等方面内容进行志愿者能力培训，配套保密承诺书等相关文件签署。在培训结束后，对接医院、社区等相关组织整理一线医护人员家庭发布的服务需求，匹配相应能力和意愿的志愿者实现“1 +2 +1”的服务模式。

为保证志愿服务质量和效能，志愿者在服务过程中，需要遵守项目标准化流程，根据对接家庭的具体需要，每周设计志愿服务计划表提交志愿服务组织审核，通过制定每周志愿服务时间节点、目标进行有计划的服务。为实现对项目服务质量的有效监督，在每次服务结束后，医护人员家庭和志愿者需要填写志愿服务互评表进行本次服务的互评工作，通过互评内容进行配对优化、服务内容规划及服务感受收集等工作。评价结果作为志愿者与家庭匹配度、服务成效、志愿服务组织工作能力等方面的重要评价指标。

建立以个案记录、服务的精彩瞬间、经典故事、志愿者心得感受、服务对象评价等记录性材料为主要成果的数据库，同时完成志愿服务人才选拔、培训、监督、激励以及志愿服务执行制度体系等理论化成果整合。

3. 项目成果

“手拉手，共战疫”抗疫一线医护人员家庭关爱项目开展以来，对接北京地坛医院、中日友好医院、北京市四季青医院、海淀区疾病预防控制中心等 15 家医疗健康机构，为抗疫一线医护人员家庭展开服务。项目第一批已累计服务 30 户家庭，按照“一家一策”的服务规划计划开展服务 103 次，服务时长超过 6000 小时，服务内容已经涵盖绘本共读、科普知识讲解、英语交流、课业辅导等多个方面。同时配套形成了相应个案记录、服务评价、典型案例等记录材料库。

面对项目服务过程中青少年及老年人的多样化服务需求，夕阳再晨选择打通高校志愿服务团队与社区服务工作合作路径，在完成项目服务的同时推进高校志愿者服务队伍与社区服务工作的对接。作为志愿服务项目的主体，“手拉手，共战疫”志愿服务队伍共招募来自北京邮电大学、中国地质大学（北京）、北京林业大学、北京外国语大学、北京中医药大学、中国农业大学、北京师范大学、北京大学、武汉理工大学、哈尔滨师范大学等17所高校的140名志愿者。通过培训督导强化了志愿者队伍包括政治意识、社会服务意识、志愿精神等多方面的意识，帮助志愿者更加充分了解社会服务工作内容及价值。

同时为了保证项目持续性发展，完善发展针对医护人员家庭的社会服务制度体系，项目在执行过程中总结整合流程范式，共形成《“手拉手，共战疫”——抗疫一线医护人员家庭关爱计划保密承诺书》《志愿者线上帮扶标准化流程》《与抗疫一线医务人员家庭手拉手专项志愿服务计划表》《与抗疫一线医务人员家庭手拉手专项服务个案记录表》等标准化文件15份。文件体系涵盖志愿者招募管理、信息保密、标准化流程、案例记录储备等方面内容，有效保证案例模式的接续发展。体系成果为社区组建志愿服务队伍以有效组织社会工作提供经验参考，基层服务组织应当加强应对新问题、新挑战的组织弹性，丰富组织结构层次。新冠肺炎疫情下的服务体系探索是补齐社区治理体系短板的坚实一步。

也正是服务体系的建立让该项目后期在服务医护人员家庭的同时，也能延伸到警务家庭、社区工作者家庭等众多抗疫一线工作人员的家庭中，使得项目更具有生命力和延续性。

（二）“花园心声”心理帮扶项目

1. 项目概述

为有效控制疫情蔓延，需要做好社区一线防控工作，街道社区居民心理健康、身体健康、生活保障等问题的解决成全面科学防疫的关键环节。心理危机干预是心理帮扶的重要环节，需要在现有危机干预体系的基础上，探索疫情背景下的干预模式。“花园心声”项目针对疫情期间社区内存在的身体不适者、重疫区归京者、需要心理疏导者、困难群众四类人群。为全面帮助社区居民缓解居家隔离期间的心理不适以及实际困难，项目搭建起“二级防控干预体系+‘五位一体’工作队伍”的服务模式，即通过街道融媒体信息平台对居民以及来（返）京人群信息进行摸排，利用线上平台和信息化手段完成摸排、科普、筛查工作。对于收集摸排上来的信息，在签署且遵守保密协议的前提下进行分析和研判，筛选出相应数据应用于第二级干预体系。第二级干预体系中以志愿者信息问询和专家支持团队干预的形式构建起“街区工作者+社工+专业医师+心理咨询师+志愿者”的“五位一体”工作队伍，整合广泛、专业的社会支持，根据居民需求来提供保障，同时分阶段建设服务人员队伍。

2. 项目运作模式

（1）项目架构

项目架构主要有两部分过程，一部分是服务过程的表单设计与制作，另一部分是队伍的组建。

项目服务表单设计从社区服务对象及项目组建“五位一体”工作队伍等方向出发，按照志愿者、专家队伍、服务对象等主体和服务流程两个维度设计服务表单，遵照保密原则、服务伦理原则，依照标准心理干预及危机援助范式，形成信息登记表单、保密承诺书、服务问询话术、志愿服务工作相关内容文件、个案服务表单及效果评估表单等15个系列模板文件，以实现信息归档及服务执行的系统化。

工作队伍主要由招募热线志愿者以及心理咨询、医疗服务、社会工作等领域的专家组成。北京市夕阳再晨社会工作服务中心依托党委平台，联合北京市大智云社会工作发展中心、北京和美之光社会工作促进中心等相关社会心理服务机构，以及西城区医养助老志愿服务队等专业医师志愿队伍，发起心理服务、医疗服务、专业社工服务等三类专业干预服务，同时组织起来自北京邮电大学、北京林业大学、北京师范大学等高校超过50人的志愿者队伍。专家队伍在危机个案专业干预援助的基础上，负责热线志愿者包括政治意识、服务意识、服务技巧、情绪疏导在内的督导和培训，完成“五位一

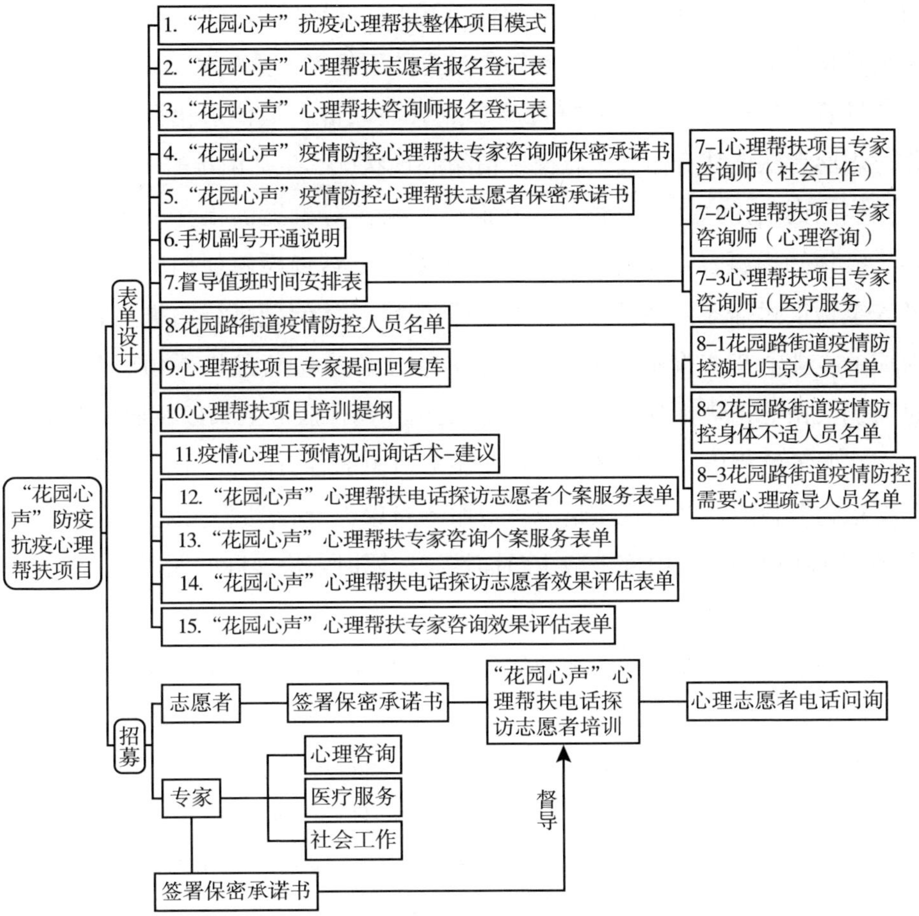

图 2　“花园心声”工作架构模式

体”工作队伍信息统计汇总、电话探访知识技能培训、虚拟号码设计和电话探访反馈表单设计，实现工作队伍内部联动及专业人力资源的充分利用，为心理援助志愿者服务培训提供实践经验，探索系统化心理援助志愿者培训体系建设。心理热线志愿者在项目平台对四类重点人群进行慰问探访，从情绪状态、身体健康、生活需求、政策介绍和科普宣传等方面实现对试点社区群众的身心状况的严格把控。

（2）服务流程

“花园心声”服务过程分为志愿者问询与专家老师介入两部分，因此针对不同人群制定了基本流程。前期针对试点的花园路街道社区的居民进行基本信息摸排筛查，根据摸排筛查结果对身体不适者、重疫区归京者、需要心理疏导者、困难群众四类防疫抗疫重点关注人群开展体系化探访及干预工作。志愿者队伍从身体健康状况、情绪心理状况、生活困难需求三个方向开展热线问询工作并进行记录，在问询时为服务对象提供相应街道的政策宣传、疫情知识科普以及防护措施宣传等服务，帮助缓解他们心理压力、科学安全地度过居家隔离阶段。随后根据居民具体问题进行归类与转介，由对应的专业心理咨询师、医疗专家、社会工作者进行危机干预服务，服务过后仍会由志愿者队伍展开定期回访工作，确保服务效果以及居民感受。

在服务流程中，志愿者会聚焦于服务对象的各类需求，同时结合疫情期间街道物资普遍短缺的现实情况，对服务对象进行心理疏导以及解决问题的引导，让居民在最大限度上减少负面情绪，同时解决实际问题。

3. 服务成果

心理热线服务过程探访和搜集包括心理状况、身体健康、家庭生活状况等方面信息在内的基本个案信息，针对其中因疫情需要心理援助、身体健康、生活物资需求等方面帮助的社区居民，通过“五位一体”工作队伍进行实时干预和援助。自“花园心声”线上心理疏导开展以来，针对重疫区归京人群、身体不适人群、需要心理疏导人群、困难群众四类疫情防控重点关注人群，已累计电话探访花园路地区需要心理帮扶的群众794人次，其中身体健康、心理有点焦虑但属于正常范围的服务对象439人次，身体不适服务对象257人次，心理疏导转介帮扶服务对象20位，线上医生转介服务对象12位，累计回访服务对象66位。在“花园心声”项目开展过程中，共对来自北京邮电大学、中华女子学院、北京师范大学等高校的50名志愿者开展专业服务督导和培训24次，其中岗前培训4次、实时督导20次，同时召集专业老师20余人。通过服务过程中经验的积累，志愿服务队伍能力得到显著提升并且逐渐沉淀形成组长负责制的工作模式，成为一支稳定的心理服务队伍，为疫情过后社区志愿服务工作实现了志愿服务人才储备，成功搭建起了社区心理服务队伍与专家老师支持网络。

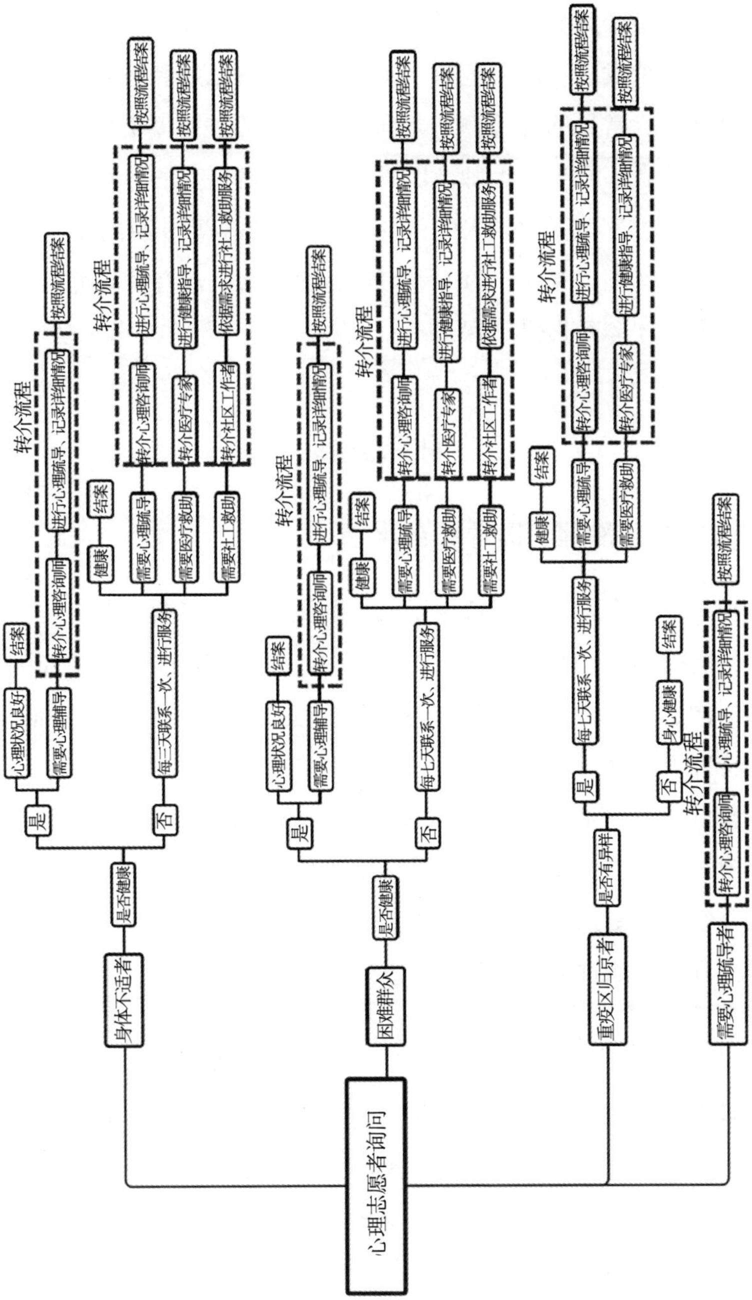
心理志愿者询问
身体不适者
是否健康
是
心理状况良好
结案
需要心理辅导
转介心理咨询师
进行心理疏导、记录详细情况
按照流程结案
转介流程
否
每三天联系一次，进行服务
健康
结案
需要心理疏导
需要医疗救助
需要社工救助
转介心理咨询师
转介医疗专家
转介社区工作者
进行心理疏导、记录详细情况
进行健康指导、记录详细情况
依据需求进行社工救助服务
按照流程结案
转介流程
困难群众
是否健康
是
心理状况良好
结案
需要心理辅导
转介心理咨询师
进行心理疏导、记录详细情况
按照流程结案
转介流程
否
每七天联系一次，进行服务
健康
结案
需要心理疏导
需要医疗救助
需要社工救助
转介心理咨询师
转介医疗专家
转介社区工作者
进行心理疏导、记录详细情况
进行健康指导、记录详细情况
依据需求进行社工救助服务
按照流程结案
转介流程
重疫区归京者
是否有异样
是
每七天联系一次，进行服务
健康
结案
需要心理疏导
需要医疗救助
转介心理咨询师
转介医疗专家
进行心理疏导、记录详细情况
进行健康指导、记录详细情况
按照流程结案
转介流程
否
身心健康
结案
需要心理疏导者
转介心理咨询师
心理疏导、记录详细情况
按照流程结案
转介流程

图3 “花园心声”服务流程

同时“花园心声”在“2+5”防疫干预模式的基础上，形成防疫危机干预培训材料、典型个案材料等体系化成果，形成成熟模式，能够实现项目的有效复制与可持续发展。防疫危机干预培训材料囊括了新冠肺炎简介、服务技巧、心理调适、常见问题等四个方向的内容，覆盖防疫工作队伍中包括志愿者、社区工作者、心理咨询师及医护人员在内的工作服务技能以及疫情期间个体情绪调节、家庭关系处理、老年人心理疏导等方面的心理调适技巧，同时形成配套音频、视频、PPT 等培训材料，为搭建有效培养专业危机干预服务志愿者人才体系提供了保证。

二 研究发展

（一）聚焦社区治理，提升综合水平

心理帮扶及危机干预不仅仅适用于疫情环境下的情绪调节，也是创新社区治理模式的有效环节。在社区的日常治理中，心理帮扶能够帮助社区处理社区工作中的沟通问题、管理问题。同时对社区中的困难人群、重症人群、空巢老人等特殊人群进行心理疗愈，积极预防应对可能出现的风险。“花园心声”项目模式是社区心理干预模式的初步探索，后续还应当注重推动社区心理干预模式的常态化发展，丰富社区治理体系和治理结构，提升社区居民的幸福感并使其感受到社区治理的人文关怀，实现社区治理水平的全面提升，进一步提升社区治理的精细化水平。

（二）社区青少年与老年人关怀服务常态模式发展

项目开展为精准筛查青少年与老年人的社会服务需求提供了一定的探索性经验，但仍然需要使实践经验结论在脱离疫情防控和医护人员家庭的背景下依然能够常态化有效运转。厘清志愿服务工作、服务主体、社会组织、政府部门的关系和各自职能，保障青少年与老年人多层次问题解决。青少年和老年人是社会主体中相对较为弱势的群体，也是社会服务工作的重点关注对

象。在教育改革发展不断加快和社会老龄化进程不断加深的过程中，青少年和老年人的社会服务需求不能局限在疫情防控时期，不能局限于医护人员家庭需求，而应当在社会发展背景下将社区工作对于青少年和老年人的关怀服务持续性推进，建立常态化的服务模式，不断将科学社会治理体系的构建与基层服务深入结合。

（三）加强科技数据支撑，提高服务效能

科技是实现我国治理体系和治理能力现代化的有力手段，基层社区服务也要运用好科技这一高效的支撑手段。在此次社区疫情防控工作中，由于突发性公共卫生事件范围大、变化快等特点，运用现代化科技实现数据化管理的思维模式能够帮助基层社区提升应对危机的灵敏度和行动的时效性，以减少不可控因素和隐性风险的干扰，数据管理的思维优势应当逐渐向基层下沉。

（四）推动社区服务媒介拓展

疫情使传统社区服务媒介受到较大限制，而在本文论述的两大项目运营过程中，为克服现实工作可行性的难题，团队依托互联网平台在宣传和服务方式上进行了社区服务媒介的拓展探索。社区在推动治理创新时，也应当多尝试发展新的媒介在社区工作中能够发挥的效用，在项目宣传上，加强社区服务与融媒体、自媒体、线上报章杂志、互联网平台、基层治理系统相结合；在服务方式上，探索网络直播、短视频、线上服务咨询等快速发展的新兴服务模式。不同的服务媒介有其独有特点和优势，社区服务应依据服务内容选择合适的服务媒介开展工作，以实现服务效能的有效提高，减少不必要的沟通障碍和路径难题。

（五）践行以服务对象为主体的社区治理体系多元化发展路径

随着基层社区治理体系的不断推进和完善，体系和制度问题不断细分，社会服务内容也逐渐呈现多层次的需求模式。两个项目在实施过程中，证明

了面对社区居民，尤其是青少年和老年人群体的多样化需求，将高校大学生志愿服务人才的专业技能和问题解决路径落实在社会服务需求中，是切实可行的多元化问题解决范式。只有理解社区服务对象需求多层次结构性变化现行趋势，社区服务工作才能够践行好服务模式和服务路径的多元化探索。

因此在现有基层治理体系下，基层社区应当积极联合社会服务组织，团结多方面社会力量为行业发展注入生命力，实现多领域融合发展，同时开拓高校和社会优秀人才向基层社会服务行业正向输入的可靠渠道。在项目运作的模式下，政府、高校、社会组织等多方主体参与社会治理的活力能够得到有效加强，社区能够在项目实践中有效推动社区治理体系向多元化方向发展，而避免体制僵化、人才单一、应变机制缺乏灵活性等问题。只有推动社区治理体系的多元化发展，共建共治共享的治理格局才能真正落实在基层，服务于人民。

参考文献

中国心理卫生协会：《新型冠状病毒感染的肺炎公众心理自助与疏导指南》，人民卫生出版社，2020。

罗旭：《中国社会企业效用评价模型研究》，北京邮电大学硕士学位论文，2019。

冉雨琴、彭美：《社区心理治疗背景下心理问题矫正的途径和方法》，《心理月刊》2020 年第 1 期。

张晓芳：《新时代大学生志愿服务意识培育路径探赜》，《经济研究导刊》2020 年第 4 期。

李永娜、袁校卫：《新时代城市社区治理共同体的建构逻辑与实现路径》，《云南社会科学》2020 年第 2 期。

B.6

社区卫生服务和保健行为在新型养老模式下的变化和展望

白慧君　冯 昊*

摘　要： 随着社会老龄化进程的加快，老年人对养老和医疗保健服务的需求愈加强烈。要满足老年人的健康养老需求，提高老年人的健康水平和生活质量，发展“医养结合”的新型养老模式是主要途径。社区医疗保健是“医养结合”养老模式的重要组成和服务支持，但其监管机制不完善、医疗设备短缺、人员不足等问题，制约了“医养结合”模式的快速推进。本研究结合“医养结合”养老模式的发展现状，对社区医疗保健服务的发展模式、主要内容及存在问题进行讨论，并提出进一步提升社区医疗保健服务水平的相关建议。

关键词： 医养结合　养老模式　社区卫生服务

我国自2000年进入老龄化社会以来，老年人口数量迅速增长，2019年我国60岁及以上老年人口有2.54亿人，占总人口的18.1%①。预计2030年，中国65岁及以上人口占比将超过日本，成为全球人口老龄化程度最高

---

* 白慧君，中国医学科学院副研究员，研究方向为卫生管理学、公共卫生、行为医学；冯昊，北京协和医学院科技管理处，助理研究员，研究方向为卫生管理学、公共卫生、行为医学。

① 国家统计局：《中国2019年国民经济和社会发展统计公报》，2020年2月。

的国家；到2050 年社会将进入深度老龄化阶段，60 岁及以上人口占比超30%，社会养老负担持续加重①。

随着工业化及城镇化的推进，我国家庭结构发生了明显变化，逐渐趋于核心化、老年空巢化，家庭养老的功能不断弱化，而机构养老资源不足、收费过高的缺点突出，加之老年人对养老照护和医疗保健服务的刚性需求显著增加，为老年人提供养老与卫生相结合的养老服务迫在眉睫②。

“医养结合”养老模式是集医疗、护理、养老于一体的创新型养老模式，是医疗资源与养老资源的有效整合，不仅可以强化家庭养老功能，也能发挥社区养老的优势，是解决养老问题、缓解社会压力的重要途径，也是实现人人享有基本医疗卫生服务的“健康中国”战略目标、提高人民群众健康水平的关键③。

一　我国“医养结合”养老模式的特点及现状

为推动“医养结合”养老服务的快速发展，我国自 2013 年起出台了多项举措，不断完善以居家为基础、社区为依托、机构为补充，基层医疗保健服务与社区居家养老服务相融合的养老服务体系。目前，“医养结合”社区居家养老模式具备以下特点。一是极大程度上方便了多数居家老年人在社区内及时享受医疗和养老服务，消除了大型机构养老造成的情感隔离等弊端。二是增加了老年人家庭的健康护理和疾病防治知识，同时也增强了老年人与家庭和社区间的互动，为老年服务的连续性和随访跟踪提供了便利。三是实现了资源的优化整合，充分利用不同机构的专业优势，提高了资源的使用效

① 智研咨询集团：《2020～2026 年中国养老产业市场研究及发展趋势研究报告》，2017 年 2 月。

② 黄昊峰：《老龄时代我国社区养老模式探究》，《现代交际》2018 年第 11 期。

③ 耿桂灵、宋彦玲、肖玉华：《医养结合理念下老年慢性病患者延续护理模式构建分析》，《护理管理杂志》2015 年第 6 期。

率，减少了资源的浪费。

近年来，各地通过政府试点、机构探索、社会合作等方式，基本形成了整合照料、联合运行和支撑辐射三种养老服务模式①。整合照料模式，即由单一机构同时提供养老和医疗两种服务，包括具有医疗功能的养老机构和具有养老护理功能的医疗机构。如郑州爱馨养老集团、北京太阳城养老社区、长沙第一福利院等是在养老机构（养老居住社区）设置了医疗机构；而长沙市精神病医院、合肥市滨湖医院、河北医科大学第二医院等则是在医疗机构设置了养老机构，为老年患者提供病后护理服务②。联合运行模式，即医疗机构与一个或多个养老机构签订合作协议，建立双向转诊制度，由医疗机构和养老机构分别负责提供医疗服务和后期康复以及照护服务。例如北京市恭和苑老年健康生活中心与北京市知名三甲医院建立双向转诊及远程会诊机制，由合作医院提供医疗服务，恭和苑医疗中心（双井第二社区卫生服务中心）负责病后护理服务③。支撑辐射模式，即社区养老服务中心与邻近医疗机构协作，为社区居家老年人提供健康养老服务，具体分为政府主导型和社会主办型两类。其中，长沙市天心区坡子街街道老年服务中心作为政府主导型的代表，是一个集生活照料、医疗护理、康复服务、临终关怀于一体的老年人关爱中心，通过依托天心区人民医院，将生活照料与医疗服务有效结合；社会主办型则以普琴养老服务中心为代表，社区与邻近医疗机构合作管理，建立双向转诊机制，同时依托社区服务站建立家庭病床，由合作医疗机构安排医疗专家与养老服务中心的护理人员为周边居家老年人提供上门服务。

基于我国部分地区的实践经验，无论是上海的“9073”、北京的“9064”或是宁波与武汉“9055”养老服务模式，居家和社区养老将覆盖绝

① 王素英、张作森、孙文灿：《医养结合的模式与路径——关于推进医疗卫生与养老服务相结合的调研报告》，《社会福利》2013 年第 12 期。

② 刘稳、徐昕、李士雪：《基于 SWOT 分析的“医养结合”养老服务模式研究》，《中国卫生事业管理》2015 年第 11 期。

③ 臧少敏：《“医养结合”养老服务的开展现状及模式分析——以北京市为例》，《老龄科学研究》2015 年第 12 期。

大多数的老年人口，也是连接机构养老的关键纽带。结果表明，“医养结合”模式能有效提高老年慢性病患者的日常生活能力，降低再住院率，减轻家庭负担，节省医疗资源，提高生活质量①。

二 “医养结合”养老模式下社区医疗保健服务的模式及主要内容

社区医疗保健服务是城市医疗保健服务的重要组成部分，是依托社区卫生服务机构，结合社区居家老年人的医疗需求，向社区居民提供健康教育、疾病预防、医疗、护理、康复、保健、用药指导和临终关怀等服务的基层医疗卫生服务。为加快医养结合，满足老年人多元化的养老需求，减轻社会养老负担，应根据养老模式、老年健康状况的不同提供差异化的社区医疗保健服务。

根据社区卫生服务机构参与内容区分的四种医疗保健服务模式为：①参与“居家养老”服务模式，社区卫生服务机构依托家庭医生签约为居住在家的老年人提供慢性病健康管理和居家护理服务；②参与“社区养老”服务模式，由社区家庭医生到社区日间照料机构提供护理和基本医疗服务；③参与“机构养老”服务模式，社区卫生服务机构与辖区内的养老机构形成合作，由医护人员定期到养老机构提供慢性病管理、健康讲座、药品配送及指导、心理调节等服务，或借助可穿戴移动设备以及远程医疗及时掌握老年人的健康状况；④“医养结合”服务模式，社区卫生服务机构依托辖区内医疗资源分布，结合老年人需求，对机构的内部结构及功能进行调整，通过内设护理院或养老院的方式，转型为老年疗养院、康复院等，由医生、护士、护理员、社工等工作人员为老年人提供安宁疗护、医疗、生活照料等服务②。

---

① 吴园秀、罗铁娇、罗文华：《老年慢性病患者实施医养结合的实践与效果》，《现代医院》2014 年第 3 期。

② 李熹、王芳、袁莎莎等：《社区卫生服务中心参与医养结合服务现状研究》，《中国卫生政策研究》2018 年第 11 期；陈灿兴、王延秋、尤晓东等：《探讨社区卫生服务中心与养老院医养结合模式的优势》，《中国卫生产业》2016 年第 21 期。

根据老年人健康状况和生活自理能力水平，提供的社区医疗保健服务内容如下。

第一，针对身体相对健康的老年人，提供基本公共卫生服务，建立健康的生活方式。包括：①健康体检，定期为老年人进行身体检查，了解老年人的身体变化，实现疾病的早诊早治；②健康资讯，提供健康生活方式、疾病症状、药物使用、心理问题等方面的咨询服务，消除咨询者对有关健康问题的疑惑；③健康教育，定期开展健康生活方式和常见疾病的防治知识讲座和宣传活动，特别是膳食、运动、慢性病的防治和常见药物使用等，协助老年人有效预防和控制疾病的发生发展，促进老年人身心健康；④健康管理，建立居民健康档案和慢性病患者健康档案，详细记录老年人的基本信息、生活习惯方式、体检结果、用药情况、既往病史、疾病诊治情况以及家族疾病史，掌握老年人的身体健康状况。

第二，针对患有一般性疾病的老年人，提供疾病诊断和治疗，预防并发症。根据辖区内老年人的疾病状况，在社区卫生服务机构设立常见病门诊，提供专业的医疗救治（临床治疗、饮食干预、心理疏导）和随访追踪，积极防治并发症；对于不能在社区卫生服务机构进行诊治的疾病，尽快协调转诊到附近的大型医院，待治疗结束后再由社区负责后续康复服务。

第三，针对患有特殊疾病的老年人，提供康复护理及临终关怀服务，提高生活质量。在阶段性治疗结束后，由社区医疗机构负责为患有慢性病、重病以及大病恢复期的老年患者制定合理的康复和护理计划，帮助老年患者尽快康复，防止疾病恶化，提高生活自理能力。对于高龄、失能或部分失能、绝症晚期的老年人，由医护人员提供医疗救治、长期护理、临终关怀和家政服务，最大限度地使其康复，减少病痛，延缓疾病发展，提高生活质量。

三 “医养结合”养老模式下社区卫生保健服务遇到的问题

目前，社区医疗保健服务在发展中还存在着许多不尽如人意的弊端和问题。

（一）监管机制不完善

近年来，我国社区卫生服务工作发展迅速，虽已进行建章立制，但缺乏动态的管理机制和规范的服务流程，缺乏明确统一、科学可行的服务质量评价标准，导致社区医疗保健服务管理工作混乱，制约了社区医疗保健服务的健康发展。另外，由于医疗信息资源在医患之间严重不对称，老年人对社区卫生服务缺乏认识，对社区卫生服务机构的服务质量缺乏信任，患者的就医率很低，无法改变到大的医疗机构就诊的习惯。

（二）资金设备短缺

长期以来，由于各地的政策制度、经济水平、卫生管理体制等存在一定的差别，在社区卫生服务机构建设过程中所采用的标准规范也不尽相同，但总体来看，政府的医疗卫生投入向大型医疗机构倾斜，对于社区的公共卫生、预防保健和基本医疗的财政投入有限，导致机构面积小、诊疗设备落后或短缺、基层药品种类单一，无法有效开展必要的检查诊断，难以发挥社区卫生服务的作用。另外，老年人保健项目的成本测算往往低于老年人实际体检成本，限制了老年人体检工作的开展，在实际操作中以量身高、称体重、测血压、量血糖等常规化工作为主。

（三）基层医疗机构缺少老年专科

随着我国高龄、多病和失能老年人口比例大幅度增加，多种慢病共存比例明显升高，医养结合养老服务市场供不应求，人才培养和专科设置迫在眉睫。目前疾病分类是我国医疗机构科室设置的主要依据，只有少数医疗机构设立了老年专科，老年护理等教育水平落后。缺乏国家级老年医学高校教育与继续教育教材体系、规范的老年病诊治基地，使得老年人不能及时得到正确的医疗救治和护理，影响社区医疗保健工作的进一步开展。

（四）医护人力资源总量不足

在基层医疗机构，全科医生数量严重不足，且缺乏科学、系统化的培训，致使全科医生的专业技术和服务质量无法适应社区老年人对医疗护理保健服务的需求。在养老机构，老年人因丧失一定生活自理能力需要全天候照料，但机构护理人员紧缺、学历偏低、知识老化和技能欠缺，护理工作强度大，工资待遇不理想，导致人员流失现象严重。

（五）服务能力有限

我国“医养结合”养老服务模式起步较晚，仍处于探索阶段且服务范围有限，绝大多数社区卫生服务机构的服务意识不强、医疗服务能力不足、居民认同感不高，不能真正为社区居民提供便利服务，基本上尚未形成“小病在社区”的格局。在服务内容方面，过多集中于健康体检、健康建档、基本医疗、慢性病管理和预防保健，而缺乏护理、康复、临终关怀以及精神层面的精神慰藉、心理咨询等；在人才队伍建设方面，人才培养力度不足，服务质量参差不齐，志愿者队伍发展缓慢，缺乏专业化的管理设计。

（六）健康档案利用率低

目前，社区卫生服务机构已在辖区开展社区居民健康档案建立工作，但健康档案内容记录不完整、填写不准确、查阅不方便、实际利用率低，难以为家庭医生提供全面而连续的信息。另外，与辖区外的相关医疗机构缺乏统一的规划和设计，不能实现互联互通共享信息，造成各系统之间的数据割裂，形成纵向信息系统“孤岛现象”，不能为预防疾病提供有效的信息。

四　相关建议

（一）健全社区卫生服务的监管机制和评价体系

建议结合各辖区的主要健康管理问题，调整社区服务工作重点，同时有针对性地积极开展基本公共卫生服务项目。特别是加强对社区康复、慢性病管理、老年保健等社区医疗保健的监管，同时健全完善社区卫生服务规范化管理制度，规范社区卫生医护人员的服务行为和技术操作流程，多措并举确保医疗安全和服务质量。与此同时，大力加强社会宣传力度，充分发挥媒体的舆论导向作用，通过多种途径宣传社区医疗保健知识及医疗保健的重要性，提高国民的健康意识和参与程度，扩大社区医疗保健服务的影响力，使人们对社区卫生服务机构的性质和功能充分认识和了解，从而提高老年人对社区医疗保健服务的知晓率和信任度。结合环境条件、服务对象、服务方式以及工作时间等影响社区医疗保健服务质量的多种因素，建立养老机构社区卫生保健服务的评价体系，鼓励行业协会等社会组织和个人卫生服务机构进行独立评价和监督，从而促进社区卫生服务的发展。

（二）合理配置医疗资源

首先，建议加强管理部门对社区卫生服务的资金投入支持，对社区卫生服务机构的基本建设、房屋修缮、基本设备配置、人员培训、公共卫生服务及离退休人员费用等提供补助。鼓励公立医院支援社区卫生服务机构，构建分工合理、协作密切的社区医疗卫生服务体系，逐步提高社区卫生服务机构的医疗服务能力和管理能力，合理优化医疗设施设备配置，提高社区卫生资源的利用效率。

其次，建议及时增补调整社区的基本药品种类，将基层反映的常用药品纳入药物目录，通过简化包装、定点生产、统一配送等方式降低社区用药的成本和价格，保障广大患者的用药，减轻公立大型医院的门诊压力；简化常用药品、急救药品及医疗设备的采购流程，加强对药品和耗材的监督管理，规范采购行为，确保社区用药和社区卫生服务的可持续发展。此外，鼓励和引导其他形式的医疗机构为医养结合养老机构的老年人提供医疗服务，引导社会民间资本投资开设各种老年门诊、康复院、疗养院、护理院等，重新布局城市医疗网，满足老年人不同层次的医养需求。

（三）开展社区老年护理专科服务

建议将老年护理作为社区卫生保健服务重点，完善基层老年科医生、护士、照护者、非医或非护专业老年服务从业者的继续教育培训体系。建议设立中国特色老年病专科诊治基地，推进有关老年慢病管理的“基层网底”建设，培养专业医护人员，掌握老年人、老年病和老年人各系统疾病的特点，使专业人员能够具备良好的沟通交流、综合评估、精准诊治的专业技能，以提供更加精准的服务。社区卫生服务机构或医养结合养老机构要根据社区老年人的不同需求积极开设老年病专科或老年病门诊，提供老年人常见的心脑血管疾病、呼吸系统疾病、内分泌疾病、风湿免疫病等慢性多系统疾病的诊断和各种老年病的康复保健治疗服务；为社区患病的老年人提供居家护理服务，如定期检查、用药指导、医疗器械更换、日间观察、心理疏导、健康讲座、家庭护理、制定实施康复训练计划等；为身体健康的老年人开展疾病预防教育，倡导健康的生活方式和生活习惯，如劳逸结合、合理膳食、适量运动，戒烟限酒、心理平衡，提高老年人的身心健康水平。

（四）加强人才培养和管理

建议建立老年医学人才培养体系和各层次护理人才培养体系，将全科医生、老年医学、康复、护理人才作为急需紧缺人才，纳入卫生人员培训规划。积极鼓励院校设置全科医学、老年护理、康复医学、养老保健、老年危重症等专业教育，有效整合临床、护理、中医及公共卫生等学科，并鼓励高职类护理专业毕业生到医养结合机构就业，缓解社区卫生专业人员不足的问题。同时，加强社区医疗机构和医养结合养老机构员工的岗前培训、在职培训和继续教育，对新入职人员展开系统培训和职业道德培训，提高卫生服务人员的专业素质，为社区居民提供专业化医疗服务。对已工作医护人员加强专业技能培训，不断充实护理新知识、新技术、新理念，提高社区医护人员家庭照料及健康教育的指导能力和服务水平，以获得老年人的信任，更好地为老年人提供服务。对志愿者进行专业的养老护理培训，使其掌握基本的保健、护理、康复知识和技能，改善人才不足和服务质量不佳的现状，推动社区卫生服务队伍的专业化发展。此外，社区卫生服务机构和医养结合养老机构应尽快建立一套完善的社区医护人力资源管理体系，包括人员配置、职责管理、培训管理、绩效考核、薪酬福利及晋升等相关的政策和制度，以吸引高素质人才从事社区医疗保健工作，并用这些制度规范、监督管理和调整人力资源，激发社区医护人员的工作热情。

（五）丰富社区医疗保健服务内容

由于老年人身体健康水平的差异，老年人需要多层次、多样化的医疗护理保健。建议社区卫生服务机构结合老年人的身体状况和体质，在原有医疗服务的基础上，积极扩展中医养生保健、疾病防治、康复指导、护理、精神慰藉、临终关怀等社会支持服务。作为我国独有的医学科学和中国古代科学的瑰宝，中医具有养生保健、治未病的特色优势和“三分医，七分养，十分防”的医养理念。通过构建中医药特色社区服务体系，有效整合中医医疗资源与养老资源，让人民群众足不出户或在家门口就能够享受到中医药特色服务，满足老年人的不同健康需求，让更多的老年人可以不得病、少得病、晚得病、不得大病、得了病能够得到及时的治疗。中医科学通过体质辨识、药膳调理、针灸、推拿、拔罐、贴敷、刮痧等适宜老年人的养生保健疗法，扩大中医药健康管理服务项目的覆盖范围和加深其服务深度，将我国传统的“简、便、验、廉、安”的特点应用于养老服务，缓解人口老龄化带来的财政压力，增强老年人健康素养，延长人均预期健康寿命。

（六）搭建网络信息平台

建议加速信息化建设，依托互联网和大数据平台，整合基层医疗和养老资源，搭建智慧养老服务信息基地。有效整合政府资源、医疗资源、社会资源、信息资源，向老年人及其家属提供医疗卫生、健康管理、生活照料、安全看护、文化娱乐、亲情关爱、体育健身等多样化服务。充分利用家用健康检测、治疗、辅助智能终端，实时监测、定位追踪慢性病患者康复、治疗情况。更新老年人健康档案，将居民的健康档案与门诊诊疗记录、上级医院就诊记录联机，实现信息资源共享，为老年人健康评估、双向转诊、远程诊疗服务提供便利和依据。建议建立老年人服务交流信息网络平台，动态发布养老日常工作情况，展示为老服务的基础信息，定期举办交流活动，调集力量帮助协调、提供场地及设施资源；开展社区老人的呼叫服务，快速响应居家老人需求，精准匹配服务供给，为老人提供驿站服务咨询、生活照料、送餐、家政、维修、交通、紧急救助等服务，在保证服务便捷的同时对服务过程全程监管，确保上门服务的质量和安全。

B.7
云南农村社区在公共卫生事件中应急治理的调查

张 慧*

摘 要： 本文就公共卫生事件中云南农村社区如何有效进行防控以及当地应急治理的相关问题开展研究，力求对农村社区应急治理机制的科学完善与协同治理的高效畅通做出有益探索，并总结出协同配合、精准高效、科学指挥、机制完善、全民参与的农村社区应急协同治理模式。

关键词： 农村社区 应急协同治理模式 云南

一 公共卫生事件中治理的必要性

农村社区，不只是农村居民日常生活的主要区域，还是公共治理体系的坚实基础，也是应急治理的基层组织，在我国应急治理体系中的不同阶段发挥其自身优势，将突发事件带来的影响和损失降到最低，并最大限度地维护居民人身安全和财产安全，构建和谐稳定的社会生态。云南地处祖国的西南边陲，与越南、老挝及缅甸接壤，农村地区少数民族众多，有些地区尚未完全脱贫，医疗卫生条件较差，面对公共卫生事件，有效防范和阻断变得尤为重要，这不仅关系到一个地区的群众生命安全，也关系到国家的社会安全，

* 张慧，博士、云南民族大学讲师，主要从事社区研究。

因此做好防范措施有着重要的社会意义。

本文就公共卫生事件中云南农村社区应急治理的相关问题开展研究，力求对农村社区应急治理机制的科学完善与协同治理的高效畅通做出有益探究，并总结出协同配合、精准高效、科学指挥、机制完善、全民参与的农村社区应急协同治理模式。

二　云南农村基层社区公共卫生事件中应急治理的现状

本研究选取云南8个州市的村镇，调查时间为2020年2月中旬到3月中旬。为期1个月的调查和收集资料，采用在线网络调查的方法，对分布于云南各地的基层干部，包括乡镇干部和村委会的干部（占比90%以上）进行了线上问卷和网络调查。本次调查共发放312份问卷，回收有效问卷298份，问卷回收率95.5%，涉及全省81个县（市）、137个乡镇和170个村，调查样本有一定的信度和效度（见表1）。

表1　调查问卷分布情况

单位：份，个

地区	总数	县(市)	乡镇	村
昆明	45	7	10	22
迪庆	21	2	3	3
玉溪	23	7	11	14
文山	33	6	14	16
大理	32	10	19	22
曲靖	18	6	16	17
德宏	16	3	6	9
红河	12	5	7	8
楚雄	10	4	5	5
昭通	12	7	9	9
临沧	13	7	9	9
版纳	8	3	4	4

续表

地区	总数	县(市)	乡镇	村
普洱	15	6	8	10
保山	9	4	5	5
怒江	14	1	4	7
丽江	17	3	7	10
合计	298	81	137	170

被调查对象中，男性210人，占70.47%；女性88人，占29.53%（见图1）。从这一数据可以看出，农村基层干部中男性占很大的比例。

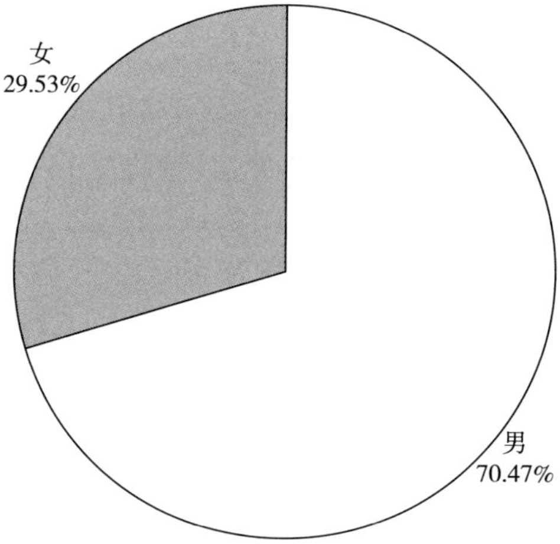

图1　性别比例

从年龄段的区间分布看，以40岁为年龄界线，上下两个年龄段的比例差不多，其中51岁及以上的有24人，占8.06%；41~50岁的共126人，占42.28%；31~40岁的有73人，占24.50%；30岁及以下的共75人，占25.16%（见图2）。

图3显示了被调查对象的学历状况，其中本科学历的有139人，占46.64%，这一部分大多为基层乡镇干部，属于公务员或者事业单位在编人员，但大多数村委会干部是大专及大专以下学历，占49.66%（见图3）。

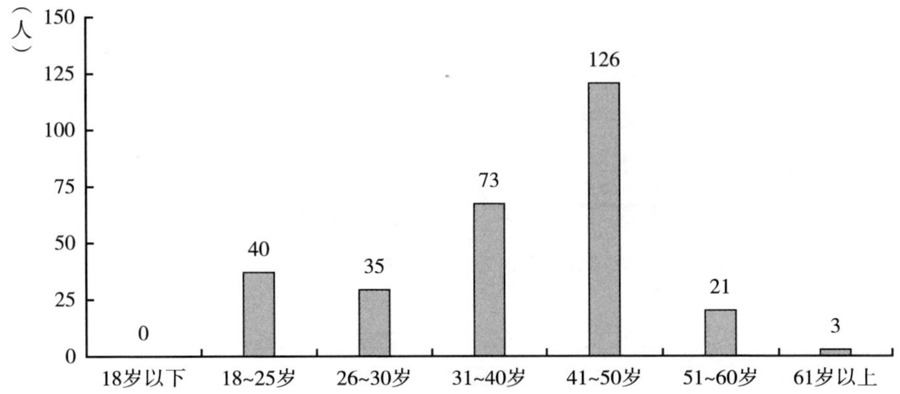

图2　年龄段分布

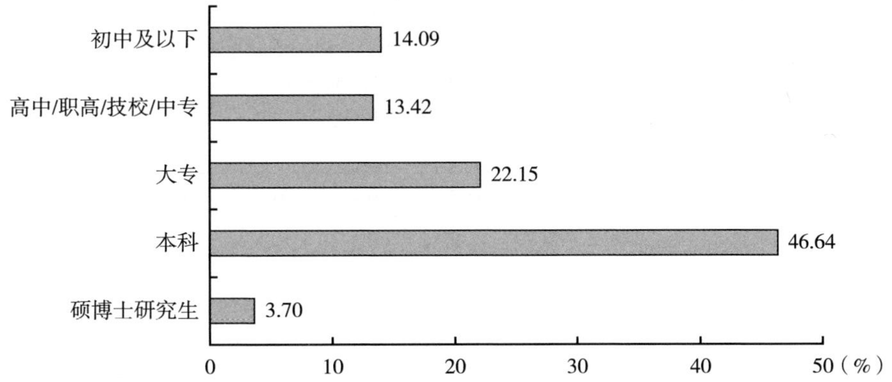

图3　学历分布

（一）农村社区在公共卫生事件中采取的方案和相关措施

本次调查的所有村落和社区中，99%以上没有出现新冠病例，有3个村有确诊病例或疑似病例，但都得到了很好的隔离和医治。疫情发生以来，86%以上的村干部都处于繁忙的工作状态。有一半以上的村落有传染病应急管理预案，并开展过关于疾病（53.85%）、灾害（56.23%）等预防的演练活动，近60%（占59.53%）的受访对象对整个疫情防控的处置程序非常了解，知道部分的也占了38.8%，这说明基层一线的干部对疫情的防控程序非常了解。此外，村干部对本村当前防疫工作情况非常了解的占92%以上，说明绝大多数村干部们工作认真负责、责任心很强。

归结起来，基层社区的防疫工作主要有以下几个方面。按比例由高到低主要为宣传防治信息，控制人口、车辆出入，信息统计与排查，场所消毒，体温监测等方面，可以看出，工作内容涉及防控的方方面面。有近90%的干部表示是完全按照上级要求开展工作的，而有本村“自选动作”的只有不到11%，说明干部们工作内容的创新性还有待提高（见图4、图5）。

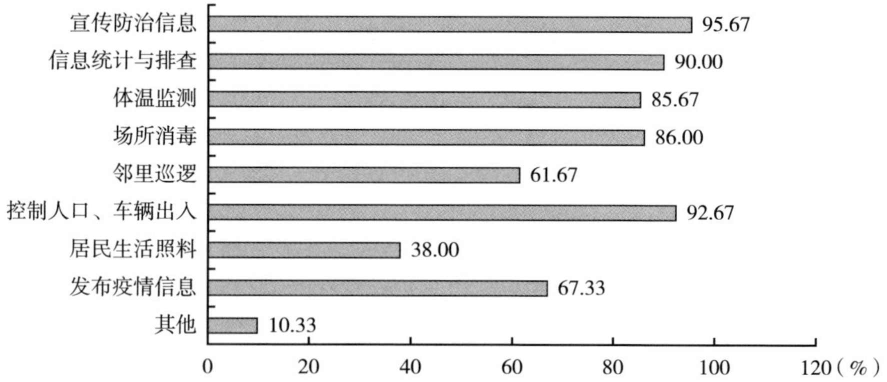

图4　基层社区疫情期间主要工作

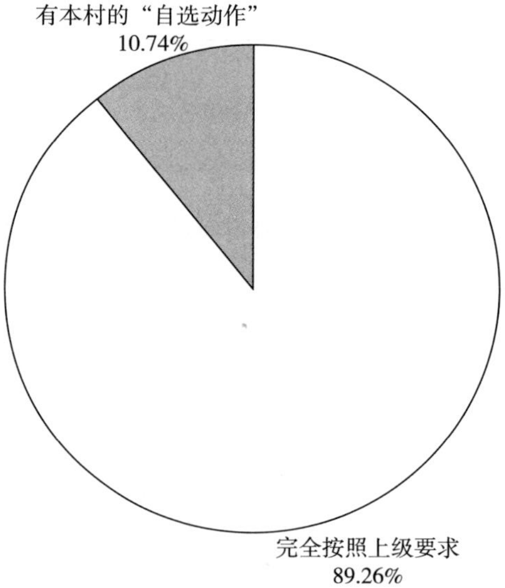

图5　工作内容性质的比例

从工作时间上看，有 68.03% 的基层干部每天工作时间超过 8 个小时，可以看出，基层工作时间较长，任务比较繁重（见图 6）。有些干部说从大年初一到现在都没有休息过，辛苦程度难以想象，但是大家的成就感和获得感均较高。

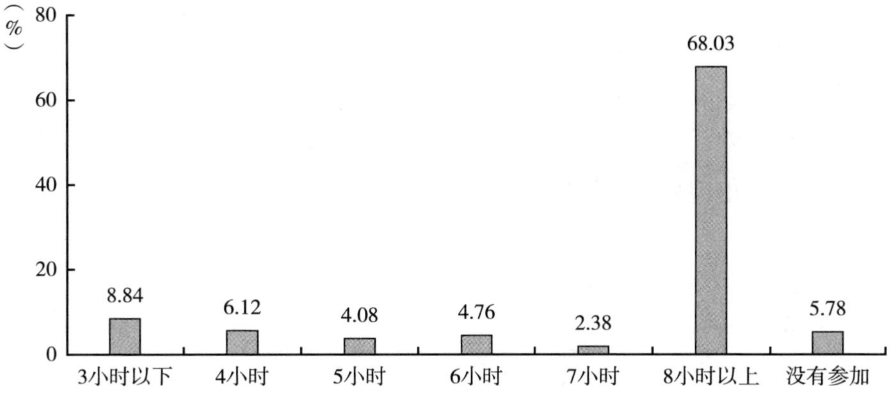

图 6　干部们的工作时长

图 7 为村干部工作动力分布图，可以看出，大家的责任感来自对工作的本质责任、党员的责任以及付出的初心，说明云南绝大多数基层村干部较为朴实、忠诚、干净、有担当，都有舍己为人、一心为公的思想。而且 90%

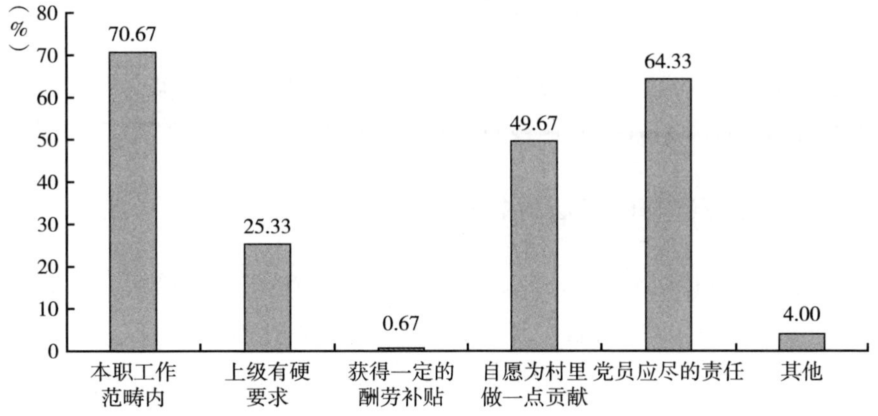

图 7　村干部工作动力分布（多选）

以上的干部表示对疫情防控非常有信心，并能积极支持，而村里有近98%的人都能积极配合，这值得肯定和赞扬。因为大家觉得抗击疫情、保卫家园责无旁贷。

调查中除了工作时间长以外，村干部们普遍反映工作压力大，其中45.39%的干部认为有点压力，13.65%的干部表示压力极大（见图8）。但在较大的压力面前，很多人都能做到舍小家为大家。村干部们反映工作压力来源比较多，具体可见表9。从中能看出基层干部不怕苦不怕累，他们更担心的是群众的安危和因管理不到位而导致疫情扩散，所以大多数时候严阵以待，在有可能出现疫情风险时提前做好有效应对。

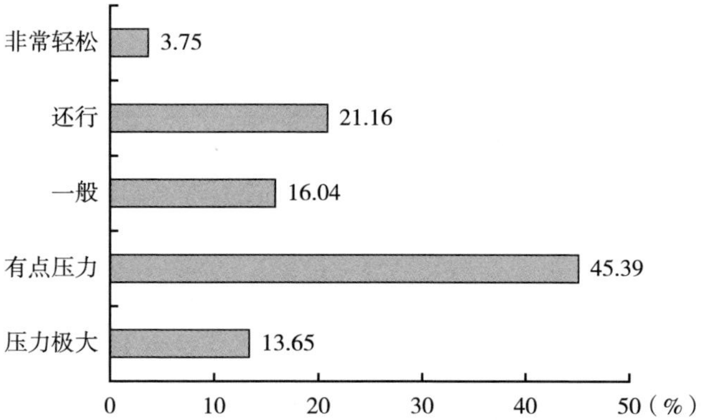

图8　村干部压力大小情况

总的来说，在此疫情的防控中，82%以上的村干部对防疫取得的成绩是较为满意的，这其中有他们自身的成就感和自豪感。

（二）各方参与的基层应急防御

从物资的筹措上看，来源比较多元，有82.67%的居民表示得到上级政府支持，有49.00%的居民表示得到企业商家捐赠，有37.33%的居民表示得到其他居民捐赠，可以看出政府部门还是基层防控物资的主要提供者。笔者曾预计会有社会组织的参与，但目前来看，农村的社会组织介入比较少（见图10）。

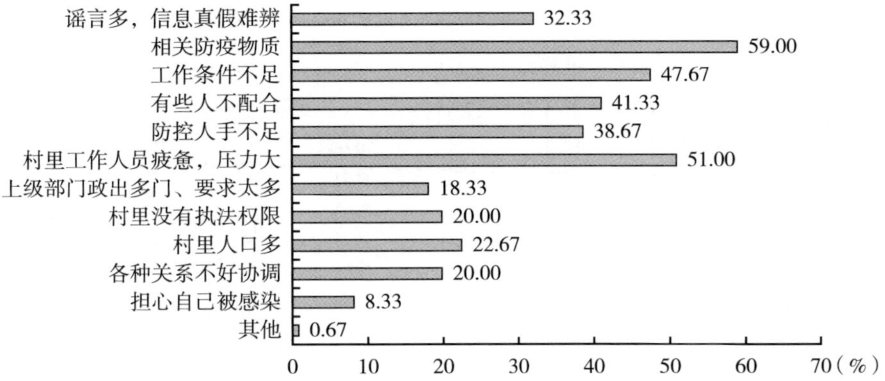

图9　压力来源分布情况（多选）

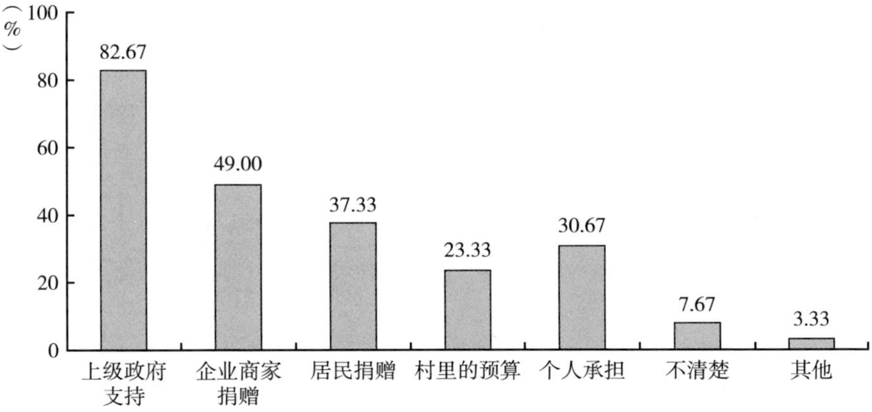

图10　防控物资来源（多选）

从各级组织以及个人发挥的作用可以看出，乡镇部门组织有力，村委会、村小组积极配合，干部和村民的认可度较高。这也从侧面体现了我国特有的制度优势，从上至下全民一起上，团结一致，统一调配，这对疫情防控可以说起到了关键作用（见图11）。

从本次防控工作的效果来看，大家对本村加深了认识，对干部的工作也有了进一步的了解。有86.21%的人认为自己所在的村是一个守望相助的共同体。有88.35%的人认为村的管理很好，觉得住在这里很放心、很

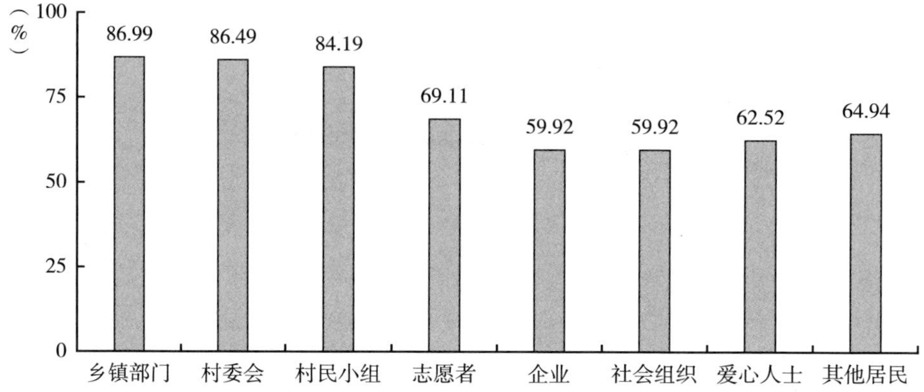

图11　各级组织以及个人发挥作用的程度（多选）

安全。绝大多数村民达到了一致的认同："我相信自己对社区防疫有贡献，社区防疫中任何问题都有很多解决办法，因为以前经历过很多磨难，所以我相信社区能挺过目前的困难时期"、"我总相信黑暗的背后就是光明，不用悲观"、"有必要保护野生动物"、"我对村干部更加认同了"等理念。而对于村干部和村志愿者来讲，他们自己也体会到了满满的成就感和自豪感。

（三）疫情应急治理收到的效果及满意度

以下是调查对象自己的一些看法，笔者分别按照调查对象的号码进行了标识，用他们的话来还原，更能体现出他们自己参与抗疫过程的感受。

60号①：作为一名中共党员须首先站出来，敢于冲在一线，只有把村民小组长带动起来、凝聚起来、组织起来，才能紧紧依靠人民群众坚决打赢疫情防控阻击战，才能为村民保卫一个安全的家，才能对得起组织赋予的信任。让党旗在防控疫情斗争第一线高高飘扬，我本着守村有责、守村担责、守村尽责、守土有责的想法，只为守护一方平安，疫情一日不退，我们基层

① 来自昭通市昭阳区洒渔乡白鹤村，村干部，男，大专学历。

人员一日不退，不畏困苦，疫情在哪里，我就要战斗在哪里。

112 号[①]：我在此次防疫工作中，积极主动把家里剩余的物资捐赠给需要的人，每天都参与村里组织的车辆出入和人员出入登记管控，参与法制宣传，积极响应村委会和上级部门的相关政策，全身心投入此次疫情防控工作中。通过此次参与，我在思想上意识到，我们必须坚信要跟着党和国家走，始终坚信党和国家是我们老百姓最坚强的后盾。我还学到了一些关于疾病防控的知识，我在学识上和认知上得到了极大的提升。

151 号[②]：积极投身社区全面防控工作，做好第一责任人工作。党性修养得到锤炼，深刻体会到党的领导和社会主义制度的显著优势。

171 号[③]：在这次防疫情工作中，我听党的指挥，遵守疫情防控相关工作制度，积极宣传防疫相关事宜。同时我也参加了党员捐款，为国家和党贡献自己的绵薄之力。

179 号[④]：以身作则，带领班子成员发动党员、村民小组长积极参与本村的疫情防控工作。团结意识和大局意识得到了提高。

204 号[⑤]：团结是力量，有领导的队伍才能战无不胜。

228 号[⑥]：发动组织党员干部、群众积极参与防控。坚信党的领导，坚信民心可靠，友好对待野生动物。

276 号[⑦]：捐口罩 100 个、捐款 100 元，并完成相关检查和为民服务工作，关心关爱农村基层干部意识进一步提升。

285 号[⑧]：作为一个中国人，我很自豪。

298 号[⑨]：在此次疫情防控工作中，首先，我参与对网格区外来人员的

---

① 来自怒江州泸水市上江乡大墩子村，村民，男，初中以下学历。
② 来自玉溪市红塔区高仓乡高仓村，村干部，男，大专学历。
③ 来自迪庆州塔城镇塔下村，村民，女，初中及以下学历。
④ 来自大理州永平县博南乡坡脚村，村干部，男，高中及以下学历。
⑤ 来自丽江市玉龙县太安乡天红村，村小组长，男，初中以下学历。
⑥ 来自玉溪市易门县区浦贝乡罗台旧村，村主任，男，大学本科学历。
⑦ 来自昆明市寻甸县鸡街乡鸡街村，乡镇干部，男，大学本科学历。
⑧ 来自昆明市寻甸县鸡街乡鸡街村，村干部，男，初中以下学历。
⑨ 来自西双版纳州景洪市勐龙乡曼破村，大学生志愿者，男，大学本科学历。

排查和监控，并到关键岗位堵卡点，对外来人员入镇进行身份核实。对疫情防控工作有一定的了解，疫情防控意识有所提升。其次，服从指挥，听从安排，按照上级要求认真完成任务。最后，我为他人服务的意识增强了，我看到那些接受我帮助过的人，他们感激我，同时在帮助他们的时候，我的感觉是快乐的，他们的感激激励我去帮助更多的人，去为更多的人服务。

三　公共卫生事件中云南农村应急治理的经验总结

公共卫生事件中社区应急防控及有效治理、基层干部的积极作为、村民们的积极配合、社会各方面的有效组织动员功不可没，总结起来主要有以下特点和经验。

（一）关键时刻党员、干部站得出来，起到先锋模范作用

社会治理强调各方参与协商治理，在社区应急治理的过程中，党组织和党员的号召作用非常强。在号召下，很多不是村干部的党员积极主动地参与到抗疫工作中，这时候党员同志想到的第一件事情就是亮出党员身份，积极为村里做贡献。虽然很多干部说起自己的现状是辛苦、压力大，但是关键时刻，没有一个基层党员干部抱怨，他们在此次疫情防控中体现了该有的责任和担当，体会到了为群众做事的激情，以及由此带来的成就感。

（二）干部和村民空前团结一致，劲往一处使

党员干部努力工作，群众积极配合，甚至作为志愿者参与到防控工作中。此次防疫工作中，干部每天宣传巡查，深入每一位群众家中了解情况，嘘寒问暖，无形中加深了对村情的了解。而村民对干部的满意度也有了很大的提

升。本次调查发现，有88.35%的群众认可（包括非常认可和比较认可）村干部所做的工作（见图12）。

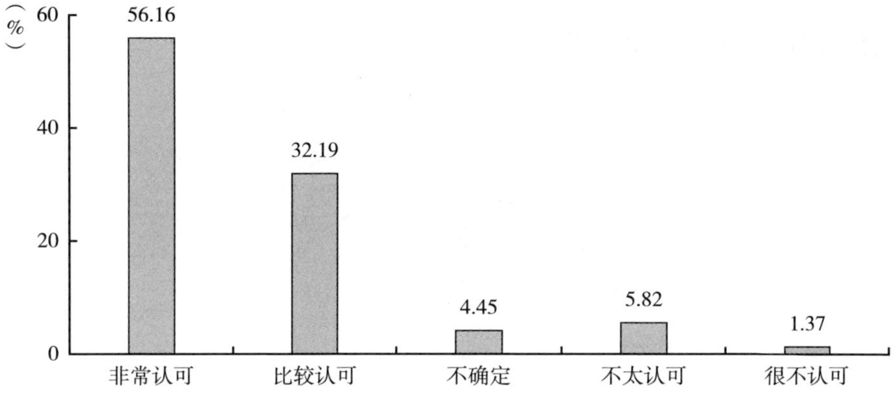

图12　村民对本村工作的认可度

（三）社会资本的培育，信任、团结、网络的健全

社会资本在此次疫情防控中也起到了较好的作用，主要体现即宏观视角下罗伯特·普特南认为的社区居民信任、网络和规范。从人际关系视角看，社会资本观①能促进经济发展、培育现代公民精神、促进社会生活的进步，同时在此过程中，加强人们社会参与，凝聚人们的集体意识，帮助把握个体与团体的联系，从而解释个体之间的行为互动如何导致了社会结构的建立和重建②，解释社会结构如何制约和激励个体行为。在整个社区抗击疫情的过程中，干部和村民更有归属感和自豪感。虽然疫情的蔓延使群众的生命受到了威胁，生产、生活受到了很大的影响，但在灾难面前，大家没有退缩，以自己的力量积极防疫。通过基层社区的防疫，大家同心协力、共渡难关，表现出前所未有的团结性和凝聚力。

---

① 〔美〕罗伯特·D. 帕特南：《使民主运转起来》，王列、赖海榕译，江西人民出版社，2001，第55页。

② 边燕杰：《社会资本研究》，《学习与探索》2006年第2期。

图 13、图 14 显示了村民对本村的认同度，95.53% 的人为作为村里的一分子感到骄傲。有 86.21% 村民和干部认为村落是一个守望相助的共同体。可以看出大家对村落相互依存和守望的认可度是非常高的，也能看出整个村落的社会资本在不断增强。

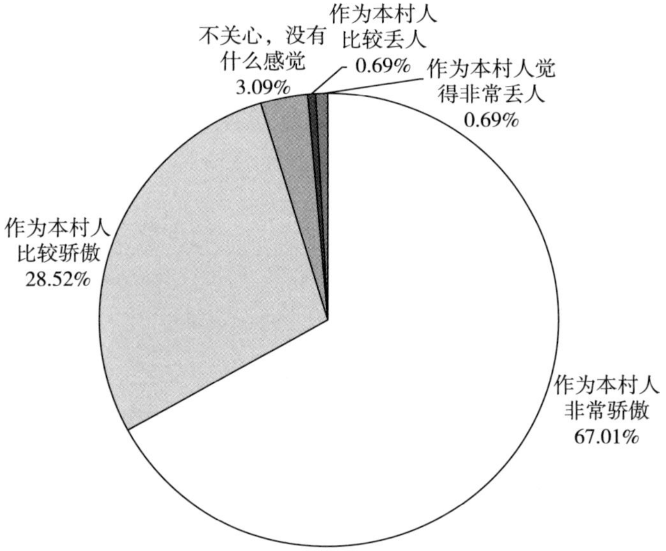

图 13　村民对本村的认同度

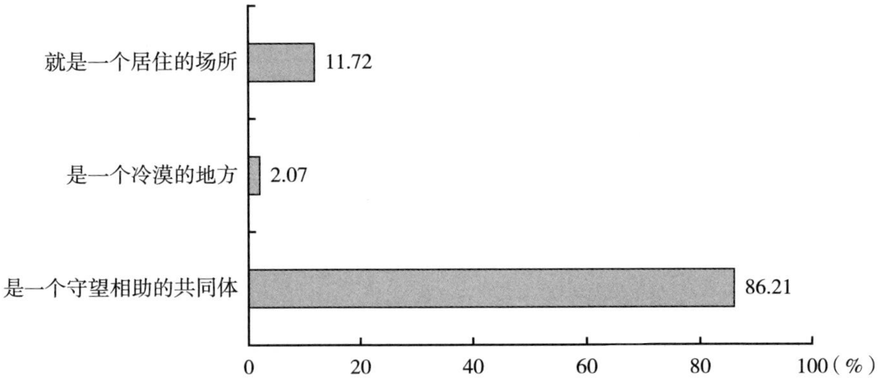

图 14　村民对本村的态度

四 应急治理中存在问题

（一）基层干部待遇低，压力大任务重

一方面，本次调查中，发现很多基层干部最想做的一件事件就是好好休息，在疫情之下他们很多人加班加点，从大年初一开始就连续奋战，每天长达 8 个小时以上的工作和坚守，才换来了当地的平安。云南大理银桥乡鹤阳村副主任张理南、迪庆州塔城镇川达村朵那阁村民小组组长乔胜，还有不少在此次疫情防控的过程中牺牲的无名英雄，都值得我们铭记和学习。可以说基层干部为疫情的防控做出了很大的牺牲和贡献。

而另一方面，基层干部的薪水和待遇都比较低。云南大部分的村委会干部薪水都是非常低的，每月不足 2000 元，在疫情期间他们不能进行耕种和生产，虽然政府方面有些补贴，但这些补贴不能满足他们的现实之需，如此下去，他们经济压力可想而知。

（二）必要补给物资缺乏

防疫过程中，口罩、体温枪、消毒水及酒精等防疫物资常常不足，且由于大多数农村地处偏僻，交通不便，和城市社区比起来，必要的物资更为缺乏，这需要上级政府部门及时给予必要的补给（见图 15）。

（三）监督管理还有待进一步加强

一些村落人员混杂，不易监管，尤其是人口流动大的地区，以及与老挝、越南、缅甸接壤的边境地区，山脉地形复杂的地区，这个问题更加严重，可以说防不胜防，疫情扩散的风险很大。虽然现在国内疫情防控已稳中向好，但在境外输入病例逐渐增多的情况下，云南边境地区的防控工作仍不能放松警惕。

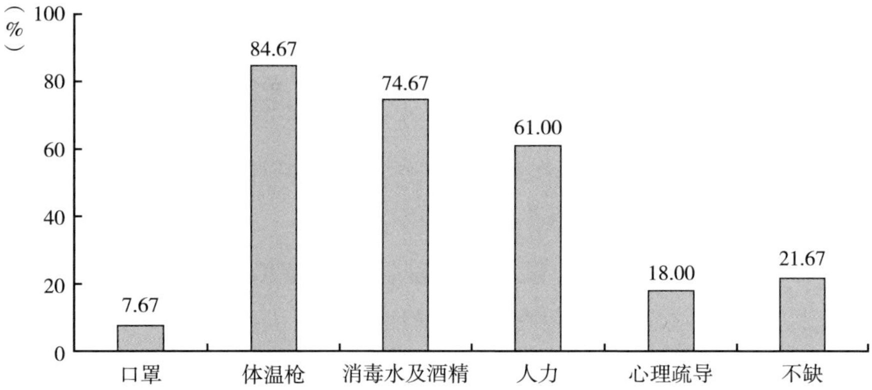

图15　基层农村社区需求（多选）

（四）少部分村民的防范意识不够深

一些村民认为疫情比较遥远，不会影响自己，于是麻痹大意，不戴口罩，四处流动，甚至在疫情期间还聚会请客、聚众打麻将等，说明一些群众在思想上还没有引起重视，当然这也有宣传不到位的原因。

五　相关意见及对策

一是解决社区疫情防控工作中的经费和人力物力困难。政府应增加这方面的投入，增加口罩、体温枪、防护服、消毒液的配备；同时，要提高基层医务人员的医疗服务水平，增加公共卫生投入。加强村级卫生室的软硬件建设，配齐配全医务人员和医用物资。多关心关注基层群众的健康。

二是加强管控外来人员。继续做好回乡人员登记和排查工作，同时，监控好外来人员特别是重点疫区、境外入村人员。做好对外来人员的排查登记、医学跟踪监测、隔离工作，认真做好出入人员排查登记，跟踪做好隔离观察。对村落进行信息化、智能化、数字化、网络化管理。

三是加大力度宣传防疫知识，增强村民的意识，让每个村民都认识到这次疫情的危害性。少外出、少聚集，外出做好防护，持续做好环境卫生整治、环境消毒消杀工作；注意个人卫生，做好相应防护；提高防控意识。搞好生活卫生，注重室内外的环境卫生，不食用野生动物，引导群众正确面对疫情，对疫情有信心，使群众恢复正常生产生活。

四是发挥群众的主体作用，积极彰显社会组织的力量。充分调动社会组织的力量，发挥其作用；同时，增强每个公民的集体意识、社会责任意识，发挥共产党员的作用，号召居家大学生作为志愿者参与，发挥其积极的作用。

五是提升基层干部的待遇。基层干部在疫情中是最辛苦的，需要给予他们物质和精神上的奖励和鼓励，在适当的时候提升干部的薪水和待遇，解决生活中的一些现实困难。可以考虑吸纳表现好的基层干部进入公务员队伍，发挥其聪明才智。

总体来看，目前云南农村的疫情防控已经取得了显著效果。这得益于政府强有力的指挥、村干部任劳任怨的付出、老百姓的积极配合参与、部分社会组织和爱心人士的支持，以及农村社区网络化、信息化、科学化的管理。这个过程也不断提升了农村基层应对各种风险的能力，以及村民对村落的认同感，增强了大家的凝聚力和团结力，社会资本在这其中被不断地培育和壮大，这为未来农村基层的治理提供了范式。但也应该看到存在的一些普遍性问题，需要政府、社会、村民三者不断完善和改进。而特别要指出的是云南作为边境地区，700 多公里的陆上边境线以及复杂的地形加大了对外防疫的难度，已成为防控的重点和难点。应将村落的疫情应急治理提到一个更高的战略高度。

社 区 养 老

Community Care for the Elderly

B.8

社区居家养老服务中的问题及对策研究

刘 姝*

摘 要： 社区居家养老是我国养老事业中的重要组成部分，被认为是更加符合我国国情、贴近老年人实际需求的养老方式之一。研究社区居家养老服务中的问题并提出相应对策建议，具有一定的理论价值和实践指导意义。本文首先分析了社区居家养老的发展历程，其次探讨了当前阶段社区居家养老服务现状、供给方式和存在问题。最后，本文提出了社区居家养老服务的未来发展方向和具体对策建议。

关键词： 居家养老 老龄化 养老服务 社区建设

* 刘姝，博士，北京社会管理职业学院讲师，研究方向为社区养老、社区护理。

随着我国人口老龄化进程的不断加快，我国的老年人口规模总量已居世界第一。国家统计局数据显示，截至2018年末，我国60周岁及以上人口达2.49亿人，占全国总人口的17.9%，同比增长0.6个百分点。其中，65周岁及以上人口1.67亿人，占全国总人口的11.9%，同比增长0.5个百分点。[①] 据此预测，老年人口总量和比例还处于逐年上升的阶段，面对如此严峻的增长势头，养老服务行业慢慢浮出水面并得到了人们的认可。在我国传统观念的影响下，家庭养老已经让越来越多的家庭不堪重负，引发各种社会问题，而机构养老又会因为经济、资源、观念等问题而不被很多老年人所接受。

习近平总书记明确指出："我国老年人口增加很快，老年服务产业发展还比较滞后。要完善制度、改进工作，推动养老事业多元化、多样化发展，让所有老年人都能老有所养、老有所依、老有所乐、老有所安"。[②] 社区居家养老在我国养老事业格局中具有举足轻重的地位。社区居家养老比较贴近实际需要，和社会传统养老观念较为吻合，而且能够满足我国老年人的实际需求。因此。分析我国社区居家养老的服务现状、供给方式和存在的问题，进一步探讨社区居家养老服务的未来发展方向和提出具体对策建议，对我国老龄事业发展具有一定的理论意义和现实指导意义。

一　社区居家养老的发展历程

家庭是以婚姻和血缘关系为基础的人类社会生活的一种组织形式，同时也是社会基本单元。"孝"字上为老字，下为子字，其意是儿子肩负老者，侍奉养老，承继父道。我国这种传统文化的孝道思想根深蒂固，因此传统的家庭养老模式，实际上是家庭内部成员之间抚养与赡养关系构成的网络即通常所说的"反哺模式"。

① 周红云：《协同视角下社区居家养老服务体系建设研究》，中国社会科学出版社，2018。

② 《习近平总书记在北京市海淀区四季青敬老院视察讲话》，2013年12月28日。

1982 年在维也纳召开的联合国老龄问题世界大会上，大会秘书长指出："以中国为代表的亚洲方式，是全世界解决老年人问题的榜样"。[①] 所谓亚洲方式，就是专指家庭养老方式。但是同年，我国开始实施计划生育政策，截至目前，家庭结构已经发生变化，成为"421"模式。在这种情况下，中青年群体既要应对社会工作压力，又要赡养多位老人和抚养孩子，这种家庭养老方式显然已经逐渐淡出历史舞台。在不断借鉴国外养老模式的基础上，我国慢慢地开始出现很多养老机构，如老年公寓、敬老院、福利院等，但是由于机构养老存在着床位不够、费用较高、医疗设施不匹配、传统思想束缚严重等诸多问题，很多老年人也同样不愿意选择或者无法接受机构养老。在持续的学习、模仿和比较之后，社区居家养老模式应运而生。从实际情况来看，这种养老模式较家庭养老、机构养老等更为老年人所接受。社区居家养老是指老年人充分考虑自身特点，结合自身的生活惯例，在家居住安度晚年生活，并由社区提供养老服务的一种社会化养老模式。依托社区平台，充分集合各种资源，形成资源合力，为对象提供居家基础服务，如助餐、助洁、助浴、助医等。

这种模式的优点就在于充分结合了家庭养老和机构养老的优点，使得老年人在家庭这样一个熟悉的环境中，接受较为专业的养老服务，并且这种模式能够充分提高资源配置效率，降低信息不对称程度，压缩相应的成本，得到了老年人及其子女的青睐，在养老服务业发展中也备受瞩目，可以应对我国目前高龄、失能、空巢家庭老人不断增长的现状。

二　社区居家养老服务的供给方式及内容

社区居家养老服务也就是指以老年人家庭为核心，企业、公益组织和慈善团体等与社区合作，以社区为依托，以专业化服务为主要形式，并充分利用社区卫生服务机构、各类养老机构以及社区公共服务机构等社区资源，为

---

① 穆光宗：《老年人需要精神赡养》，《社会》1995 年第 4 期。

居住在家的老年人提供满足其养老需求的社会化服务，包括生活照料、医疗保健、精神关爱、文化体育、紧急救助等一种或若干种服务的社会养老服务。

社区居家养老服务的主要提供方式有社区居家养老综合性服务中心、社区老年人日间照料中心、社区养老服务驿站、社区老年人助餐服务点等。这些服务都着手应用“互联网 +”的形式，可以提供更加精准、高效的服务，从具体服务项目来看，主要由以下几个模块构成。

第一，生活照料：生活起居、饮食、休闲等生活内容，并在最大限度上使老年人得到安全、符合自身需求的照料。

第二，家政服务：主要包括对居住环境的打扫、清洁，以及对家具家电的维护、安装和修理，使老年人能够在整洁、舒适、功能设施完备的空间生活，同时也使其生活更加便利。

第三，康复护理：指导老年人正确遵照医嘱，协助执行相应的康复方案，并提供相应的专业性的医疗护理和卫生保健。康复护理需要专业人员进行，根据不同老年人的健康情况、身体耐受情况合理地制定计划并有效地实施，不断调整方案，使老年人能够恢复身心、最大限度地锻炼残存功能，提高老年人的生活质量。

第四，心理安慰：提供精神支持，进行心理疏导，与老年人进行日常交流与沟通，利用专业的沟通技巧和心理干预手段时刻关注老年人的情绪变化和心理状态。尤其是要关注社区内独居、丧偶、空巢老年人的精神健康状况，使老年人的晚年生活能够真正愉悦。

第五，紧急救援：提供安全防护，包括供应安全保障设施和进行安全教育宣传。这也是最重要的一项内容，接受居家社区照护的老年人在意外伤害方面需要格外注意，遇到突发意外，社区工作人员如何第一时间赶到现场进行紧急施救，不仅需要有完整的流程化救援方案，还需要丰富的实践经验和完善的监测手段。

第六，社会参与：为老年人参与社会生活提供必要的场所和帮助，例如修建休闲娱乐场馆，组织业余活动，开设老年大学等。在物质生活日益丰富的今天，精神文化生活显得尤为重要，老年人也需要与时俱进，将自己的精力挥洒在兴趣爱好上，老有所为、老有所乐。

在提供这些服务内容时，也应遵循标准化流程，服务价格公开透明、服务管理实现系统化。独立的第三方机构对服务质量进行指标化评价，查找服务漏洞，解决服务矛盾，不断提高社区服务水平，持续改善服务，并为我国社区居家养老不断积累经验。

三　当前社区居家养老服务的发展现状

（一）服务人群

社区居家养老既能保证老年人居住在熟悉舒适的环境内，又能为他们提供高质量的服务。从笔者的实地调研情况来看，知道并了解社区居家养老模式的老年人大多为一些经济状况较好、文化程度较高的低龄老年人群体，他们多数通过各种传媒、邻里聊天、社区大力宣传等方式了解，并结合自己的主观意愿去判断是否需要购买社区居家服务。像嵌入式的微型社区养老模式、社会互助的养老模式、“互联网＋”社区居家养老服务模式，这些模式的开展也只适用于一些健康状况较好、自理能力强的老年群体，而一些高龄、空巢、失能、失智的老年人由于消息闭塞、行动不便等并不知晓这种养老模式，参与度并不高。

（二）服务项目

1. 日常生活照料

对于社区居家养老服务中的助餐、助洁、助浴等项目，老年人的需求还是很大的，但是由于一些公办民营的机构、养老驿站的费用较高，不能覆盖大多数有需求的群体。虽然政府购买服务可以较好地解决这一问题，但是政府购买服务的流程较长、内容较少，服务供给的总量有限，并且会出现服务供给与需求结构不匹配的现象。不仅如此，囿于体制机制原因，政府购买服务的对象筛选还需要较长时间。

2. 医疗卫生保健

随着老年人身体各项机能的减退，他们对医疗卫生保健的需求非常大。为了缓解老年人看病难这一问题，各个社区都建立了相应的社区卫生服务机构，这一举措解决了老年人去医院路程远、排队久等问题。但是很多老年人反映社区卫生服务机构设施设备较为陈旧、工作人员没有耐心、服务态度较差，因此很多老年人来到社区卫生服务机构只是开药或进行常规血压、血糖等慢病的监测。

据统计，很多社区卫生服务机构在健康宣教、急救转运这些方面还停留在表面，没有深入地进行慢病的宣教、监测与防控。一方面，老年人缺乏疾病相关的预防保健知识，宁愿相信街边小摊小贩的保健品推销，也不愿参与到社区健康讲座中来，对于社区卫生服务机构的讲座、保健手册的派发、免费体检或者安全急救知识的演练毫不知晓；另一方面，社区卫生服务机构的运转差异性较大，有一些做得比较好，还有很多形同虚设。

3. 心理慰藉

心理慰藉及临终关怀其实是老年人比较需要的一个方面。老年人的精神需求目前仅停留在唱歌、打牌、广场舞、运动保健等项目，对于社区人员上门陪同聊天，一部分老年人是愿意接受的，还有大部分老年人不愿意同社区工作人员聊天，认为彼此过于陌生，没有共同的生活背景与经历，没有共同语言，他们更愿意走出去与同龄人沟通。

社区居家养老服务在临终关怀方面，几乎还是空白。主要由于很多社区居家养老服务的工作人员及社工都很少接受临终关怀服务的学习，不能开展正确的死亡教育与临终关怀的心理疏导，同时，我国大多数老年人忌讳谈起死亡，不愿意听到同龄老年人过世的消息，没有树立正确的死亡观。

（三）服务费用

目前，社区居家养老服务的费用一直是备受争议的话题。社区居家养老是要解决机构养老费用高、床位紧张的问题，但是在实际运转过程中发现上门服务需要大量的人力和时间，反而使成本提高，让很多经济状况较差的老年人望而却步。从2012年青岛市开始试行长期护理保险制度以来，河北省、吉林省、江苏省、上海市等地也相继展开长期护理保险制度。这一保险制度的落实，虽然能有效满足失能失智老年人、独居老年人、高龄老年人的医疗卫生服务、日常生活照料等基本需求，但这一模式市场化程度低、覆盖范围窄的问题也逐渐凸显出来。

四　社区居家养老服务中存在的问题

我国当前养老服务体系主要是以居家为基础、社区为依托、机构为补充、医养结合的模式。在实际运营过程中，居家和社区养老是相互协同、互为补充的。这样的大背景下，我国开始大力发展社区居家养老，但是社区居家养老存在服务对象分散、服务成本高、服务人员专业性较差、社会参与关注不够等问题，这都给社区居家养老服务带来了困难。

（一）社区居家养老服务政策扶持力度不够

从2013年到2016年，仅三年的时间，养老服务体系的具体内容就发生了较大的变动。虽然更新后的内容更具科学性和前瞻性，但是不稳定的政策所带来的后果就是先前所做的工作与现今政策相衔接和适用会出现或者发生困难①。这些政策的前后不连贯、不一致导致新政在实施和更迭过程中受到层层阻碍，并且这些政策多为一些通知、试行办法、意见等文件，不能有效地保证各个地区遵照执行。2018年出台的《中华人民共和国老年人权益保障法》是唯一上升到国家法律层级的文件，所有地区全部适用。虽然该法的权威性不容置疑，但是这一法律并没有对社区居家养老方面进行细致的阐述与规范。

---

① 任炽越：《社区养老服务存在的问题与发展思考》，《中国社会报》2017年1月23日第3版。

养老服务政策所规范和涉及的领域也较窄，缺乏系统性和前瞻性，相应政策的配套实施和执行难度较大。此外，当下社区养老服务体系的建设主要依靠民政、卫生、老龄等少数部门助力，政策约束的范围小，执行力度较弱，部门间合作不紧密①。

在具体落实过程中也发现，存在着城乡发展不平衡、地域间差异较大等现象，城市社区居家养老发展速度远快于乡镇地区，而东部地区老年人所享受到的补贴也远高于中西部地区。养老服务设施不完善、政府扶持力度不够、运行机制不流畅等问题都将阻碍社区居家养老服务的进一步发展。

（二）社区居家养老服务供需不平衡

老年人群体对社区居家养老服务抱有很大希望，认为这种养老模式可以满足他们对生活照料、医疗服务、精神心理健康等方面的需求，可以自行定制服务，接受个性化的照护与精神关爱。但在实际的运营过程中，这些日间照料中心、嵌入式微型社区养老机构、养老驿站等提供最多的便是一些家政服务，而老年人最需要的医疗保健服务却得不到专业、系统的满足。对于老年人的心理慰藉也流于形式，没有真正的关爱。在选择精神文娱活动类型时，往往比较模式化，多在健身房、棋牌室、合唱厅等场所进行活动，形式单一。临终关怀这一服务项目还处于空白期，需结合我国老年人的心理特点进行不断摸索。

（三）医疗卫生服务体系不完善

在社区居家养老服务体系中，老年人需求最强烈的就是医疗保健。随着年龄的增长，老年人各项身体机能在不断退化，有研究显示，有七成以上的老年人患有 1 种及以上的慢性病。在社区居家养老服务体系中，只有近半数的老年人建立了社区健康档案，进行慢病的管理与防控。目前我国的社区医

---

① 李新涛、李玲：《首部老龄事业发展蓝皮书发布——未富先老，未备先老特征凸显老龄化面临新问题》，《中国社会工作》2013 年第 8 期。

疗服务机构中，包括医养结合的养老机构，缺少专业医疗及护理人员，只能进行常规的体检、健康宣教和药物应用指导等，对于上门问诊、康复护理、心理慰藉、紧急救援等服务项目提供较少。

虽然信息化时代已经到来，但是对于老年人来说，手机、平板电脑的使用还比较局限，因此大力推广的“互联网+”社区居家养老服务信息平台发展滞后，还不能完全应用线上问诊、紧急求助、健康监测等内容。整个医疗卫生服务体系需要不断调整搭建内容，契合老年人的真正需求。

（四）社会群体参与度不足

“老吾老以及人之老”是中华民族的传统美德，养老服务并不是只要社区居家服务人员的付出和老年群体的配合就够了，更需要社会不同群体的参与。我国目前的社区居家养老服务体系中虽然配备了社区志愿者和社会工作者等，但是这些社区志愿者和社工多来自学校、企事业单位的相关职能部门，和社区的联动性不强，缺乏长期的、连贯性的参与。此外，很多老年人出于对陌生人的不信任也不愿意接受社区志愿者的上门服务或参与社区志愿者举办的各种活动，这一点也使很多志愿者望而却步。

五　居家养老服务未来发展的对策及建议

我国正在经历着大规模、快速的老龄化过程。虽然在政策支持、技术发展、社会变迁和市场需求的驱动下，中国养老产业发展迅速，但是目前还不能满足我国老年人对于养老的需求，还存在着很多亟待解决的问题，建议在下述方面进一步调整，完善我国社区居家养老服务体系。

（一）加大宣传力度、弘扬孝道精神

目前，很多老年人并不知道居家社区养老服务体系。可以通过微信、报纸、广播电台等方式进行大力宣传，让有需求的老年人，特别是独居、高龄、失能的老年人或者其子女了解这种养老模式并愿意参与其中，既能满足

老年人享受到便捷、专业的居家照护的需求，又可以减轻其子女的经济负担和心理负担。同时，也应该大力弘扬中国传统的孝道与新时代的孝道精神，在全社会营造敬老、爱老、助老的和谐氛围。

（二）健全相关法规、整合相关资源

一方面，要加强相关法规的建设，不断修订《中华人民共和国老年人权益保障法》，让社区居家养老的服务部门有法可依、有章可循；另一方面，梳理各个地区出台的相关政策，在实践中对其不断校正，并且要做到前后一致，有逻辑、有联系。除此之外，还要完善各地落实《关于开展长期护理保险制度试点的指导意见》的试点办法，为老年人提供社区居家长期照护服务，减轻老年人及其家属的经济负担。

因此，在发展社区居家养老这条道路上，还需要政府职能部门的大力支持，出台老年人医疗保健、精神心理健康、社会保障等方面的相关政策法规，更好地保证养老服务能够有目标、有依据、有未来地大步向前。

（三）提高服务质量、增大监管力度

服务质量是社区居家养老这种模式能否持续发展最重要的因素，也是这种模式能否深入人心的关键，这一金科玉律在养老服务过程中扮演者非常重要的角色。要给老年人提供更加符合需求的照护服务，就要对质量进行把控。目前的监管和质量控制普遍存在于社区卫生服务机构及依靠对老年人满意度的调查，但时间久了，这种评价方式往往容易流于形式，而专业人员组成团队进行第三方评估往往更加客观、准确。因此，应该由相关部门牵头，采用不同评估团队、不定期地对各个地区的社区养老服务机构进行检查、评价，促进养老服务照护水平的不断提升。

（四）深化医养结合、按需提供服务

老年人经常将小病拖大、大病拖重。因此，社区居家养老模式应该联合周边医养结合的机构、社区，以慢病预防为主，并进行健康讲座、用药指

导、自我健康监控等，控制疾病发展。

还应充分借助大数据、5G技术和边缘计算等前沿技术，为所在辖区的老年人建立电子健康档案，定期或不定期地开展健康检查，做好健康管理的相关工作。对于一些行动不便的高龄老年人、失智失能老年人，应该定期进行家庭访视，了解老年人的疾病发展情况与生活质量，以老年人的需求为导向，进行服务计划的制定、实施与评价。

遇到急危重症的老年人，应与综合医院建立联系，帮助其进行紧急情况的处理，及时进行绿色通道转诊，实现家庭、社区、医院的相互转移，节约医疗资源，为老年人争取到最宝贵的抢救时间，形成一套标准化流程。

（五）扩大养老服务人才队伍建设

社区居家养老服务人员的专业素质，是养老服务效果的一个重要评价指标，也是服务对象是否愿意接受这种服务体系的重点。所以，应改善这些医疗保健、养老护理工作人员流动性大、专业素质偏低的情况。一是提高社区医护人员及养老护理人员的社会地位和工资待遇水平；二是鼓励社会各界力量参与到社区居家养老服务中来，不断扩大志愿者队伍；三是厘清这些医护人员及养老护理人员的职业发展规划，明确晋升途径和鼓励机制，使他们有自己的理想与目标；四是对于这些“40后”“50后”养老护理服务人员，定期进行专业化的理论与实践培训，并定期考核，保证服务人员的基本素养。

（六）继续推行“互联网+”社区居家养老服务模式

“互联网+”服务模式已经推广一段时间了，但是由于老年人信息化能力有限，很多老年人还不能运用云端设备选择服务。因此，一方面要继续大力推广“互联网+”服务模式，让更多的老年人参与进来，享受这种线上方便快捷的养老服务；另一方面可以让一些多点执业人员、商家也融入这种服务模式，形成双赢的局面。

（七）关注心理健康，填补“临终关怀”的空白

老年人的心理健康水平直接影响着老年人的生活质量，有研究显示，长寿与老年人的健康心理是密不可分的。因此，社区居家养老服务还应该加强老年人心理建设，尤其是对一些重病、空巢、丧偶的老年人适时进行心理疏导，并形成连续性的跟踪辅导。

社区居家养老服务机构要从实际出发，丰富老年人生活内容。把闲逸的生活安排得饶有兴趣、丰富多彩。可以让他们参加各种各样的有组织的活动，如老年摄影协会、老年人体育协会、老年人书画研究会以及比赛等。

很多老年人惧怕死亡，没有接受过相关的死亡教育，我国在临终关怀方面还处在空白地带。应当考虑加强这方面的建设，社区工作人员能够在老年人生命的终点阶段想老人所想，说老人想说，做老人想做，尽力去帮助老年人实现自己的愿望。

从总体上看，我国社区居家养老服务的工作取得了显著的成绩，积累了丰富的经验，得到了社会各界的认可，但仍然存在着很多的不足与矛盾。在今后的工作中，我们要以习近平总书记系列重要讲话蕴含的民生思想为重要指引，加大政府、社会、社区、家庭、老年人合作力度，做到协同发力、解决问题、总结经验、循序渐进，努力实现老有所养、老有所医、老有所教、老有所学、老有所为、老有所乐的目标，让老年人的晚年生活更加幸福、更加有尊严。

参考文献

俞贺楠、王敏、李振：《我国社区居家养老模式的出路研究》，《河南社会科学》2011 年第 1 期。

丁志宏、王莉莉：《我国社区居家养老服务均等化研究》，《人口学刊》2011 年第 5 期。

章晓懿、刘帮成：《社区居家养老服务质量模型研究——以上海市为例》，《中国人

口科学》2011 年第 3 期。

秦艳艳、邬沧萍：《我国城市社区居家养老服务体系中政府职能分析》，《兰州学刊》2012 年第 1 期。

孙泽宇：《关于我国城市社区居家养老服务问题与对策的思考》，《中国劳动关系学院学报》2007 年第 1 期。

B.9
北京市社区养老服务融合发展研究

李金娟*

摘　要： 当前，北京市老龄化发展呈现新特点，对新时代养老服务供给不断提出新要求和新挑战。本文在分析北京市现阶段社区养老服务融合发展创新模式的基础上，针对其存在的问题进行了深入分析。并从优化顶层制度设计，推进养老服务法制化建设；依托社区，做好老年人家门口的养老服务供给以及加强养老服务人才队伍建设等方面提出相关对策建议。

关键词： 老龄化　社区养老　北京市

十九届四中全会明确提出要形成居家、社区及机构养老服务模式之间优势互补、协调发展的融合机制。就北京市而言，急速发展的老龄化态势给当前首都社会治理带来的挑战不可小觑，如何通过创新养老服务模式进一步完善养老服务供给，需要我们从理论层面进行关注和探讨。

一　北京市老龄化发展呈现新特点

（一）老龄化加速发展

统计数据表明，截至2018年底，北京市常住人口中60岁及以上老年人

* 李金娟，博士，北京市社会科学院社会学所助理研究员，主要研究方向为社区养老、文化社会学等。

口共计364.8万，占全市常住人口的比例为16.9%①。2019年随着北京市疏解外来人口政策效果的逐步显现，在外来人口总量及增长速度持续降低的背景下，常住人口中60岁及以上人口比例为17.2%②，较2018年仅上升0.3个百分点，低于全国平均水平0.9个百分点。而与此同时值得关注的是，北京市户籍人口老龄化仍然处于较高水平：截至2018年底，北京市60岁及以上户籍老年人口占比首次突破25%③，远远高于全国17.9%的平均水平。分析可见，2012～2018年，北京市平均每年净增12万多名60岁及以上老年人口，按照当前每年平均15万～20万人的增长速度，预计到本世纪中叶，北京市户籍老龄人口将多达800万。可见，北京人口结构的老龄化对于首都城市发展以及首都城市精细化治理都提出了极大挑战，迫切需要政府及社会各界积极应对。

（二）高龄化、空巢化进一步凸显

分析可见，截至2018年底，北京市户籍老龄人口中80岁及以上老龄人口达61.7万人④，在2017年58.8万人的基础上增长了2.9万人，占老年人口的比例也由2012年的16.2%提升到2018年的17.5%，高龄化特征明显⑤。受高龄老人不断增多以及家庭不同居住模式的影响，空巢化现象也不容忽视。以此为背景，罹患高血压、糖尿病等慢性疾病的老年人以及失能半失能老人的数量也在持续增多。正如有学者指出的那样，“人口老龄化的过程就是疾病模式的转变过程，从以传染性为主转向以慢性病、变性

---

① 北京市老龄办、北京市老龄协会、北京师范大学中国公益研究院：《北京市老龄事业发展报告（2018）》，社会科学文献出版社，2019。

② 北京市统计局、国家统计局北京调查总队编《北京市2019年国民经济和社会发展统计公报》，http://www.beijing.gov.cn/gongkai/shuju/tjgb/t1620481.html。

③ 北京市统计局、国家统计局北京调查总队编《北京统计年鉴2019》，http://202.96.40.155/nj/main/2019-tjnj/zk/indexch.htm。

④ 北京市统计局、国家统计局北京调查总队编《北京统计年鉴2019》，http://202.96.40.155/nj/main/2019-tjnj/zk/indexch.htm。

⑤ 北京市老龄办、北京市老龄协会、北京师范大学中国公益研究院：《北京市老龄事业发展报告（2018）》，社会科学文献出版社，2019。

疾病为主”①，而基于此的老年照顾项目如紧急救援、心理干预、精神慰藉、护理服务等也迫切需要进一步完善。

（三）老年需求不断转型升级

一方面，互联网时代，老年人的养老诉求更加多元，满足老年人需求的“互联网+”服务产品及方式也应接不暇。尤其是2020年初新冠肺炎疫情期间，线上购物、各种APP的应用，都在不同程度上加快了老年人的触网速度，这同时也对老龄群体的媒介素养在未来的进一步提升及养老服务供给的智能化创新提出新要求和挑战。另一方面，随着社会经济的发展，老年人更加注重对高品质生活的追求，对于健康、医疗康养、文娱活动、旅居养老等层面的内容更加关心，老年消费需求获得释放还有赖于养老服务产品集群的进一步完善。

以此为背景，北京市委、市政府从顶层设计的角度不断完善养老服务体系，健全完善细化养老服务政策，为推动首都养老服务实践模式的发展及敬老爱老社会氛围的形成提供了宏观政策指导。笔者在此主要针对当下北京市养老服务融合发展背景下的总体模式及其特点进行简要分析，以系统认识新时代首都养老服务发展模式并厘清其现阶段面临的问题和困境。

二　社区养老服务融合发展的主要创新模式

人口老龄化问题是推进现代社会治理必须面对并深刻讨论的议题。近年来，北京市委、市政府在出台一系列政策法规的基础上形成了多元主体共同积极应对老龄化问题的协同治理格局，表现出资源互嵌、功能整合、多元路径运作等特点。

（一）养老服务供应主体的协同化

1. 老年人抱团互助养老

互助养老是指社区老年居民相互提供照顾资源及精神慰藉支持，例如通

① 郑志丹：《健康老龄化视野下我国老年体育发展对策研究》，《山东体育学院学报》2011年第12期。

过老年人自组织进行互助活动或由社区来为老人建立联系制度从而满足老年人的现实养老需求，进而实现其自身价值。近年来，随着北京市老年人规模的持续扩大，老年互助社也在各种养老场域内发挥其独特作用与优势。例如成立于2014年7月8日的北京市东城区东四街道八条社区的“暖心帮帮团”，就是一支基于社区居住范围由低龄老人为高龄老人提供简单生活照顾及精神慰藉等志愿服务的自组织，目前已在实践探索中形成了面向以孤寡、特困、高龄、独居空巢老人为主的系列服务品牌。值得一提的是，2020年初新冠肺炎疫情期间，“暖心帮帮团”成员将互助服务进行了线上拓展。

总的来说，社区互助养老高度依赖熟人社会的社会交往活动，活动方式较为灵活多样，以自主性为基础的自治色彩较为浓厚，老人不用离开社区就可以获得情感支持和一定的照顾服务，在一定程度上展现了新时代老年人积极面对老龄化、自我管理及自我服务的新风貌。

2. 物业服务企业参与社区养老

2019年3月29日，国务院办公厅在《关于推进养老服务发展的意见》中明确提出要探索“物业服务+养老服务”模式。事实上，早在2014年，绿城集团便开始尝试在北京等大城市推出购买式的养老护理服务物业管理模式，通过这一有益尝试创新了社区养老的供给方式及内容。

具体来讲，物业企业通过与居民业主、业主委员会签订养老服务协议，向其提供养老特约服务及配套的综合服务，在提升物业服务水平的同时，为有需求的老人提供可以选择的养老项目。分析认为，由物业介入社区居家养老服务的供给，其优势主要在于可基于一定地缘优势及社区物联网平台应用，依托社区配套服务体系合理利用社区公共空间和资源，将优质服务辐射至更多居民。另外，鉴于物业服务24小时在岗值守，此种服务形式也在一定程度上保障了养老服务的即时性和连续性。

3. “三边四级”就近养老破解养老服务“最后一公里”

以2016年北京市出台《关于开展社区养老服务驿站建设的意见》为标志，养老服务驿站开始作为试点嵌入居家社区养老服务体系之中，成为“一刻钟服务圈”的重要构成及解决养老服务“最后一公里”问题的关键要素。作为嵌入式养老的基础性设置，其初衷在于能够实现家庭、社区、社会养老服务资源在社区一级层面的有机融合、配置。截至 2018 年底，城市社区养老服务驿站、农村幸福晚年驿站分别累计建成运营 680 个、260 个①。尽管作为一种新生事物，其运营还存在各种问题，盈利模式还不清晰，且距《北京市社区养老服务驿站建设规划（2016 年～2020 年）》提出的到 2020 年要建成 1000 家以上养老服务驿站的目标还相去甚远，但可以预见的是，由于社区养老驿站更聚焦为老人提供细致专业的“三边”（床边、身边、周边）照护服务，更易受到社区老人青睐。另外，由于其融合了家庭养老、机构养老及社区养老三者的功能优势，未来应借助社区平台以驿站这一介质将其功能充分发挥出来。

（二）社区医养服务内容的进一步整合

关于医与养的融合，其核心要义在于通过“医”与“养”“护”之间的有机融合建构一种新型养老服务模式，以为老年人提供便捷的、持续的系统照护服务。具体而言，即通过制度、资源的系统整合有序推进健康检查、健康咨询、疾病诊疗和护理服务、大病康复服务以及临终关怀服务等医疗资源与涵盖生活照顾、精神慰藉、文娱活动等在内的养老照顾资源一体化融合发展。只有以此为支撑，才能保障面向老人的产品及服务集群的医养供给链持续运营。

实践表明，推进医养结合，是有效应对人口老龄化、缓解养老服务供需矛盾的关键举措。2014 年 8 月，北京市首次对涵盖养老机构、养老照料中心在内的养老设施提出配置医疗设置的要求。以此为标志，医养结合作为一种新的养老服务模式开始进入公众视野，尤其是近年来在政府积极推动下获得了充分的发展空间。从硬件设施配备来看，一方面，2018 年，全市已建

① 北京市老龄办、北京市老龄协会、北京师范大学中国公益研究院：《北京市老龄事业发展报告（2018）》，社会科学文献出版社，2019。

成养老机构550家，街道（乡镇）养老照料中心275个[①]；而另一方面，我们也看到，北京市医疗机构也在逐步增多，截至2018年底，北京市医院、社区卫生服务中心（站）数量、床位数量分别为736家、2079个和116279个、4774张，较2017年均有所增长。[②] 这为医养资源之间的协调配置提供了良好的基础和保障。从人才配备来看，北京已经开始老年照护师的岗位技能培训，医、养、护之间，技术、管理、人才之间的融合趋势进一步增强。也要看到，相对于老年人庞大的医疗保健需求来讲，医疗服务显然还存在一定短板，在未来还有很大发展空间。

（三）“互联网+”创新社区养老服务供给路径

得益于大数据的发展及云计算平台的技术支撑，一方面，社区医疗卫生信息化的发展为社区全科医生在诊疗服务中对老年群体实施糖尿病、高血压等慢性疾病的及时掌握和管理，老年保健、慢性疾病的防治及管理提供了便利；另一方面，互联网技术也被广泛应用到养老机构没有围墙的“虚拟养老”过程之中。此外，多种老年社交APP的开发也不断丰富了老年社会交往模式，线上消费模式也促进了银发经济的发展。总之，随着移动互联网络覆盖率的进一步提高以及老年人“触网”比例的逐步增加，养老服务供给内容及路径也在逐步丰富起来。

三　存在问题

在多项政策利好背景之下，各种养老服务模式不断涌现，新的问题和挑战也层出不穷，主要表现为以下几方面。

---

① 北京市老龄办、北京市老龄协会、北京师范大学中国公益研究院：《北京市老龄事业发展报告（2018）》，社会科学文献出版社，2019。

② 北京市统计局、国家统计局北京调查总队编《北京统计年鉴2019》。

（一）实践运营发展模式缺乏长期规划和有序指导

第一，在社会资本力量逐步加快进入养老服务市场步伐的同时，相关法律法规建设还较为滞后，还未能形成对养老服务行业、市场的有效监管。例如，北京市 2019 年发布《医疗和养老领域开放改革三年行动计划》，提出要鼓励国有企业利用自有资源开设养老服务机构的做法。但是目前来看，国有企业以何种方式参与、介入养老服务行业还没有具体的政策细则，养老服务供给市场化主体之间的良性互动秩序还未形成，这都是有待进一步探讨的议题。

第二，实践表明，目前影响、制约养老服务行业发展的主要因素在于盈利模式不清晰、缺乏统一的行业服务标准、行业组织建设滞后等。以养老服务驿站为例来分析，一方面，在政府无偿提供场地、驿站低偿微利运营的政策架构下，由于缺乏政府层面对准入、绩效评估、退出机制等方面的清晰指导，养老服务驿站尤其是民营机构的盈利能力普遍较弱、发展空间较小，不利于进一步吸纳人才及未来持续运营；另一方面，社区老年人作为养老服务驿站的主要受众对象，却不能及时反馈意见和建议并参与驿站监督与评价，不利于驿站服务质量进一步提升。例如，当下受到社会各界热议的“互联网 + 养老”，受当前基础设施建设薄弱、企业主体盈利能力弱以及老年人媒介素养较低等因素影响，其模式运营还较为碎片化，并没有形成一体化的发展格局。

（二）养老服务供给存在短板

养老服务是城乡公共服务的重要构成。一方面，居民对于养老、健康、医疗保健等方面的高质量需求进一步加大，迫切需要不断增加服务供给。另一方面，虽然医、养、护等养老服务的核心内容要素正在趋于融合，但受运营机制不完善、发展模式不成熟以及缺乏一定行业规范指导等因素制约，仍然存在一定的供给短板。进一步来讲，从供给主体层面来看，家庭中的个人越来越趋于原子化，社会养老服务组织自我造血能力不足，养老服务的资源整合性需要进一步提升。从供给内容来看，一些面向老人的养老商业模式未能充分精准捕捉老年人的真实需求，养老服务产品供需错位、供不应求的现象迫切需要改善。从供给保障来看，新的社会问题不断出现，老年人的社会参与度不断提升，在老年权益维护等方面还需要不断完善政策。

（三）专业化建设有待加强

养老服务面对的是老年人这一特殊服务对象，老年护理具有改善性、社会性、专业性及个体差异性的特征，因而对于专业化有着较高的要求。尤其是在当前老龄化进一步发展的态势下，新型养老服务模式的发展必然要求养老服务人才结构的优化、复合型人才的持续供给。空巢老人、高龄老人以及失能、半失能老人的增多也对养老护理员数量及素质提出较高要求。而从当前养老服务人才队伍状况来看，中高层次养老服务人才配备有限，机构风险管控能力不足，行业持续性发展能力较弱，养老护理员则普遍存在受教育程度较低、流动性较强、系统专业知识匮乏、实操技能培训较少等问题，不利于满足老年人提升服务质量的需求且还容易产生服务纠纷，专业化建设迫在眉睫。

四　思考建议

（一）优化顶层制度设计，推进养老服务法制化建设

其一是加强党建引领，逐步增强党建引领社区基层治理体系这一内在驱动力，逐步提升基层党组织在推进社区治理和服务方面的动员能力。例如，促进医、养、护等多元养老资源在社区一级的融合发展。优化社会力量参与养老服务的政策环境，促进立体式、多层次发展的养老服务新格局形成。

其二是完善养老服务公共政策及具体实施细则办法。例如，以行业协会建设促进养老服务行业统一服务标准并逐步健全养老服务监督评价机制，推动养老服务规范化和法治化建设；持续加大对于医疗、养老服务领域的公共

财政支持力度等。

此外，在细分老年群体消费意愿、养老诉求的基础上，进一步完善养老金融服务、智慧养老服务、康养服务等养老产业链。与此同时还应建立健全相关法律体系，加强养老服务法治化建设，在引入社会力量渗透养老服务行业的同时切实保障老年人相关权益。

（二）依托社区，做好老年人家门口的养老服务供给

首先，出台配套优惠政策及实施细则，进一步促进社区养老驿站可持续发展。针对现阶段养老服务驿站发展存在的问题，从运营补贴、监督评价、员工职业发展等方面完善政策细则，促进政策落地，保障优化社区养老驿站有序运营。当前尤其值得关注的是，新冠肺炎疫情发生以来，一些具备托养条件的小型社区养老驿站由于正处于起步发展阶段且受资金回收周期长、护理人员资源短缺、风险管控能力较低、盈利模式不清晰等因素制约，不可避免地受到一定冲击。需要尽快建立符合本市市情的疫情风险评估机制、养老驿站运营风险防控机制以及老年健康信息共享机制等，为在家门口有序满足老年人的养老需求提供保障。

其次，基于大数据平台，召集老年人与其家庭成员、社区工作者、居民志愿者、社区在职党员及养老机构、社会组织等多元主体凝聚形成监督管控合力，以线上线下相结合的工作联动机制织密社区养老服务保障网。例如，一方面，依托社区媒体平台促进健康知识的传播普及，运用多样化的社区媒体形式如社区文化墙、横幅标语、微信群、社区网站等以生动形象的方式宣传科学健康养生知识，并利用社区网络论坛对相关谣言等进行及时辟谣。依托信息化老年健康服务，健全宣传教育网络，做好以老年疾病预防、预后及感染后的康复治疗为主要内容的宣传工作。另一方面，按年龄、身体健康状况等对社区的老年群体进行细分，做好为老服务工作。例如，由社区一级建立老年居民“关心档案”，详细记录居家老人个人、家庭、生活、身心健康等方面的情况和诉求，及时掌握老年人健康动态；引导社区工作者、专业组织、志愿者针对特殊老人群体提供助行、助医、助餐等照料服务。此外，还

要建立社区孤寡老人心理档案。组织专业机构工作者为孤寡、生活困难的特定老年人群提供线上心理咨询服务，舒缓老人的负面情绪。组织社区工作者按时走访困难老人，对有心理障碍的老人及时进行心理疏导和提供精神慰藉。

（三）加强养老服务人才队伍建设

人才队伍建设是提升养老服务质量的重要元素。尤其是在当前北京市老龄化向纵深发展、“互联网 + 养老”多维发展的背景下，对于养老护理员的理论知识构成、实操技能、职业素养等有着较高要求。同时，随着社区养老服务模式的创新发展，对于养老服务高中端管理人才的需求也在持续加大。笔者认为，现阶段，应从以下几方面来着手提升。一是在职业院校增设养老服务相关专业，可以通过减免学费、发放补助等优惠政策吸引更多年轻人报考。二是要加强养老服务人才的职业技能培训，一方面面向高端人才，形成以养老服务行业经营管理、新媒体运营等为主题的沙龙讲座常态组织机制；另一方面可以在相关院校、养老机构、社区托老所等多类型养老场域新建养老服务实训基地，鼓励养老护理员参与照护专题培训，不断完善其知识储备。三是结合养老服务不同岗位的后台管理、一线服务岗完善落实岗位补贴政策，并不断推动其职业化发展。

B.10

养老问题的“冷思考”

——基于北京市通州区（城市副中心）养老机构的考察

李晓壮　赵　一*

摘　要： 北京市人口老龄化程度持续加深，养老机构服务基础设施建设步伐加快，但与“一床难求”形成鲜明对比的是，养老机构运营举步维艰。本文基于对北京市通州区（城市副中心）养老机构基本情况的分析发现，机构入住率普遍偏低，养老床位大量空置；老年人有入住需求但意愿不高，同时也不具备支付能力；提供服务的护理人员群体呈现收入低、专业性低等特征。文章建议，应注重从老人的实际需求角度制定养老政策；调整养老服务供给“指挥棒”；尽力避免“有行无市”；有层次有步骤推进养老服务体系高质量发展，加快为老服务护理人员队伍的职业化建设，最终实现养老服务的有效供给。

关键词： 养老问题　养老机构　老龄化　入住率

引　言

随着婚姻与家庭结构的深刻变革，人口生育率下降，人口预期寿命延

* 李晓壮，社会学博士，北京市社会科学院社会学研究所副研究员，研究方向为社会建设、社会结构、城市基层社会治理等；赵一，中央党校（国家行政学院）硕士研究生。

长，老龄化问题日益凸显。数据显示，2000 年，我国 65 岁及以上人口比重达到 7.0%；2018 年，我国 65 岁及以上人口比重达到 11.9%①。1991 年，北京 65 岁及以上人口比重达到 7.2%；2018 年，北京 65 岁及以上人口比重达到 11.2%，北京市通州区 65 岁及以上人口比重达到 8.2%。在“疏解整治促提升”专项行动中，2018 年北京市减少 16.5 万人，而北京市通州区净增 7 万人，达 157.8 万人，常住外来人口占常住人口总量的 41.6%。同期，北京市常住外来人口占常住人口总量的 35.5%。这些常住外来人口大多属于适龄劳动力人口。从以上数据可以看出，全国层面以及北京市包括北京市通州区，均已经进入老龄化社会，而且，相对于全国而言，北京市较早进入老龄化社会，大致比全国提前十年。需要引起注意的是，无论是北京还是北京市通州区，常住人口老龄化程度均低于全国平均水平（统计数据显示，2018 年北京常住人口中 65 岁及以上人口占常住人口总量的 11.2%；2018 年，全国 65 岁及以上人口占人口总量的 11.9%），主要原因正是北京大量的不断涌入的常住外来人口中适龄劳动力人口的补充，从根本上调节了北京的人口结构，缓解了北京市及通州区人口总体老龄化程度。

以上情况反映出全国、北京市及北京市通州区确实早已进入老龄化社会，人口老龄化问题不可轻视。从近年国家及地方先后推出的一系列养老政策也可以看出，政府正在积极应对老龄化，加快建设居家养老、社区养老、机构养老以及医养结合的养老服务体系。例如，北京市依据中央及有关部委制定的政策文件出台了《北京市基层公办养老机构建设资助工作实施办法》《北京市社区养老服务驿站运营扶持办法》《北京市养老机构运营补贴管理办法》《北京市养老服务相关标准》《北京市老年人养老服务补贴津贴管理实施办法》等系列文件。这些意见的共性是“在制度建设上形成政府面向社会机构，社会机构面向服务对象（老年人）的模式”，形成党委领导、政府主导、部门负责、社会参与的养老服务体系格局，强化通过市场力量、社

① 2019 年，我国 65 岁及以上人口比重达到 12.6%，同年，日本 65 岁及以上人口比重达到 28.4%。

会力量参与养老服务。同时，受人口老龄化趋势以及国家养老服务政策红利等因素影响，不同学者从不同角度研究认为，中国的“老龄化 +”是夕阳红下的朝阳产业，或是“支柱产业”，似乎这个产业的“饼”很大，地方政府及相关部门也在极力推进养老机构服务基础设施建设。

然而，尽管国家及相关部门越来越重视人口老龄化问题，也构筑了居家养老、社区养老、机构养老以及医养结合的养老服务体系图景，但是，现有的养老服务体系图景还存在很多问题。本文以北京市通州区为例，利用调查数据重点回答为何“有行无市”，并对现阶段破解养老问题提出一些思考性建议。

二 数据来源

本文数据主要来源于 2019 年 5 ~8 月“通州区公共服务调查研究”课题组实地调研，结合“通州区（副中心）养老机构发展状况”的调研主题，以问题为导向对于通州区（副中心）[①] 养老机构进行专题调研，调研对象涉及通州区民政局、老龄委以及部分街乡镇民政科负责人及相关人员。调研采用组织座谈会以及半结构式、实地走访的访谈方法搜集资料，据此做以下分析。

三 北京市通州区（城市副中心）养老机构基本情况

（一）政府登记许可的养老机构概况

本次“通州区（副中心）养老机构发展状况”专题调查基于 21 家有养老登记许可的养老机构[②]进行，不过在调研过程中，有 2 家养老机构正办理

① 副中心面积 155 平方公里，通州区面积 906 平方公里。

② 调查数据与通州区统计年鉴公布的数据稍有出入，通州区社会福利收养性单位有 22 家，年末床位达 6453 张，年末在院人数达 1726 人。

退出注销工作。据调研对象反映，其中一家养老机构“老人已经安置完毕，准备办理注销手续，主要原因是无力负担房租，反映亏损2000多万元。另一家养老机构也面临这样的问题，退出机构在属地乡镇管理下有序安置老人，在3个月时间里逐步完成退出”。有1家养老机构未入住老人。也就是说，截至调查时间，通州区有18家养老机构，其中公办8家、民办5家、公办民营5家；星级评定中4星级1家、3星级1家、2星级13家、3家未有星级评定；用房属性中6家租赁、5家属于乡镇政府、1家集体产权、2家自有产权、3家国资产权、1家私有产权（房地产开发商）；15家单独设立、3家与残联或救助站合设；11家有医养协作，6家内设医务室，1家无医养协助也无内设医务室；老城区（58平方公里内）7家、副中心（155－58平方公里内）3家、通州区其余地区（906－155平方公里）内8家；永顺镇5家、宋庄镇2家、潞城镇1家、梨园1家、西集镇1家、台湖镇1家、漷县镇1家、马驹桥镇3家、张家湾镇1家、玉桥街道2家。

（二）入住养老机构的老年人不足户籍老年人口的4%

18家养老机构共计入住老年人1732人。其中，完全能够自理的老人442人，占25.5%；半自理老人667人，占38.5%；完全不能自理老人623人，占36.0%。2018年，通州区60岁及以上户籍人口为194091人。如果把入住18家养老机构的1732人全部计算为通州户籍老人，则意味着只有0.9%的户籍老年人入住养老机构。这与《北京市养老服务设施专项规划》提出的“到2020年，全市90%的老人在家养老，6%的老人在社区养老，4%的老人在养老机构养老”的目标相去甚远。按照2018年通州区60岁及以上户籍老年人口194091人的4%计算，在养老机构养老的老人数量应为7764人。反过来看，也就是说通州区60岁及以上的户籍老人中有99.1%没有入住养老机构养老。

（三）养老机构是否存在“一床难求”？

此次调查的18家养老机构总床位数为6072张，入住老年人1732人，按每人一床计算，实际占用床位1732张。那么，通州区养老机构床位使用率为28.5%。从对18家养老机构床位使用率情况来看（见表1），近39%的养老机构入住率等于或低于30%，有83.0%的养老机构入住率不到50%，入住率最低的仅为10.0%，最高的也只达到65.8%。全部18家养老机构，没有一家“一床难求”，并且床位使用率普遍偏低。

表1 通州区18家养老机构床位数及使用率

床位数(张)	126	400	324	240	164	1000	448	125	300
入住老年人数(人)	76	160	98	95	103	242	120	58	59
使用率(%)	60.3	40.0	30.2	39.6	62.8	24.2	26.8	46.4	19.7
床位数(张)	120	100	680	93	120	50	1500	62	220
入住老年人数(人)	79	22	68	35	51	15	320	29	102
使用率(%)	65.8	22.0	10.0	37.6	42.5	30.0	21.3	46.8	46.4

数据来源：“通州区公共服务调查研究”课题组。

（四）老年人选择机构养老意愿

老年人能否支付得起养老机构的养老服务取决于两个方面的影响因素，一是老年人入住养老机构收费价格，二是老年人入住养老机构的意愿以及养老金（也称离退休金）收入水平。

入住成本主要包括押金和床位、伙食等费用。分类不同收费价格也不同，比如公办和民办或公办民营收费价格不同，老年人自理能力程度不同收费价格不同，服务标准和水平不同收费价格不同等。根据调研了解，通州区的养老机构老年人一人入住成本为每月3000~6000元，大部分入住成本在6000元左右，3000元的也有，但是条件肯定差一些，也有部分高档的每月10000元左右。也就是说，入住养老机构老人每月最低支出在3000元左右，最高支出在10000元左右。

养老机构服务收费价格标准是低还是高，实际上起着决定作用的还是需求侧的老年人是否有意愿通过养老机构养老以及是否具有支付能力。在老年人是否有意愿通过养老机构养老方面，因地制宜地分析，笔者认为，意愿或需求有，但意愿不高的主要影响因素如下。结合通州实际，发现2018年通州区城镇化率是67.2%，低于同期北京市城镇化率（86.5%）19.3个百分点；通州区有470个行政村、130个城市社区；2018年全区人均可支配收入40553元、人均消费支出28696元，同期北京市人均可支配收入62361元、人均消费支出39843元。这三组数据表明，通州区还是一个远郊区，相当比例的人口尽管不居住在村里但其户籍还在村里（称“户籍村”），其收入和消费水平远低于北京市平均水平。因为远郊区的性质，其养老金等社会保障水平也远低于北京市平均水平。有研究者利用2015年全国城乡老年人状况追踪调查北京市调查样本测算，北京市70%月总收入在5000元以下的老人完全不具备进入养老机构的可能，不管他们生活是否能够自理，只能在家养老或在家接受照护。

从这个层面看，通州区的老人即使有意愿通过养老机构养老，实际上也无支付能力，这是老年人不去养老机构的第一个原因。其二，因为其远郊区的性质，有自理能力的老人从其生活便利性的角度考虑，也不大愿意到养老机构养老。其三，当前60岁及以上的老人基本上有两个孩子。因此，老年人有需求，但没意愿或意愿不强，同时也没支付能力。

（五）养老机构护理人员结构

调查的18家养老机构中，护工、医护人员、管理人员分别为328人、29人、106人。调研发现，为入住老人提供服务的护工主要是非京籍人员，年龄在50岁左右的居多，受教育程度以专科及以下为主，工资一般为2500～3500元每月（管理层工资一般为4000～5000元每月），拥有职业证书比例较低。相较于2018年北京7854元的平均工资，养老机构护工的工资处于低水平，管理层也没有到北京市平均工资水平。从养老机构护工的人口特征可以看出，这部分群体属于低收入群体、年龄偏大群体、受教育程度偏低群体、劳动技能较低群体。此种人口特征与在京流动人口中农业户籍人口特征相似。这就意味着，护理人员很难提供专业化的服务，而且由于工资较低，护理人员流动性较大。如果雇佣专业的护工，意味着支付较高工资，那么较高的工资支出又取决于养老机构的收费水平。

四　关于养老问题的一些“冷思考”

通过上述养老机构床位使用情况、老年人入住情况、老年人意愿及支付能力、为老服务护工等情况，可以看到，当前养老服务领域还存在诸多问题亟待解决。对此，笔者提出以下思考。

（一）应该注重从老人的实际需求角度制定养老政策

在看到老龄人口规模不断扩大、老龄化程度不断加深的同时，更应该注重从实际需求角度制定养老政策。也就是说，不能只看数，而是要看老人的实际需求。“9064”的养老服务体系格局大的方向是正确的，居家养老是大部分、社区养老不是多数、机构养老是少部分。但是，这个少部分，4%的数字意味着假定4%的60岁及以上的老年人会选择机构养老。2019年北京市60岁及以上常住人口为371.3万人，4%是14.9万人。如果北京的养老机构入住的只是北京户籍的老年人，这个4%的老年人口数据会低于14.9万人。但是，即使这样，到2020年，4%的老年人入住养老机构养老这一目标肯定无法实现。据普查，北京市2016年入住养老机构养老的才41083人。通过上述分析，结合相关研究对北京养老机构的普查发现，实际上养老机构入住率、床位使用率均比较低。简单地说，居家养老是大部分，机构养老其实很少。所以，在制定养老政策时，不能只看老龄人口的数量，更应该根据老年人实际需求制定养老政策，避免政策失误及其导致的不必要的财政资金浪费。调研对象反映，老人数量在增长，需求是存在的，但养老机构不能总是依赖政府补贴。例如，笔者在怀柔区一次调研发现，怀柔一些深山区的老年人养老是个大问题，尤其是一些失能老人，生活极为不便、困难。深山区老年人养老问题，不只怀柔，延庆、密云、门头沟等地区同样存在此类问题。对此，应坚持问题导向，以老人实际需求为靶向，突出重点，抓住要点，满足不同类型、不同地区老人实际需求，因地制宜制定养老政策。

（二）基本公共服务供给与需求错别，亟待调整的“指挥棒”

养老服务是基本公共服务的一个重要领域。当前，基本公共服务供给最为重要的评价标准是其基础设施建设以及一些软性可量化的考核指标。在基本公共服务基础设施建设方面，通州因为是首都北京的城市副中心，所以首要标准依据是国务院正式批复的《北京城市副中心控制性详细规划（街区层面）（2016 年 ~2035 年）》，其次是《北京市居住公共服务设施配置指标实施意见》（京政发〔2015〕7 号）。其中街区层面规划高标准高要求，设施按照千人指标配置。通常，地方政府在基本公共服务设施建设中执行的是京政发〔2015〕7 号文的千人配置指标，按照城市副中心标准，应适当提高标准。根据我们调查，这一指标对基本公共服务领域问题反映比较突出的基础教育较为实用，对养老、文体等领域适用性较差。例如，根据京政发〔2015〕7 号文配置养老服务设施的要求，若按照每百名老年人口设置 4 床标准计算，2018 年通州区 60 岁及以上老年人口为 225000 人，需要设置 9000 张床位；若按每千名常住人口设置 8 床标准计算，2018 年通州区常住人口为 157.8 万人，需要设置 12642 张床位。通州区现有（2018 年）床位 6072 张，与每百名老年人口设置 4 床标准要求相差 2928 张，与每千名常住人口设置 8 床标准要求相差 4810 张。前者相差近 3000 张，后者相差近 5000 张，如果按此标准，养老机构还需补充配置 3000 张左右床位。在软性可量化的考核指标方面，2019 年 1 ~3 季度通州区“七有”“五性”监测评价结果在 16 区中排名倒数第一，其中涉及“老有所养”方面的指标——每千名常住人口养老床位数。据了解，为补足通州区养老床位短板，通州区将增加养老床位，预计到 2020 年实现新增养老床位 3662 张。

无论是配置标准，还是考核量化指标，都是政府工作抓手，要求为老年人口提供养老床位供给，增加供给量。可是，2018 年的 6072 张床位，使用率仅为 28.5%。当然，到 2020 年通州区的老年人口、常住人口肯定会有所增长，但是，相对于如此低的使用率而言，现有空置的以及可能空置的增量床位有何用处呢？唯一的目标是达到了配置标准和考核要求。对此，我们建议，在养老领域（包括文体等基本公共服务供给领域）调整“指挥棒”，要贯彻落实以人民为中心的发展思想，改变自上而下不符合实际的考核方式，按人民群众的实际需求设置需求配置标准或考核体系，促进上下良性互动，科学合理配置基本公共服务设施，科学合理进行考核督办。

（三）养老问题研究热、政策热、建设热，却“有行无市”

随着老龄人口的快速增加，对已经形成的养老问题，社会各界积极应对。研究领域，不同学者从不同视角对养老问题进行调查研究，各抒已见，建言献策，但目前还未形成统一而清晰的思路。这一结果导致理论无共识，政策有偏差。近年，中央及相关部委关于养老的相关政策相继出台，地方政府积极制定配套意见和措施，应对老龄化问题。在政策的指引下，关于养老设施用地、建设补贴等优惠政策惠及大众，政府、市场以及个人积极注资养老机构服务设施建设。例如，市、区两级财政主要以建设投资和补助、运营补贴、维护修缮费用、针对老年人个体和家庭的补贴等形式投入，为各类公办和民营机构提供支持。在运营过程中，针对专业养老机构照料中心，市、区两级财政按标准提供运营补贴，主要标准包括老人是否能够自理、机构服务是否达到星级评定标准、机构是否有内设诊疗设施、机构运行安全性等，补贴标准最高达到 1050 元每人。通州区高标准、高要求陆续建设养老机构，或采取政府投资或采取社会资本投入的方式，未来三年还将建设西集镇养老照料中心等一批养老服务基础设施。但是，我们认为，养老问题的热，还是不成熟的热，因为这些热并没有产生实际效果，“有行无市”。因此，我们建议，在当前及未来一段时期，从实际出发，实事求是研究养老问题、制定养老政策，形成更加精细精准的政策导向。同时，完善和巩固现有存量养老服务设施，提高综合服务水平，提高入住率，提高床位使用率。

（四）有层次有步骤推进养老服务体系高质量发展，加快为老服务护工队伍职业化建设

实现老有所养，养老服务体系高质量发是关键，核心是为老服务护工队伍的职业化建设。如上所述，居家养老、社区养老、机构养老以及医养结合的养老服务体系格局的路子是正确的，但是，需要结合社会发展的阶段性特征，既要“百花齐放”又要突出重点，有层次有步骤地推进养老服务体系建设。当前以及未来一段时期，居家养老仍是重中之重，符合实际，社区养老以及机构养老是有益补充形式，但是，须因地制宜，尤其是在减量发展的情况下，土地资源、财政资源等要发挥集约优势，以实现有效供给为目标，最大限度地满足老年人实际需求，最大限度地减少不必要的人财物等资源浪费。高质量的养老服务体系的构建，离不开为老服务护工队伍职业化建设。

对此，我们建议，第一，以《养老护理员国家职业技能标准（2019 年版）》为依据，加大养老护理人员培训力度，培养养老护理领域的“工匠精神”。第二，制定养老护理人员职业发展体系，整合和制定从业资格认定评价体系，使之成为一种专业化的职业。第三，建立与养老护理人员职业等级、工作年限相匹配的薪酬增长体系，使之成为受大众所尊重的职业。第四，在养老机构等级评定和质量评价工作中，逐步加大养老护理员与老年人的照护比例、取得职业技能等级证书人数等指标的权重，提供更加专业的养老服务。第五，逐步建立养老护理人员信息化管理系统，规范养老护理人员队伍管理。第六，结合当前养老服务体系推进重点，建议加快社区助老服务队、老年互助组织等社区社会组织发展，建立家庭养老与社区养老联动机制。

就北京而言，社区养老照顾发展还存诸多困境，养老院养老也存在诸多难点，医养结合的养老服务刚刚起步。对于此类问题，需加强调查研究，尤其是以老年人实际需求为导向，分类治理，尽量避免“有行无市”的状况发生，保障养老服务的有效供给，让有需求的老年人过上更有质量的老年生活。

参考文献

李晓壮：《迈向均衡型社会——2020北京社会结构趋势研究》，中国社会科学出版社，2015，第27页。

乔晓春：《养老产业为何兴旺不起来?》，《社会政策研究》2019年第2期。

张雪彤：《夕阳红下的朝阳产业——中国养老地产行业分析》，《国际金融》2019年第11期。

李卿：《智慧养老将成为重要支柱产业》，《经济》2018年第8期。

《北京市通州区统计年鉴（2019年）》，2019，第290页。

童曙泉、袁云儿、刘威：《北京市将新增5万张养老床位9064模式明确》，《北京日报》2015年11月26日。

李金娟：《北京社区养老照顾的发展困境及对策》，《北京社会科学》2014年第11期。

樊良树：《北京养老院养老的难点及对策》，《北京社会科学》2014年第5期。

B.11
新形势下促进首都养老事业健康发展的思考

柴浩放*

摘　要：　养老日益成为社会广泛关注的核心议题之一，成为检验社会治理水平和社会发展水平的试金石，必须立足更高的政治站位来看待。人口老龄化叠加城市发展转型是首都北京的基本市情，在肯定北京取得养老事业巨大发展成绩的同时，应看到养老仍是一个问题较多、需要更多制度创新和资源投入的领域，应持续提高居家养老的便利化水平，进一步提升养老相关事务的法制化、规范化水平，克服养老产品（服务）市场推动力和竞争优化压力不足等问题。

关键词：　居家养老　养老事业　北京市

一　看待养老问题需要更高的政治站位

我国自21世纪初开始迈入老龄化社会的门槛，至今已有近20年，而北京自1990年就已经进入了老龄化社会。随着时间推移，我们的老龄化速度不断加快、程度不断加深，国家层面应对老龄化的政策也在不断出台。据不完全统计，2013年以来中央政府及部级机构发布的养老相关政策文件就达

* 柴浩放，管理学博士，北京市社会科学院城市问题研究所副研究员，研究方向为公共治理、城乡统筹。

130余份，逐渐构建起了一个从无到有、由单一到系统的老龄化政策体系。但整体来看，养老及应对老龄化的诸多问题还没有实现全社会意识一致。尤其是我们正经历发展阶段的转换期，解决养老问题不仅需要新视角，更需要基于更高政治站位的共识。

从全国来看，我们将在2020年全面建成小康社会，脱贫攻坚战也将取得全面胜利。在继续推进相关领域工作、确保扶贫成效的前提下，养老作为一项民生工程，日益成为社会广泛关注的核心议题之一，成为检验社会治理水平和社会发展水平的试金石。因此，必须用更高的政治站位下更全面系统的眼光来看待养老问题。人口老龄化已经是我国的基本国情，是经济社会发展的先决条件和既定背景。我们的养老体系、医疗体系、社会福利体系、社会动员体系、应急管理体系都应主动迎合而非被动适应这一基本国情。

二　北京的老龄化现状与问题

北京作为首都，其老龄化情况有自己的特点，人口老龄化叠加城市发展转型是首都北京的基本市情①。北京市《2019年国民经济和社会发展统计公报》显示，北京的人口老龄化程度位居全国第二，60岁及以上人口达到371.3万人，占总人口的17.2%，比上年增加6.5万人；65岁及以上的老年人达到246万人，占总人口的11.4%，比上年增加了4.6万人。北京老龄化速度也明显快于全国平均水平，5.5%的年增长率明显高于全国4.7%的水平，平均每天增加500位老人。北京独居老年占比高达9.4%，失能老年人比例高达4.8%，这都对养老提出了更高的要求。

在京津冀协同发展和非首都功能疏解的背景下，北京经历着新旧动能转换和发展路径的变化，在人口控制的前提下倡导减量发展、集约式发展。这在短期内对人口抚养比会有负面影响，而且北京未来将面临降低企业养老金

① 中国人民大学国家发展研究院等：《北京市积极应对人口老龄化中长期战略行动研究》，2019年11月。

负担与养老金支出不断扩大之间的结构性矛盾。但长期来看，这有利于探索出一条人口约束下的集约发展道路，通过不断提高产业附加值、技术水平和人均劳动生产率，为改革和不断优化现收现付的养老金支付体系创造出足够长的时间窗口。

北京应对人口老龄化的工作一直走在全国前列。为了贯彻和响应国务院印发的《关于加快发展养老服务业的若干意见》，北京市于2013年10月12日率先出台了《北京市人民政府关于加快推进养老服务业发展的意见》。多年以来，北京的养老事业发展体现出补硬件、强机制、全覆盖、广动员、齐发力的特点，已经初步建立起了“四梁八柱”的养老制度体系。各种针对老年人个体的惠老、敬老举措不断面世，针对养老行业健康发展的各类规划、标准、办法也不断出台。据统计，从2012年至2018年，北京市建成运营的养老机构数量从400家增长至526家，养老服务商接近2万家；运营养老床位从7.6万张增长至10.8万张，新增养老床位3.2万张，70%以上养老床位由社会力量建设或运营①。2015年，北京为全市80周岁及以上老年人发放了北京通－养老助残卡，这项政策不断扩容，不仅人群覆盖面扩充至全市所有60周岁以上的老人，而且成为集成各类养老服务功能和政策性助老补贴功能的统一入口，惠及400余万名老年人。

但养老仍是一个问题较多、需要更多制度创新和资源投入的领域。养老的供给和需求之间存在不对称、不均衡、不匹配的问题。针对高龄失能、半失能老人长期照料的服务缺口巨大。养老领域的专业人才，无论是管理人才还是技术人才和技能人才均存在质量和数量上的不足。养老机构面临人员素质参差不齐、医疗资源配备有限（无法与正规医疗机构相比）、老人法定监护人存在道德风险等现实困难。民营养老机构，一方面发展不起来，面临着资金短缺、人力缺乏的问题，与公立养老机构相比缺乏竞争力；另一方面发展过程中存在偏离准公益性质的现象，如转移收益甚至通过会员制变相融资

① 杜燕：《北京构建就近养老服务体系运营养老床位超10万张》，中新网，www.chinanews.com/sh/2019/09-05/8948605.shtml，2019年9月5日。

等。医养结合度仍有待提高，促进医养结合仍需努力。对医疗资源的需求是养老的内在需求也理应成为其天然组成部分，医养结合有着逻辑上的合理性和强烈的现实需求。但现实中二者的结合面临多种挑战，有些体制机制方面的制约可能难以仅通过修修补补式的改进来破除，需要力度更大的顶层设计和更具创新性的具体改革举措。

三　促进首都养老事业健康发展的思考和建议

应对快速老龄化挑战，塑造新时代养老的“北京方案”，一方面是首都科学发展的应有之义，另一方面也可为国内其他地区提供借鉴，这需要不断丰富应对人口老龄化的战略和战术储备。除了已有的取得成效的政策、措施和办法之外，养老还有众多难题需要克服、有更多维度需要考虑。

政府的作用是为已然到来但我们仍未准备好的老龄化社会构建制度基础、搭建体制机制框架。养老政策不仅要克服自身的碎片化现象，还要注意政策间的相互协调和互补，而不是掣肘和对冲。同时也要促进养老主责部门之外的其他政府部门，增强其在工作中对人口老龄化的认知，增强在相关问题上的协调意识。养老服务业的发展，需要助力、借力、合力。助力是指国家应创造条件帮助养老相关产业发展，营造好的发展环境，加大政府服务力度，助其规范化壮大发展。借力是指借助现有产业、组织、机制，通过共赢机制将养老服务功能植入其中，政府在其中起牵线搭桥和引导作用。合力是指政府各组成部门、社会各行业都通过各种方式增强人口老龄化意识，在其日常工作中增加老龄化考量，为老龄化事业的发展提供帮助。

（一）持续提升居家养老的便利性

从 2000 年全国部分省区市开始试点居家养老至今，已经走过近 20 年的时间。2016 年 5 月 27 日，习近平总书记在中共中央政治局第三十二次集体学习时强调，要“构建以居家为基础、社区为依托、机构为补充、医养相结合的养老服务体系”。居家养老符合中国的国情，更能满足老人的现实情感和生活需求，在降低社会养老总成本的同时发挥各方面的积极性。社区既是老人的主要居所，也是其主要消费地，更是其社会网络和人际关系的主要承载场所，因此社区是老年人居家养老的主要依托。居家养老与传统养老的区别，不在于具体养老地，现代居家养老中的家，其物理意义已经大于伦理意义。

使老年人养老的多样化、个性化、多层次需求就近得到高质量的满足，是居家养老的关键。居家养老的需求大致可以分为生活类需求和医疗类需求两大类。生活性服务业的便利性、可达性和多样性，在很大程度上决定老年人的日常生活品质和生活满意度。以日本为例，广泛深入分布在日本居民社区的大量连锁便利店，提供药品、制成和半制成食品售卖等多样化的服务，较好地契合和满足了老年人的日常需求，是日本老人社区养老的重要支撑。北京的便利店密度远远低于日本，甚至远远低于上海、广州等国内其他一线城市以及东莞等二、三线城市。比如，北京和上海两座城市人口规模接近，但北京便利店的数量仅为上海的一半左右。北京城市规划和既有格局（宽马路、封闭式大院多、道路密度不足）对商业和服务业布局的先天不利，可以通过信息化手段进行弥补，可大力发展线上社区服务业，线上线下结合，灵活满足养老需求。医疗类需求会随着老龄化程度的加深和（半）失能、失智老人的增多而剧增，医养结合满足了老年群体日益增长的整合性健康养老服务需求，是重点发展方向。应加大民政部门、卫生健康主管部门和规划部门在医养结合工作中的衔接力度，促进养老设施和医疗设施空间上的有机结合、业务监管上的无缝衔接，在双向转诊、医保报销、医师执业、人才培养和职业晋升等方面迈出更大的改革步子，解决医养结合的痛点、堵点问题。

（二）进一步提高养老相关事务的法制化、规范化水平

在养老服务产业的质量和标准方面，行业自律还未形成，还需要政府较多地介入和干预。目前北京市已经出台《北京市养老服务机构监管办法（试行）》《北京市居家养老服务条例》《北京市支持居家养老服务发展十条政策》等一系列规章制度。2019 年 5 月，《北京市居家养老服务系列规范》（即“北京居家养老服务地方标准”）正式颁布实施，填补了国内居家养老

行业的服务标准空白。但从提高养老相关领域整体规范性的角度看，还需要多部门开展更多的工作。

以逐渐被人重视的以房养老市场为例，市场主体参差不齐导致乱象丛生。由于老年人的辨别力低、缺乏法律素养和贪图心态，一些人钻法律的空子，用以房养老的名义进行较复杂的房产抵押等套路操作进行诈骗。一段时间以来此类事件屡见不鲜，有些造成严重社会影响，成为社会不稳定因素。同样的市场乱象也发生在老年保健品市场上，这些乱象都对养老产业的健康发展形成严重的干扰，既需要司法的强力跟进，也需要政府和社会力量进一步加强市场秩序维护。

随着城镇化进程的加快，国内房地产市场进入深度调整期，尤其在北京、上海等一线城市提出减量发展概念的背景下，一些城市的房地产市场加速向存量房市场转换，大型房地产开发商面临转型发展的压力，开始表现出涉足养老类房产项目的意愿。但作为国内较新生的事物，养老类房产项目的行业标准、产业政策和社会生态都缺乏成熟度，市场主体开发经验欠缺，处于摸着石头过河的状态，客体也需要培育。2019 年，北京市第一个养老型共有产权房试点项目恭和家园试水，尝试通过共有产权的纽带建立养老服务供给与消费的合作关系，受到老年人的欢迎。但基于养老服务提供方和个人产权人共有的房屋产权结构，二者之间的权利义务关系并不单纯，其长期的运行规律还需要探索，政府还应在项目中后期的产权管理、纠纷调解等方面做出预判并投入更多精力。

基于公共卫生事件暴露出的一些问题，未来新建各类涉老设施，应将传染病防治因素考虑在内。对于既有各类服务老年人的设施，也应分期分批进行改造，通过完善硬件设施、健全规程等软件，使其能够降低传染性疾病的内部传播风险，应对流行疾病的冲击。

（三）克服养老产品（服务）市场推动力和竞争优化压力不足的问题

养老产业尤其是（助老）服务业具有长周期、低回报、细操作的特点，具有弱势产业的特征。养老是社会的逻辑，产业是商业的逻辑，因此养老产业是一个属性多样、被多方关注、目标多元的事业（产业）。

上述特点造成资本进入养老产业的动力不足、步伐缓慢。相比于国内近年来针对互联网、电子商务、人工智能等领域一轮又一轮的风险投资热潮，养老产业天然缺乏风险投资和天使基金的青睐。有一些市场主体和社会主体结合大数据、AI 等现代信息技术推出应用型养老软硬件产品（服务）。如百度开发的“爱老驿站”就在北京大栅栏街道试水，它依托人工智能产品，使老人可以在家用语音交互的形式便捷获取助餐等各类养老服务，除此之外，还可以获取养生、老年资讯等内容服务。① 朝阳区社工委、区民政局为辖区 1.3 万户高龄户籍老人免费安装智慧养老终端，包括“一键式”智能电话和便携式紧急呼叫按钮两个部分。设备不仅存储了老人的家庭地址和个人信息，还具有定位功能。可为老人提供急救、健康咨询、慢病管理、用药管理、日间照料、助洁送餐、心灵慰藉等服务。② 但首先，这些产品（服务）处于初创期，成熟度不足。其次，针对这些产品（服务）的推出和后续升级改进的市场推动力不够，很多产品的背后有政府推动的影子，可持续性和生存能力存疑。最后，这些产品（服务）虽各有特色，但整体来看，仍存在“散、小、乱”等特点，不仅是服务功能，服务区域和人群也呈现碎片化的状态。在市场竞争不充分的条件下，相关产品和服务缺乏进化的逻辑和优胜劣汰的压力，难以迅速提高产品的成熟度和市场集中度。北京市 2009 年就开始推动“老年餐桌”建设，希望结合产业界的力量为老人提供更优质的生活服务，但多数由于利润微薄、租金高昂等原因难以为继，这里面的诸多经验教训值得认真总结吸取。

（四）加强养老领域数据统筹挖掘力度

2020 年 1 月，民进北京市委针对养老服务现状提出建议，其中重要的一点便是在重点领域全面摸底，把老年人消费习惯、支付水平、家庭和社会

---

① 张均斌：《“AI + 养老”落地北京大栅栏人工智能让老年生活更便捷》，《中国青年报》2019 年 9 月 4 日。

② 沙雪良、陶冉：《朝阳区 1.3 万老人免费用上智慧养老终端》，《新京报》2019 年 12 月 20 日。

支持、信息化能力等重要指标纳入调查范围①。

建议政府加大针对养老基础数据领域的调查和统筹力度，在完备数据的同时减少数据碎片化现象，为养老公共政策出台的针对性和科学性提供数据支撑。在保证个人隐私不被侵犯和滥用的情况下，将其作为一种社会基础性数据库对社会和企业界开放，促进企业发现养老产业的潜在发展机会，精准对接养老服务需求。积极鼓励企业将养老产品和养老服务同传统行业和各类服务对接，实现融合式发展，尽量规避单一养老产品生存能力低下的问题。

（五）开展人口的全生命周期健康管理和干预

对人口的健康水平进行系统性评估和监测，倡导全生命周期的健康管理和干预，增加人口的健康预期寿命，而这也与减轻社会养老压力、发掘第二次人口红利等老龄化社会应对方案和议题密切相关。健康预期寿命是一个反映人口生存质量的指标，是指扣除疾病、伤残等非健康生存期后剩下的健康生命时长。随着我国人口预期寿命的不断增加，迫切需要在健康管理和疾病预防上投入更多资源。倡导全民健身运动和健康生活方式，早期干预各类慢性病、“富贵病”，会比单纯的临床医疗资源投入获得更丰厚的回报。

参考文献

沙雪良、陶冉：《朝阳区 1.3 万老人免费用上智慧养老终端》，《新京报》2019 年 12 月 20 日。

孙颖，阎彤：《民进北京市委：摸清底数，优化养老驿站补贴和定价机制》，《北京日报》2020 年 1 月 14 日。

张均斌：《“AI + 养老”落地北京大栅栏人工智能让老年生活更便捷》，《中国青年报》2019 年 9 月 4 日。

① 孙颖、阎彤：《民进北京市委：摸清底数，优化养老驿站补贴和定价机制》，《北京日报》2020 年 1 月 14 日。

B.12
社区老年教育发展的困境分析及策略应对

李红武*

摘　要： 社区老年教育是实现全民教育、终身教育的关键，也是积极老龄化实现的路径。人口老龄化背景下，老年人对学习的巨大需求与有限的资源供给之间的矛盾是当前社区老年教育面临的突出难题。本文认为，破解这一难题一方面要从观念层面推进老年教育从“福利导向”向“资源导向”转变，运用终身教育的理念和积极老化的视角，培育老年人自主学习的意识，激发老年人的自我潜能，从而为老年人营造一种积极向上的乐龄者形象；另一方面在实践层面上，尽快明确社区老年教育的主管部门，细化老年教育的政策法规，构建完善的老年教育服务体系，加大老年教育专业人才的培养等，从根本上解决社区老年教育实际困境。

关键词： 社区老年教育　终身教育　积极老龄化　福利导向　资源导向

引言：疫情下的老年互助——关于社区老年教育的思考

2020 年，大多数国人因一场新冠肺炎疫情选择宅居家中。家住朝阳区

---

* 李红武，北京青年政治学院老年服务与管理专业教研室主任，副教授，主要研究领域为老年社会工作、老年教育、传统文化与社区建设等。

的王海岩老师宅家期间“玩”起了剪纸，搞起了创作。据海岩老师讲，自己本身喜欢剪纸，2019年又参加了北京市侨联老年大学为侨胞家属举办的剪纸培训班，得到了剪纸大师的现场指导，从此在剪纸技艺方面有了很大的进步，兴趣也更加浓厚。海岩老师虽然退休，但平时社会活动依然较多，于是剪纸这一爱好便多有搁置。这次疫情宅家，海岩老师便专心搞起了剪纸创作，其发在朋友圈的作品获得点赞无数，与海岩老师相识的老伙伴们尤其是子女不在身边的空巢老人纷纷向其求教，希望通过剪纸来打发宅家生活的乏味。一向热心公益的海岩老师于是萌发了利用微信平台这一信息化手段开班的想法，向对剪纸感兴趣的老伙伴们免费教授剪纸技艺。消息一出，应者如云，老伙伴们对剪纸学习的热情让海岩老师始料未及，一期3天、每期8人的培训对于众多老友的期待而言显然是杯水车薪，再加上受自己年龄及其他琐事的影响，培训班在举办5期之后便宣告结束。面对因没有报名成功、内心失落而又表示“理解”的众多老友，年近七旬的海岩老师略感遗憾但也深知，靠一己之力很难满足众多老友的需求，因此，她一方面寄希望于更多的公益之士能够加入助老服务的行列，另一方面更希望国家能尽快完善老年教育体系，让社区所有老人都能够在回归社区之后找到学习的场所，通过学习这一平台扩大他们的生活圈，减少他们心里的孤独感，从而实现身心健康，安享晚年。

海岩老师的故事虽发生于特殊时期，但也从一定程度上折射出我国社区老年教育领域普遍存在的供需矛盾，即：老年群体希望通过继续教育来提升能力、扩大社会交往，弥合空巢独居精神层的迫切需求与现有社区老年教育资源和教育服务供给有限且渠道不畅之间的矛盾。

作为特殊的教育类型，社区老年教育横跨社区教育与老年教育两个领域的特性，决定了其内涵的特殊性。区域特性上，社区是老年教育实施的空间；受教育对象选择上，社区老年教育又以生活于特定社区的老年人及准老年人为服务对象。因此社区老年教育的概念可以界定为在特定社区内开展，以进入老年期或即将进入老年期的个体为主要服务对象，在把握这一群体特殊的生理、心理及社会特征的基础上，为他们提供多元化的教育产品和立体化的受教育机会，满足其受教育的需求，增强其晚年期生存和发展能力，从而使老年群体有更多的机会参与社会生活，进而提升他们的生活品质，实现老有所为。从本质上讲，社区老年教育是实现我国终身教育和全民教育的必经之路。

人口老龄化的快速发展是我国当前社会发展的重要特性，这已然是不争的事实，而且人口老龄化持续发展将是我国当前及今后面临的重要国情。这一国情下，老年人的受教育问题引发了持续的关注。社区老年教育之所以引发关注，一方面是作为受教育主体的个人进入老年阶段后对教育的多元化需求持续增长，另一方面则与国际社会所倡导的积极老龄化密切相关。社区老年教育本是积极老化、成功老化的应有之义，“健康、参与、保障”是衡量积极老龄化的重要指标，接受继续教育是社会赋予每一个体的基本权利，理应得到保障，老年人也不例外。同时，社区老年教育也是老年人争取参与社会生活机会、持续实现自我价值的重要途径。通过继续学习，老年人扩大社会交往，提升应对现代社会发展变迁所带来挑战的能力，有助于其身心康乐，因此，社区老年教育在促进积极老龄化、成功老龄化方面有着举足轻重的作用。

一　社区老年教育发展的现状

近年来，全国各地老年大学“一座难求”的报道频频见诸报端①，引发了社会的广泛关注。社区老年教育领域供需失衡矛盾所致的老年人“上学难”的问题日益凸显：一面是物质生活得到保障的老年群体希望通过继续教育来参与社会活动、丰富精神生活，满足个体进入老年阶段追求品质生活的需要，另一面则是社区老年教育领域捉襟见肘的资源供给；一面是社区老年教育所提供的教育活动门可罗雀，另一面则是社区老年人求学无门。这种失衡与尴尬交织，是我国当前社区老年教育的基本样态。

① 《只想入学不想毕业：老年大学为何“一座难求”?》https：//news. sina. com. cn/s/2019 -12 -06/doc -iihnzhfz3965179. shtml；《老年大学一座难求！为了“上学”连夜排队!》http：//edu. 163. com/19/1009/09/ER1O55CC00297VGM. html。

（一）社区老年教育资源供给总体不足

社区老年教育兼涉社区教育和老年教育两个领域，横跨社区、养老、教育等多个层面。社区老年教育是一个综合体，哪一部分的缺失都不利于社区老年教育的发展。受我国传统体制机制及人们观念的影响，社区老年教育在其发展的过程中，无论是政策支持，还是资金投入，无论是供给者的认知，还是教育受众——老年人的认知，都没有对社区老年教育给予足够的重视，这直接造成了社区老年教育基础薄弱的现状：无论是硬件投入，如空间场地的提供、信息化体系建设，还是软件投入，如专业师资培养及职业晋升体系的构建，都呈现严重不足的状况。而这形成了我国社区老年教育发展动力不足、资源供给有限等问题，无力满足老年群体回归社区之后对晚年生活的多层次追求，造成了需求与供给之间的结构性失衡。

（二）社区老年教育服务趋同化严重

当前社区老年教育的另一现状是课程资源趋同化。受观念的影响，人们往往将老年教育等同于文娱活动与医疗保健，因此，在课程体系建设上往往以文化娱乐和健康讲座为主，延展性的心理健康和技能性的自我提升课程则相对较少。事实上，随着预期寿命的不断延长，社区老年人口高龄化、空巢化和失能化比例也在不断攀升。一方面老年人对自身心理健康问题日益关注，另一方面家庭照护体系中照护者的专业技能也亟待提高，但这些资源无法从社区老年教育课程体系中获得。

此外，随着人均寿命的不断增加，晚年期的时间也越来越长，如何规划自己的晚年生活，也引发了老年人的关注，但现有的社区老年教育提供的资源显然无法满足当下老年人的时代性需求。

（三）社区老年教育整合资源偏弱

社区既是一个物理空间概念，也是一个基层社会治理单位。随着社区自治的发展，回归社区的居民需求的满足也落在了社区身上。然而在社区层面上，纵向的单位体制和横向的社区管理并没有实现有机整合。社区权力的有限性导致其整合资源的无力性，体现在老年教育方面，社区无法将辖区的优势教育资源有效整合到社区层面，为辖区老年居民提供多元化的教育资源，使得社区老年教育资源呈现碎片化、零散化的状态。

（四）社区老年人获取教育信息通道不通畅

从与社区老年人的访谈中得知，老年人不知道社区能提供哪些教育服务以及通过什么样的渠道获得相关信息影响了社区老年教育的发展。信息通道不畅一方面体现在供给侧对于社区老年人的教育需求缺乏调研与细分，导致所供非所需，很多社区老年人表示他们期望的学习内容社区无法提供，而现有社区提供的活动他们参与兴趣不大；另一方面则是社区提供的老年教育活动很多老年人无从知晓。一项关于天津市社区老年教育现状的调查显示，近有 26.46% 的受访者表示对于社区提供的活动无从知晓①。

二　社区老年教育困境的原因探求

社区老年教育如上现状的形成，表面上看似乎是人力资源有限、教育场地供给不足所致，深层原因则在于观念层面上的认知不足与体制层面上的管理不顺，二者又存在互为因果的关系。

（一）福利导向的老年教育观制约了社区老年教育的有效供给

相比西方发达国家的社区教育和老年教育，我国社区老年教育发展相对较晚，而且在发展之初就带有较浓的福利色彩。山东省红十字会老年大学是我国最早成立的老年大学，于 1983 年成立，成立的主要目的是为离退休老干部丰富晚年生活提供文娱活动，提升其晚年生活质量。此后，全国各地，

① 参见续芳《天津市社区老年教育现状及需求调研报告》，《天津职业院校联合学报》2019 年第 8 期。

尤其是城市社区纷纷成立老年大学和老年活动中心，以满足企事业单位离退休干部与职工退休后对精神生活的追求。服务群体的特定性与服务内容的文娱性成为之后老年大学的主要办学基调，也对社会大众对老年大学的认知产生了深远的影响。在社会大众看来，老年大学并不是一种普惠性的国民教育，而是针对特定群体的福利性资源供给，在内容设计上以休闲娱乐为主，而老年人参与动机，也以丰富业余生活、打发闲暇时间为主。国家开放大学关于老年人上老年大学动机的调研数据显示，老年人上老年大学的主要动机为丰富业余爱好、打发闲暇时间、扩大交际圈，比例分别是71%、16%、13%①。的确，文娱性的康乐活动是社区老年教育的重要内容，但远不是民众所认为的“唱唱跳跳”“写写画画”那么简单，社区老年教育还有更加丰富的内涵和更深远的社会功能，在提升民众素养和能力、构建和谐社会方面发挥着积极的推动作用。

经过30多年的发展，我国的社区老年教育有了一定的发展，但社区老年教育资源供给有限、城乡发展不均、体制机制不畅、社会参与度不高的现状并没有发生根本改变，尤其是福利导向的老年教育观依然根深蒂固。海岩老师告诉笔者，她之所以能参加北京市侨联老年大学的剪纸班，得益于其朝阳区呼家楼街道侨联秘书长的特殊身份，该班并不向普通侨胞家属开放，一般社区民众更是没有机会参加。这种福利导向的老年教育观不仅体现于服务对象的选择上，也体现于教学内容的供给上。福利导向教育观念直接导致了老年教育领域在教学内容设置上的供给导向，即有什么资源设置什么课程，这在一定程度上造成了当前社区老年教育同质化、零散化、碎片化的现状，再加上教学形式缺乏有效互动，削弱了老年学习者的获得感与参与感。一面是供给的内容参与度不高；另一面是想学的内容要么阙如，要么有限，这种供求上的错位在某种程度上也造成了有限教育资源的浪费。

① 数据来源于国家开放大学于2015～2016年完成的一项关于“老年教育需求分析与实践探索”的结题报告。

（二）政出多门是造成社区老年教育发展滞后的重要原因

安徽蚌埠新闻网的记者在一篇题为《供给不足　需求旺盛　老年大学一座难求》[①] 的新闻报道中指出，老年教育活动的开展，需要向多个部门申请，需要得到多个部门的审批，在管理上也存在不同的管理体系。这不仅严重制约了当地老年教育机构的发展，也在很大程度上影响了当地老年教育事业的发展。

社区老年教育的发展需要政府部门的领导，更离不开政策的支持。在梳理与社区老年教育相关的政策时，笔者发现政出多门的现象在社区老年教育领域尤其明显。这些政策出台部门涉及教育部、文化部、民政部、组织部等多个部门，且这些部门出台的政策多为宏观层面的指导性意见，缺乏实践层面的落实细则。政出多门表面上看似乎表现出政府各部门对于社区老年教育的关注，但由于各部门的职责不同、关注点各异，客观上极易造成实际执行层面的各自为政、推诿扯皮、资源投入不足且浪费的现象，今天社区老年教育发展的实际情况也证实了这一点。

事实上，为了应对人口老龄化的挑战，早在 1999 年我国就成立了专门的机构——全国老龄工作委员会，全面负责协调涉老相关工作。在其出台的多项文件中，明确指出老年教育工作由文化部来负责，文化部在推动老年文化建设工作上做出了积极的探索，开展了大量的工作，但在客观上也造成了对老年教育“休闲娱乐”的刻板印象。的确，休闲娱乐是社区老年教育的重要组成部分，但并不是全部，而文化部受其自身职责定位所限，无法也无力承担起社区老年教育的主导性职责。

前文提到，管理机制的不顺与对老年教育认知上的偏差是互为因果关系的。认知上的偏差造成了管理机制的不顺，而管理机制的不顺进一步强化了老年教育认知上的偏差。老年教育领域政出多门以及实际工作中人力、场地等资源严重不足皆与此相关，这也是导致我国社区老年教育发展滞后的主要原因。

---

① 参见《供给不足　需求旺盛　老年大学一座难求》，http：//www.bbnews.cn/p/4681.html。

三　社区老年教育发展的应对策略

（一）观念层面：运用“资源导向”的视角来看待社区老年教育

人口老龄化既是挑战，也是机遇，这取决于我们用什么样的观念看待。认知行为理论强调，认知是行为改变的前提和基础。要想改变个体的行为，首先要改变认知，认知不改，行为很难从根本上改变。同样，要想改变我国当前社区老年教育供需方面存在的结构性失衡问题，也需要转变观念。传统时期福利导向的老年教育观已然不能适应急速发展的老龄化背景下民众对老年教育的多元化需求，我们需要明确的是，老年教育究竟是老年人的基本权利还是社会发展福利？是老年人基本物质需求得以满足这一基础之上的锦上添花的休闲娱乐，还是其进一步参与社会、实现自我价值的机会？老年人有受教育的基本权利，他们为社会发展做出了巨大的贡献，其丰富的人生经验是人类社会的宝贵资源，这一观念已经成为共识。运用“资源导向”的视角来看待老年教育，不仅有助于促进当前老年教育领域在政策制订和服务供给方面向需求导向转变，还有助于激发社会力量参与老年教育的积极性，从而为丰富社区老年教育市场、满足不同层次老年群体个性化的学习提供系统支持。

资源导向的老年教育观至少可以从如下三个方面得以体现。

首先，老年群体是社会建设和发展不可或缺的重要力量，这一点从来就不应当被忽视。老年人承载着一个国家和民族最宝贵的文化传统与精神价值，其在人生发展的过程中，积累了丰富的生产经验与生活智慧，这些经验和智慧是构建和谐社会取之不尽用之不竭的精神资源。此外，随着人均寿命的不断延长，老年人“退而不休”、老有所为的现象越来越普遍，他们在维护社会安定团结、推动社会文明进步方面发挥的作用越来越明显。

其次，老年阶段独特的生命状态有助于促进代际融合，营造和谐的社会氛围。全民教育不能缺少老年教育，老年教育的对象也不应局限于老年人本身，还应扩展到全民领域。老年阶段只是个体生命周期的特定阶段，是大多数人会经历的生命状态。对这一生命状态进行研究，不仅有助于提升个体晚年阶段的生活品质，还可以通过代际教育让年轻一代正确认识生命和老化的问题，进而促进代际和谐，形成尊老敬老的社会风气。

最后，社区老年教育为新专业的发展带来了机遇。2020 年 2 月 28 日，教育部副部长翁铁慧在新闻发布会上指出，未来专升本的计划增量将向社会需求旺盛的专业倾斜，其中就有老年服务与管理专业。老龄化社会的到来需要大量的为老服务专业人才，老年服务与管理专业要为老年人继续教育提供直接服务，其所承担的培养为老服务专业人才的社会职能更关乎社区老年教育的可持续发展。与一般年轻人学习不同，老年人学习无论是在内容取向上还是在方法手段上，都有其特殊性，这为涉老相关专业的发展提供了新的发展机遇。

因此，社区老年教育不应简单地被看作社会发展的福利，而应该回归教育本位，运用资源导向的视角，在引导老年群体养成终身学习习惯、激发学习动机，进而促进身心康健的过程中，将社区老年教育视为教育资源和人力资源的再开发，是推动社会发展和人类进步、构建学习型社会的重要举措。

（二）实践层面

1. 政策上：回归教育本位，明晰部门职责

与学历教育相比，社区老年教育因其服务群体的特殊性而横跨教育、文化与老龄等多个领域，因而给归口管理造成了一定的困难，这也直接造成了社区老年教育领域政出多门、多头管理的乱象①，客观上影响了我国社区老年教育的健康有序发展。

所谓名不正则言不顺，只有厘清社区老年教育归口问题，才能在政策支持方面形成多而有序、统而有主的局面，也只有这样才有助于破解我国当前

① 广东理工职业学院吴结教授在对我国老年教育政策进行梳理后指出，老年教育实践中的诸多问题得不到及时有效的解决，与老年教育政策纵向关联薄弱与横向缺乏有效关联有直接关系。参见吴结《老年教育政策内容的四重审视》，《成人教育》2020 年第 1 期。

社区老年教育人力不足、资源有限的发展瓶颈。作为一项系统工程，社区老年教育不单单是为进入老年的个体提供简单的文娱活动，而是协助进入老年阶段的个体继续发展其适应社会之能力，进而为其实现“老有所为”提供支持，这才是社区老年教育应有之义。此外，社区老年教育不仅直接服务于有继续教育需求的老年群体，还承担着为老服务专业人才培养与培训的职责，因此，社区老年教育的教育属性非常明显，也只有教育部门才能打通教育各领域的资源限制，形成教育资源的优势互补与良性互动，从而在真正意义上将社区老年教育纳入终身教育体系。

这方面，台湾地区老年教育的做法给了我们很好的启示。台湾为应对高龄者的教育问题，专门修订了老人福利相关政策，在该政策中明确规定了老年教育由教育部门主管。教育部门在“在地老化”体系建设、整合基础教育资源与高等教育资源提供为老服务、鼓励社会组织投身老年教育及强化老年教育权益等方面起着主导性作用①。

可喜的是，我国当前虽然还没有明确老年教育的主导部门是教育部，从当前出台的相关政策分析来看，教育部的主导性日趋明显②。

2. 人力层面：培养与发掘并举，破解当前人力不足之困境

与我国“未备先老”的国情相似，在为老服务专业人才培养方面，同样存在储备不足的窘境。老年教育人力严重不足是当前社区老年教育机构面临的主要困境，这也成为制约我国当前社区老年教育发展的重要因素之一。破解这一困局，要发挥院校人才培养的优势，为社区老年教育的可持续发展奠定基础；同时也要发掘现有资源，尤其是善用现有老年人力资源，弥补我国当前社区老年教育用人的不足。

---

① 参见黄月丽《迎接高龄社会之终身教育政策思维》，《教育研究月刊》2017 年第 11 期。

② 这些政策如下：国务院于2013 年印发的《关于加快发展养老服务业的若干意见》中明确提出“支持高等院校和中等职业学校增设养老服务相关专业和课程，扩大人才培养规模”，“充分发挥开放大学的作用，开展继续教育和远程学历教育”；2016 年出台的《老年教育发展规划（2016 ~2020 年）》将老年教育列为我国教育事业的重要组成部分，发展老年教育成为衡量教育现代化水平的重要指标和建设学习型社会的重要举措；《国家中长期教育改革和发展规划纲要（2010 ~2020 年）》提出“重视老年教育”等内容。

第一，加大老年专业人才培养力度，实现社区老年教育持续发展。社区老年教育的可持续发展，专业人才的支持是关键。高等院校和职业院校在专业人才培养方面有着独特的优势，因应社会需求而培养人才也是高等院校和职业院校应有的责任。高等院校和职业院校一方面要加大为老服务专业人才的培养力度，解决社区老年教育领域人才匮乏及专业度不高的问题；另一方面也要发挥高校智库的优势，研究老年教育规律，创新老年教育机制，提供适切的老年教育产品和服务，提升老年教育品质，从而为社区老年教育的可持续发展奠定基础。此外，高等院校和职业院校还可以充分发挥其专业优势，为那些有志于从事为老服务的社会人员开展专业技能培训，从而在整体上提升为老服务工作者的专业化水平。

第二，充分发掘社会人力资源，弥补老年教育人才不足。当前，我国老年服务与管理专业教育刚刚起步，根本无法满足老龄化背景下对老年专业人才的迫切需求，因此，发掘社会资源，尤其是充分发挥老年群体的积极性，成为世界各国应对为老服务人力不足的重要举措。老年只是人生的一个阶段，老年人依然是社会建设的重要力量，在社会舞台上仍然大有可为，这也是积极老龄化所倡导的“健康参与”的视角。世界各国都在创新机制，为老年人参与社会、实现自我价值搭建平台，如源自美国后盛行于世界各地的“时间银行”、我国民政部于2003年实施的“银龄行动”，以及本文开篇提到的海岩老师的故事就是对老年人“退而不休”“老有所为”的生动诠释。

3. 体系方面：加强基层社区老年教育体系建设，充分调动社区资源，借助“互联网+”，推进老年教育在地化发展

老年教育体系不完善，尤其是基层社区老年教育发展不充分，限制了老年教育的发展。

社区是老年群体生活的重要场所。个体退休后，大多回归社区，其活动的场域主要集中在社区附近。在笔者与海岩剪纸班学员交流的过程中，多位学员表示社区现有的资源无法满足他们在地化学习的需求。一位学员坦言，尽管单位的老干部办公室会为本单位退休的员工提供各种学习交流的机会，但她更希望这些活动能在社区就近开展，这对老年人而言，更加方便、安

全。因此，老年教育要想保障每一位老年人受教育的权利，必然要走社区发展之路。

推进社区老年教育在地化发展，可以从如下两个方面着手：推动资源整合，尤其是借助“区校联动”以及“互联网＋”平台，大力发展远程老年教育。

第一，强化“区校联动”，拓宽社区老年教育空间。开展社区共建，强化“区校联动”是破解当前社区老年教育空间不足的有效途径。地处社区的院校无论是在教学资源方面还是在空间场地方面，都相对有保障。因此，国家也在积极鼓励各级各类学校有条件地向社区老年人开放教学资源，为社区老年人在地化学习提供便利。

实际上，院校向社区老年居民开放教学资源，只要在政策和体制方面予以保障，是可以实现多方共赢的。对于社区老年人而言，在其所在的社区学习，不仅实现了在地学习的梦想，而且学校良好的学习环境和教师的专业化教学提升了学习的获得感，与青年学子的互动也会让老年人的心态变得年轻。对于学校而言，合理适度地开放校园资源，让老年人有机会进入学校学习，不仅可以让校园文化更加多元，还可以让教学活动更加鲜活，更容易将理论与实践有机联系起来，提升理论教学的针对性与实用性。而年轻学子与老年人共同学习，也可以促进代际融合，营造良好的尊老孝老的社会氛围。对社区而言，破解了社区老年教育场地和人力不足的问题，可谓多方共赢。

第二，“互联网＋”助力老年教育在地化发展。师资、场地与经费不足是老年教育从业者普遍的苦恼；路途遥远、出行不便、一座难求、信息不畅是老年学习者内心的抱怨。想服务，却心有余而力不足；想学习，却求学无门。而互联网技术的发展，正在改变这一现状。本文开头海岩老师在新冠肺炎疫情期间通过微信直播向老朋友免费教授剪纸技艺，而海岩老师的朋友也借助微信直播，学到了中国传统的剪纸技艺，排解了宅家无事可干的烦闷。

随着信息技术的发展和智能化设备的普及，借“互联网＋”这一平台开展社区老年教育将成为未来发展的趋势。海量资源的汇集，为身居社区的老年人学习提供了多元化的选择；时空的无限延展，圆了老年人随时随地学习的梦想。同时，越来越多的老年人利用互联网开辟了新的自我实现的平台，这将成为未来社区老年教育的常态。

四 结语

“活到老学到老”一直是我国所追求与倡导的文化理念。如何让老年人平等地共享教育资源，而不因年龄、地域而有所差异，是我们孜孜以求的目标。在为老服务的道路上，我们不仅要夯实生活层面的医疗照护体系和社会保障体系，更需要运用积极老龄化的视角，运用资源导向的老年教育观，鼓励老年人通过终身学习来参与社会，发挥其丰富的经验与才智，实现老有所为。在实现《老年教育发展规划（2016～2020年）》所提出的“覆盖广泛、灵活多样、特色鲜明、规范有序的老年教育新格局”这一发展目标的过程中，发展社区老年教育是关键。因此，政府部门应尽快明晰老年教育的主管部门，细化并积极落实社区老年教育政策，充分调动社会资源，借助“互联网+”平台，大力发展远程老年教育，构建完善老年教育体系，从而营造一个终身学习的乐龄环境，为应对高龄化社会的到来奠定基础。

参考文献

许嚣嚣：《老年教育发展的实践逻辑与未来趋向》，《成人教育》2019年第11期。

吴结：《多学科介入语境下的老年教育研究》，《广州城市职业学院学报》2018年第4期。

社区参与

Community Participation

B.13
“石景山老街坊”品牌：社会治理经验分析及反思

刘吉新　杨育忠　李　露　安若冉*

摘　要： “石景山老街坊”是生活在石景山、工作在石景山、热爱石景山、关心石景山、建设石景山的石景山人的统称，是石景山主人翁精神的践行者，是“人民城市人民建，人民城市人民管”的践行者，是“精治、共治、法治”的践行者的代名词，是为民服务的热心人、协商民主的带头人、优秀文化的传承人、文明社会的守护人的集合。这个带着浓浓人情味、折射着无数邻里守望互助亲情的特色称谓，已经成为石景山区推进基层社会治理的中坚力量。文章从“老街坊”的发展

* 刘吉新，中共北京市石景山区委社会工作委员会书记、区民政局局长；杨育忠，石景山区民政局副局长；李露，石景山区委社会工作委员会、区民政局基层政权和社区建设科科长；安若冉，石景山区委社会工作委员会、区民政局基层政权和社区建设科四级主任科员。

背景、品牌塑造及成果等三个方面分析了治理经验和优势，并在此基础上进行反思以进一步推动基层社会治理。

关键词： 老街坊　社会治理　共建共治共享

近年来，石景山区深入探索自下而上动员、参与和自上而下引导、支持相结合的社会治理新模式，积极打造“石景山老街坊”（简称“老街坊”）战略品牌，进一步规范社会行为、协调社会关系、解决社会问题、化解社会矛盾，提升了社会自愈能力，增加了社会和谐因素，增强了社会发展活力。

一　背景介绍

（一）基本情况

石景山区地处北京市中心城区西部，面积84.38平方公里，常住人口59万人，有9个街道150个社区。20世纪50年代，石景山区因“京西八大厂”而兴起发展，建区之初主要服务于首钢公司、北京重型电机厂、北京锅炉厂、燕山水泥厂等中央和市属企业，作为重工业基地，为新中国的腾飞和首都的经济发展做出了巨大贡献。随着保障北京冬奥会首钢搬迁调整和北京市功能定位的深化和确立，石景山区率先开始疏解非首都功能，走上了由传统重工业区向现代高端绿色之城转型的发展之路。石景山区在历史上形成了两个显著区情：一是老旧社区多，全区有94个老旧社区（71个老旧小区），占到全区社区总量的62.67%；二是老年人多，60周岁及以上的老人占到常住人口的27.92%，占户籍人口的30.10%。为破解社会治理难题，石景山区以“老街坊”品牌建设为抓手，全面引领各方主体积极参与基层社会治理，积极营造共建共治共享治理格局，“老街坊”品牌也越擦越亮。

（二）“石景山老街坊”的兴起

“石景山老街坊”是一个具有包容性的开放式社会组织，最早起源于2013年八角北路特钢社区党员、志愿者自发开展的“临终关爱”行动，发展于2016年石景山区居家养老服务体制改革，成熟于2017年创建“基本无违建社区”和“安全隐患大排查大清理大整治”专项行动。在这过程中，逐步形成“老街坊”积极参与社区议事、开展各类帮扶、延伸社区治理触角的共建共治共享新模式。比如，在社区整治中，“老街坊”协助拆除社区违建1万余处，为石景山区建成北京市首个“基本无违建城区”立下奇功；在“平安石景山”建设中，“老街坊”布设了一张铺天盖地的信息采集网，构筑起社会风险防控的铜墙铁壁；在开展社区服务中，“老街坊”积极维护环境卫生，开展定向帮扶和志愿互助服务，自己动手共建美好家园等。具体来说，“石景山老街坊”是建立在传统邻里守望相助基础之上，团结在社区党组织和社区居委会周围，积极参与、服务、建设社区的有生力量，是主人翁精神的践行人、为民服务的热心人、协商民主的带头人、优秀文化的传承人、文明社会的守护人，是折射着无数邻里亲情的暖心称谓。“石景山老街坊”精神诠释为一句话：“一句‘老街坊’，满是正能量！大事小事天下事，大家来商量。急事难事揪心事，街里街坊互相帮！”

“石景山老街坊”主要在协商议事、劝说疏导、互帮互助、矛盾化解、监督评议等方面发挥作用。

一是参与社区民主协商。通过“老街坊”议事会和“老街坊”楼委会共同参与商议社区里的事，找问题、想办法、提建议。

二是开展法规政策宣传。宣传党和国家的方针政策和法律法规，宣传社会主义核心价值观，弘扬“正能量”。

三是参加基层城市管理。进行社区公共卫生监督，对不文明行为进行劝导；组织清理小广告、绿地垃圾等；引导邻里爱护社区环境、遵守公共秩序、维护市容市貌、共建美好家园。

四是进行社区精准帮服。弘扬尊老爱幼的中华传统文化，依托社区养老驿站、温馨家园等阵地，为社区特殊人群开展公益服务、互助服务、济困服务，帮人忧、解人愁、扶人困。

五是帮助排查安全隐患。关注社区内的市政设施，邻里间进行燃气、用电安全等检查，及时消除火灾、爆炸等隐患，发现问题及时向管理部门报告。

六是维护社区治安秩序。社区实行邻里守望制度，开展日常巡逻，协助维护居住区域的安全秩序。在重大活动、敏感节点等重要时期，协助开展地区安全防范。

七是调解邻里矛盾纠纷。开展人民调解工作，化解民间矛盾纠纷，建设和谐邻里关系。

八是关注网络文明建设。参与虚拟社会建设，主动在新媒体上宣传石景山的好人好事，积极发送传播弘扬“正能量”的微博、微信、帖文、视频等。关注网络言论，不传谣、不信谣，主动辟谣。

九是处置社区突发事件。协助做好居住区域的安全场所、安全设施和应急处置预案建设，遇有突发事件及时报警，并配合开展抢救等应急处置工作。

十是监督党委政府工作。积极依法依规有序监督党委、政府的工作，促进党委、政府工作公开、透明、勤政、廉政，不断督促党委、政府提高为民办事的能力。

二 “石景山老街坊”的主要做法及特色

“石景山老街坊”品牌建设让“老街坊”通过参与地区共建共治共享，全面增强主人翁意识，实现社会和谐稳定。

（一）加强顶层谋划，全区同下“一盘棋”

石景山区围绕“建设一个什么样的首都，怎样建设首都”这个重大课题，在“吹哨报到”工作中，以“老街坊”品牌建设为抓手，积极破解基层治理难题，大力激发社会共治活力。制定了《关于加强“石景山老街坊”群众组织建设着力提升社会共治水平的实施意见》，确定了“老街坊”LOGO，推出了《老街坊》主题歌曲和《老街坊》宣传片，开发了“老街坊”微信表情包，创作了一批文艺作品，如短视频、诗朗诵、三句半等，切实增强了社会对“老街坊”的认知度和“老街坊”的归属感，逐步使“老街坊”品牌深入人心，激发起共建美好民生家园的强大合力。

（二）严格落实责任，形成齐抓共建工作格局

石景山区内各职能部门根据职责，负责对专业“老街坊”队伍建设的统筹规划和指导引领，做好品牌营造。各街道负责对辖区“老街坊”品牌建设的深入谋划和组织推进，加强工作保障。各社区担负起了“老街坊”品牌特色发展的重任，结合社区实际和居民需求，灵活、机动组建“老街坊”志愿服务队伍，形成你追我赶、全面开花的良好发展态势。

（三）建立三级平台，召集“老街坊”报到

第一，搭建社区“老街坊”民主协商平台，实现社区“吹哨”，群众报到。制定了《石景山区社区协商工作实施办法（试行）》，150 个社区全部建立“老街坊”议事厅，成立“老街坊”议事会，科学决策社区重大事务。第二，积极搭建党员“老街坊”“归巢”平台，实现街道“吹哨”，党员报到。2.67 万名党员加入“老街坊”队伍，切实实现“民有所呼，党组织和党员有所应”、“党有所呼，民有所应”。第三，搭建区街“大事共商”平台，实现党委“吹哨”，社会单位报到。成立区、街、社区三级党建工作协调委员会，确立了辖区大事共商、区域共建、成果共享的社会治理工作机制。

（四）发展各类队伍，推动“老街坊”持久发展

在各社区均成立“老街坊”治安队、劝导队、防范消除安全隐患队、非法小广告清理队。鼓励各社区因地制宜创新，涌现出“老街坊”护河队、

首钢留守儿童“老街坊”关爱组等特色队伍。促进“石景山老街坊”引领八角街道“金色亲情”服务队、老山街道“红蜡烛”教师志愿帮扶组、鲁谷社区“护花队”等志愿品牌升级发展，汇聚成社区共建共治共享的有生力量。

三 “石景山老街坊”的品牌塑造成果

（一）“老街坊”社区协商议事有新成效

1. 深入推进社区党组织领导下的“老街坊”协商制度

把党的领导贯穿于社区协商的各个环节，协商议题由党组织审核把关，协商议事由党组织、居委会统筹组织，协商结果由党组织督办落实。充分发挥威望较高的老党员在协商议事中的示范作用，发动社区党员带动居民群众积极参与议事。

2. 拓展协商路径，充分释放“老街坊”协商议事活力

150个社区全部建立“老街坊”议事厅，成立“老街坊”议事会，集中民意民智，共同商议解决涉及社区居民切实利益的重大事项。鼓励各街道、社区因地制宜、灵活多样创新协商形式，先后涌现出“五步惠民工作法”“街道主任社区办公日”“圆桌会议”等协商模式。深入推进“微协商”“微议事”等平台建设，建立了208个“楼委会”，以“塔层议事”“自管会”等方式确保“小事不出楼、微事不出群体，大事不出社区”。充分运用微信群、QQ群等新媒体平台进一步畅通沟通渠道，党员干部、“老街坊”骨干把控好舆论导向，进一步扩大协商的覆盖面，提升协商实效。

3. 健全协商机制，深入探索“老街坊”规范化建设

紧密结合社区“吹哨”、部门报到，进一步规范协商主体，推动政府部门、街道、物业企业等更多参与社区协商议事。紧密结合区情实际，进一步规范协商内容，在推进便民工程项目、老旧小区有机更新等工作中更多召集“老街坊”协商议事。确立了“议题征求—党组织审核—公示告知—议事会

决议—党组织督办—群众评价”协商程序，在协商结果的落实上做到“四有”，即有跟踪督办、有公开公示、有代表签字、有完整档案，落实结果要经得起“老街坊”的监督质询。2019 年全年，全区“老街坊”议事协商 2045 次，参与协商 27997 人次，协商处理社区事务 2300 余件，解决了老旧小区停车管理、社区环境改造提升、冬奥社区建设等一大批社区热点、难点问题。

（二）“老街坊”志愿服务有新突破

目前，石景山区已基本形成布局合理、服务完善、层次丰富、充满活力的志愿服务组织体系。建立了环保、青年等 9 家专业志愿者协会和 9 家街道志愿者协会，打造了银建共产党员车队、京源学校“雷锋班”等百余个公信度高、带动力强的志愿服务品牌，建设了 233 个学雷锋志愿服务站，实名注册志愿者总量达到 14.62 万人，占常住人口的 24.78%，汇聚成共建共治共享的强大力量。建设了石景山区新时代文明实践中心，9 个街道建立了新时代文明实践所，150 个社区全部建立了新时代文明实践站，以“老街坊”志愿服务队伍为主体，积极打造理论政策宣讲、教育、文化、科技与科普、健康健身等五大服务队伍，在全区统领开展形式多样的“老街坊”文明实践活动。将“双报到”机制与“老街坊”志愿紧密结合，完成报到的单位党组织和 2.67 万名在职党员全部进入“老街坊”志愿队伍，进一步充实“老街坊”力量。在区志愿者联合会的统筹引领下，各级各类志愿服务队伍紧密围绕市区重点任务和群众需求，开展形式多样、富有成效的志愿服务活动，进一步推动“老街坊”志愿服务规范化、常态化发展。

（三）“老街坊”归属感和认同感有新提升

各社区广泛举办社区运动会、百家宴、邻里守望等“老街坊”邻里活动，街道试点建立了“老街坊”之家、“老街坊”社会动员中心等“老街坊”活动空间，不断激发“老街坊”共同情感，切实增强了社区凝聚力。为持续培育互敬互爱互助的新型邻里关系，以“以邻为伴　幸福社区”为主题圆满举办了石景山区第一届“‘老街坊’邻里节”，深入发动 150 个社区围绕

“老街坊”邻里守望、“老街坊”爱国情怀、“老街坊”传统文化、“老街坊”公益大课堂等举办具有石景山特色的邻里节活动。本次邻里节，各社区共举办活动147场次，2200名志愿者、3万多名社区居民参与进来。邻里节启动仪式主会场，精心设置了“邻里携手迎冬奥”“邻里同乐运动会”“邻里才艺书画秀”“邻里文明图片展”“邻里守望志愿场”五个区域活动，500余位居民携家带口活跃在活动现场，街坊齐参与，共叙邻里情。邻里节活动得到了北京卫视《特别关注》和北京新闻《都市晚高峰》的特别报道和《中国社区报》、人民网等媒体的宣传报道，赢得较好的社会反响。

（四）“老街坊”共建共治有新进展

1000多家社会单位“老街坊”加入社区党建工作协调委员会，通过大事共议、实事共办、要事共决、急事共商、难事共解“五事联办”，集中精力解决社区难点和痛点问题，签订服务协议（项目）逾200项。全区建成51个老街坊“社区之家”示范点。社会单位积极履行社会责任，向社区居民开放食堂、运动场所等服务设施，形成共驻社区、共建社区、共享社区资源的良好态势。以“楼门文化”为牵引，社区联合物业、产权单位、“老街坊”骨干和志愿者深入开展楼门“三清零”行动（楼门非法小广告清零、私装地锁清零、楼道堆物堆料清零），大力推进“一单元一风格、一栋楼一特色、一楼道一文化、全楼门百花放”新楼门建设，推动“老街坊”楼门文化实现规模化发展。目前，全区已完成1220个楼门的文化建设，400余个楼门文化正在建设中。建成1家石景山区社会心理服务中心和2家“老街坊”社区心理服务站，引入专业团队为社区居民提供优质心理健康服务。九个街道全部建立“老街坊”社区社会组织联合会，加大政府购买社会组织服务力度，吸引、凝聚优秀社会组织在石景山区落地生根，政社联手解决社区治理问题，提升社区服务水平。

（五）“老街坊”养老体系建设有新发展

制定出台《关于2019年街道养老照料中心和社区养老服务驿站建设工

作的通知》，建设完成9家街道“老街坊”养老照料中心、40家“老街坊”社区养老服务驿站，另有4家驿站正在建设中，在全市率先实现“老街坊”养老服务设施全覆盖。2019年以来，驿站为老人提供了短期托管、助餐、助洁等居家服务10余万人次。打造了养老信息综合平台，加快推进养老服务供给端与需求端的精准对接。聚焦“三失一高一独”老年人群体做好精准精细服务，对5100名失能失智老年家庭照护者开展了技能培训，对独居空巢老人通过电话、上门等方式开展居家巡视服务9万余次，启动为1万户高龄老人家庭安装居家养老信息机工作，启动为200户经济困难、高龄、失能老人家庭进行居家适老化改造，为500名失能老人提供个体化康复服务，为7.4万名65周岁以上户籍老人上了一份为期一年的人身保意外伤害险，设立医养结合服务建设项目，基本建设完成康复辅具科技产业示范园办公区和公益服务中心。建设了681人的专业化、高素质的“老街坊”养老护理员队伍，落实京籍护理员补贴机制，加强了队伍的专业技能培训，把全方位、精细化服务送到了老人的心坎上。

（六）融入区委区政府中心工作有新成果

加强“老街坊”与全国文明城区创建、老旧小区有机更新、“双奥之区”建设等区委、区政府中心工作的同创共建。如在老山东里北社区老旧小区有机更新工作中，以“老街坊”协商议事为媒介，充分运用“开放空间讨论会”，同时采用党员大会、微信群等15个线上线下沟通渠道，推动“老街坊”广泛参与老旧小区有机更新，积极探索民意引导老旧小区综合整治新路径。在全区推进“助力冬奥、全民冰雪”行动，广宁街道高井社区主动“吹哨”，召集执法部门、职能部门、社会单位、社会组织和“老街坊”志愿者联合整治提升社区环境，建成了北京市首个冬奥社区。广宁街道发动“老街坊”开展了冬奥社区志愿家庭评选，在各社区成立了旱地冰壶队、旱地冰球队、广宁青年滑冰队、广宁青年奥运先锋队，营造出人人参与奥运、人人共享奥运的浓烈氛围。在创建全国文明城区工作中，广大“老街坊”主动担当，踊跃参与到环境卫生维护、文明行为引导等文明实践活动中，用实际行动助力全国文明城区创建。

四 总结和反思

总的来讲，“石景山老街坊”在品牌发展上还存在一些问题，例如在“老街坊”的抓手和载体建设上还不够扎实，参与社区活动的“老街坊”的年龄结构仍相对单一，在社会信用体系建设和社区公共精神培育两项内容上做得还不够，志愿信息平台还有待完善等，这些难题都需要在以后的工作中逐步攻破。在谋划、推进“老街坊”品牌建设的过程中，石景山区也一直在思考：如何加强制度设计和保障，推动“老街坊”从自发参与转化为自觉行为，让社区群众的主人翁意识内化于心，外化于行；如何深度挖掘社区潜在的专业资源，推动“老街坊”服务从基础性到专业化升级发展，让“老街坊”各展所长、各尽其能；如何进一步创新方式、拓宽渠道，促进“老街坊”品牌的可持续发展。

（一）加强宣传，深入推广“老街坊”品牌

把发动“老街坊”参与作为创建工作的重中之重，扩大覆盖、创新机制、丰富载体、加强宣传，不断扩大“石景山老街坊”的影响。结合“双报到”，常态化、长效化推进“‘老街坊’邻里节”活动，进一步增强社区凝聚力和向心力。发挥好先进典型的示范引领作用，做好对2019年度“老街坊”十大品牌的评选，推动个案带一般、典型带整体，保持好“石景山老街坊”的创造力和生命力。聚焦“石景山老街坊”品牌营造，全面发展品牌文化，切实增强品牌的影响力。

（二）做实载体，深入推进“老街坊”社区协商

加强“老街坊”空间建设。在全区建成5个“老街坊”之家，打造密切“老街坊”交往交流，增强情感交流的公共空间。探索建立“老街坊”

实训基地，制定动态社区热点议题清单，加强“老街坊”协商规则意识培养，开展以案例教学、情景构建、角色扮演、交流互动为主要形式的社区协商实战实训，提升社区议事协商成效。深入推进“老街坊”协商议事规范化建设，制定“老街坊”议事会议事规则，全面提升社区协商议事水平，增强实效。深入推进“老街坊”社区议事厅示范点和楼门治理示范点建设，加强社区党组织、居委会对楼门治理的引领，推行楼门院服务管理公告牌制度，把社区治理的组织体系延伸到楼门院，通过让居民参与身边的小微治理强化其社区主人翁意识，逐步推动社区精细化治理、差异化治理和高效化治理。

（三）完善机制，深入推进“老街坊”志愿服务专业化发展

开发建设石景山区“老街坊”志愿服务信息系统，打造集需求发布、项目对接、注册招募、服务计时、星级评定、公益反哺、志愿地图导航等于一体的运行平台。通过信息系统，落实志愿公益反哺，建立规范化的志愿服务激励机制。依托新时代文明实践中心（所、站），加强理论政策宣讲、教育、文化、科技与科普、健康健身五支专业志愿队伍建设，开展好多种形式的“老街坊”文明实践活动。推进社区“老街坊”志愿服务，培育社区志愿组织，发展社区特色服务，不断化解社区矛盾，解决社区治理难题，提升社区自治能力。

（四）加强资源共享，深入推进“老街坊”共建共治

做实社区党建工作协调委员会，深化老街坊“社区之家”建设，加强街道社区社会组织联合会建设，扩大社区心理服务站覆盖范围，拓展共建共治渠道，整合社会单位力量形成共驻社区、共建社区、共享社区资源的良好态势。

B.14

志愿服务参与社区治理的问题与经验启示

——基于北京市海淀区的“两新两高”实践

海淀区志愿服务联合会课题组*

摘　要： 海淀区作为北京市甚至全国的文化、科技高地，在文化底蕴的厚度和科技能力的领先方面可以说无与伦比。立足于北京市海淀区人才与科技两大高地，海淀区的志愿服务全面贯彻海淀区“两新两高”战略，挖掘文化与科技融合发展新动力，为构建新型城市形态贡献力量，并推动志愿服务高质量发展，打造高品质社区，满足人民美好生活需要。本文讨论了党建引领、科创融合、公益创业、青少年成长、老龄友好等场景下志愿服务参与社会治理的模式，试图探索志愿服务参与社会治理在海淀区“两新两高”战略中可能起到的积极作用。

关键词： 党建引领　科创融合　公益创业　青少年成长　老龄友好

一　国庆70周年海淀城市志愿服务调研简述

2019 年9 月至10 月，海淀城市志愿者联合会组织了15 个城市志愿者服

* 海淀区志愿服务联合会课题组主要成员：范忠锋、黄悌。范忠锋为海淀区志愿服务联合会特邀专家，负责课题报告的汇编，为课题报告的主要撰稿人；黄悌为海淀区志愿服务联合会联合党支部成员，负责区内社会力量动员、街镇与社区调研活动的协调与组织工作。

务队，走进了海淀区 29 个街（镇），在旅游景点、交通枢纽、商业场所、场馆周边等人流密集公共场所，为市民和游客提供了一系列多层次的志愿服务，包括信息咨询、语言翻译、应急救助、文化宣传等。

70 大庆期间以及活动结束之后，海淀区志愿服务联合会课题组陆续走访了 15 个城市志愿服务站点，采访了一些在活动中涌现的先进服务队和先进个人，抓取和梳理 70 大庆期间的典型案例、突出个人、有益经验等，在 10 月至 11 月邀请高校、机构、街道、社区等单位的同志们，陆续组织召开了多次专题讨论会，立足于城市志愿服务站的志愿服务工作，学习中央文件精神，从志愿服务工作的组织、动员、执行、总结等方面，对海淀区城市志愿服务站在 70 大庆期间的志愿服务工作进行了总结分析。

（一）海淀志愿服务的“文化高地”：“三山五园”、文化龙脉

以颐和园、圆明园为代表的海淀区“三山五园”是清代皇家园林文化的集大成者，是海淀区彰显其文化、旅游大区鲜明特征的重要窗口。以青龙桥街道的志愿服务站为例，为深入挖掘、宣传、展示“三山五园”的历史文化，推进地区文化建设，青龙桥街道整合地区资源开展志愿服务。青龙桥社区服务中心组建的“相伴夕阳红”志愿服务队、青龙桥颐和园义务指路队高玉红团队等，都是人文海淀志愿服务的典型代表。

（二）海淀志愿服务的“科技高地”：大院大所、高新企业

依托中关村科学城，海淀区推出了一大批活跃在基层社区的志愿服务创新驱动项目，发挥科技优势，开展科技志愿服务。比如曙光街道的科技助老进社区项目、燕园街道的服务无极限项目以及甘家口街道开展的智敬重阳青春行项目，都赢得了良好的社区口碑。北下关马头琴演出团联合中央民族大学新闻与传播学院的青年志愿者们，为庆祝新中国成立 70 周年华诞，走进海淀各社区开展邻里守望为老服务，并通过智能手机与抖音微视频这一科技媒体融合的创新方式，记录使人陶醉痴迷、悠扬动听的马头琴声，那来自社区的天籁之音通过网络传递全球，使人梦牵魂萦。

二　志愿服务参与社会治理的经验及案例解析

（一）党建引领：党员志愿者引领两新组织志愿者队伍

在70周年庆祝活动中，海淀街道党员同志们身体力行、率先垂范，即使在中秋、国庆假期中，也积极参与70大庆的各种准备、支持工作。在街道党组织的感召之下，红帆基地组织两新组织党员志愿者队伍积极参加国庆期间的各项志愿服务活动。红帆基地两新组织“一轴双核”志愿服务模式，保证了其70大庆期间志愿服务工作的顺利完成。

红帆基地“一轴双核”志愿服务模式，坚持以党员志愿者引领的志愿者队伍作为主体力量，创新社会动员机制，以工作体系建设为基础，以队伍建设为重点，整合各种专业志愿服务资源，创新“合伙人”服务模式，播撒志愿服务“红种子”，突出中关村西区的文化、科技优势，提高两新组织志愿服务的高质量、高效率、高效益，赋能、助力两新组织做优、做大、做强。

1. 海淀街道党建基本情况

海淀街道现有社区32个、党组织247个（10+4+32+201），党员人数7385人、党员志愿服务队16支，有户籍人口11.3万人、常住流动人口5.1万人。

红帆党群活动服务中心建设的目的和意义就是传承我们党的红色基因并通过党员志愿者的先锋带头示范作用扎实推进志愿服务参与社会治理工作。

2. 两新组织专业志愿服务

中关村西区集中了国内顶尖、国际驰名的高等院校、高新技术企业，可以说占据了科学和文化的两大高地。

依托在地独有的人才资源、文化资源、科技支持，红帆党群工作站号召、组织党员志愿者以志愿团队资源优势和志愿者专业特长为社区居民服务，并在扎实推进日常志愿服务活动的同时，积极探索专业志愿服务的内容、实施路径、方式方法等。

（1）建立完善“三张清单”，梳理专业志愿服务内容。2019 年初以来，红帆党群工作站着眼于更好地服务企业和居民，积极推动资源清单、服务清单、项目清单等“三张清单”的完善。通过广泛调查摸底，梳理出各种资源三类（自有、共建、共享）三项 12 个，梳理出各种服务需求三项 10 个，2019 年上半年对接成功形成项目清单的有 18 个。

（2）依托在地医疗资源，提供健康讲座、养生咨询、诊疗理疗等专业性志愿服务。比如海淀医院开设的“创客门诊”、同仁堂四通桥药店开通的中医义诊。

（3）一些互联网企业基于自身的专业知识、技术经验，分析网络诈骗的形式、手法，编写“防诈骗讲义”，开展系列防诈骗知识讲座。

（4）一些教育公司依靠雄厚的师资力量和专业的培训技能，开展日语、书画、心理减压、茶艺、瑜伽等活动。

（5）一些律师事务所、会计师事务所、心理咨询师工作室等智力密集型小微机构根据自身的专业知识与技能，提供系列性咨询类专业志愿服务。

根据红帆党群工作站的初步统计，目前定期组织法律、医疗、税务、教育、摄影、影视制作、计算机使用等专业志愿服务活动百余场，累计已邀请有关专家进行专业咨询服务 40 多人次。

（二）科创融合：科研院所青年志愿服务品牌建设与实践

十九届四中全会关于社会治理体系也勾画了一个清晰的宏伟蓝图，并将社会治理制度上升到国家基本制度层面。

在此形势下，如何切实有效地开展青年志愿服务工作，帮助青年人建立正确的思想意识形态，弘扬新时代青年人奉献、友爱、互助、进步的志愿精神，是十分值得研究和探讨的课题。航天科工二院二十五所结合多年来青年志愿服务活动的实践经验，对新时代条件下青年志愿服务工作模式进行了创新性的思考和探索，创建了以“三合”“三化”“三新”为中心内涵的志愿服务品牌，并总结了二十五所在青年志愿服务品牌实践过程中取得的初步实践经验，为引领广大青年志愿者组织更好地开展志愿活动提供了一个有效的参照标杆。

1. “三合”思想，把控青年志愿服务品牌基点

要推动一项青年志愿服务的开展并取得实效，关键是确定志愿服务活动的着力点，明白为什么要开展这项青年志愿服务，准确把握志愿活动的方向。二十五所通过实践载体的运用，逐步建立了与引导青年思想意识形态相结合、与提升青年综合素养相契合、与培养青年社会责任担当相融合的“三合”青年志愿服务建设理论，为建立具有突出航天特色的青年志愿服务品牌奠定基础。

2. “三化”模式，引领青年志愿服务品牌科学发展

青年志愿服务活动怎么做，以什么样的形式开展，才能更好地引领和凝聚青年志愿力量，将奉献、友爱、互助、进步的理念渗透新一代人才的思想认识中，是青年志愿服务品牌建设和实践研究的另一关键因素。二十五所在推动青年志愿服务的实践中，构建了常态化、社会化、系列化的“三化”志愿服务新的发展样式。

“三化”模式，引领青年志愿服务品牌科学发展：①“常态化 + 青年志愿服务”；②“社会化 + 青年志愿服务”；③“系列化 + 青年志愿服务”。

3. “三新”管理，保障青年志愿服务品牌稳步运作

要保证青年志愿服务品牌建设取得实效，不可忽视的要素之一是解决怎么管的问题，要建立合理、健全的管理和保障机制。松散的管理会导致志愿服务缺乏指导和监督，受助者无法真正获益，志愿者无法真正成长。经过长时间的实践积累和优化，二十五所建立了以志愿服务组织管理新机制、闭环管理校正优化新方式、品牌志愿服务项目新理念为核心的“三新”管理保障机制，充分发挥组织管理层面对青年志愿服务活动品牌的支撑作用，为青年志愿服务的稳步运作提供坚实有力的保障。

“三新”管理，保障青年志愿服务品牌稳步运作：①志愿服务组织管理新机制；②闭环管理校正优化新方式；③品牌志愿服务项目新理念。

二十五所多年来坚持开展青年志愿服务活动，组织志愿服务进社区活动 20 余次，每年举办“航天日”“雷锋日”青年志愿服务专题活动，连续 10 年组织为全国各地贫困小学捐款捐物，仅 2019 年就开展了 18 次航天科普讲座活动，青年志愿服务品牌建设取得了良好的成效。

二十五所青年志愿服务品牌，是党委和团委十二年来志愿服务实践工作的成果，是二十五所青年志愿服务工作经验的总结和提炼，在企业内部和社会上都取得了一定的实效。在接下来的工作中，结合新时代“互联网 + 志愿服务”的概念和依托网络、媒体、通信等信息化技术的不断发展，有必要开展青年志愿服务信息化方面的研究和实践，探索建立符合航天企业实际情况的信息化服务平台，对整个志愿服务品牌进行更为系统、高效的管理和推动。

（三）公益创业：i 志愿大学的企业与公益融合探索与发展

2019 年 12 月 5 日，中国首家民营志愿服务教育网络 i 志愿大学于河北固安创立。固安 i 志愿大学在模式、理念、课程体系等方面的有益做法，都为北京凤凰岭 i 志愿大学在志愿服务的教育、培训、志愿者的招募和管理等方面提供了可借鉴的经验。

1. i 志愿大学的模式、体系、宗旨、课程

固安 i 志愿大学以服务学习为主要模式，运用服务实践与专业化、国际化相结合的创新性志愿服务知识生产方式，实行“专业课程学习 + 志愿服务实践与行动反思 + 国内外调研与交流”三位一体的教学模式，打造人人志愿、专业志愿、领袖志愿、师资志愿、创新志愿和善治志愿等专业教学研究与志愿实践体系，以及与国际专业志愿服务无缝接轨，以专业志愿服务认证、职业教育、社区养老为依托的志愿服务教育培训和传播体系。

作为我国首家聚焦志愿服务专业化与人才培养的非营利公益大学，i 志愿大学旨在建设培养志愿服务基础型人才和志愿服务管理型领袖的教育系统，以国际化和具有广泛影响力的志愿服务组织为研修实践战略合作伙伴，打造引领志愿服务行业发展和推动志愿服务体系完善的专业智库，为提升志

愿服务行业人员的专业化、创新性和公众参与水平做出贡献。

固安 i 志愿大学首期开发了五彩课程体系：红色党建团建课程、橙色专业志愿课程、蓝色就业培训课程、绿色负碳城市课程、紫色老年大学课程。

2. 凤凰岭 i 志愿大学：企业与公益融合发展

凤凰岭 i 志愿大学参考固安 i 志愿大学的办学理念、办学模式，依托凤凰岭景区的天然优势，希望能呈现不一样的志愿服务图景。

（1）策略目标：引导规范志愿家庭，引入 i 志愿大学理念，打造凤凰岭 i 志愿大学

根据新玥教育科技几年来在苏家坨镇的精耕细作，发现当前温苏学区志愿服务家庭稳步增长，所以，新玥教育科技的策略目标是依托凤凰岭风景区，打造凤凰岭 i 志愿大学。

2019 年初步搭建凤凰岭 i 志愿大学的组织结构，将项目落地；2020 年参考凤凰岭现有活动运营板块，分类志愿者情况，引导规范志愿家庭，引入 i 志愿大学理念，推广宣传融入项目；2021 年，建立日常和专业志愿者人才队伍作为 i 志愿大学的中坚力量，并且夯实志愿家庭作为 i 志愿大学的坚实基础。

（2）策略核心：结合凤凰岭文旅特点，提供精准的志愿服务项目

凤凰岭地处西山文化带与大运河文化带的重要交汇区域，是彰显海淀区文化旅游鲜明特征的重要窗口。

i 志愿大学策略核心：结合凤凰岭文旅发展的可持续空间特点，提供更加精准的文化旅游志愿服务项目。例如杏花节、佛事活动、清明文化节、明德茶苑设置的“悦读”区、金婚庆典、春节庙会等。

（3）业务策略：延续现有文化、科技、运动项目

例如消夏泡泡节、夜跑、非遗游园会、2019“文化 + 科技”书香飘海淀社区公益行、2018 国际志愿者日活动、苏家坨运动休闲特色小镇系列活动、凤凰岭国家生态休闲体育公园系列活动等。

（4）策略分解：规范志愿家庭、升级打造项目、提升“i 志愿”吸引力

一是协助学校二次孵化，规范志愿家庭体系。对现有团队人员以及孵化

的学校进行升级服务，按照志愿北京官网标准，规范志愿家庭体系，为后续打造新 i 志愿学校奠定基础。提高目标市场的精准度。

二是升级打造、保留优质文化志愿服务项目。

三是将文化进校园、社区调整为吸引志愿家庭、高校等志愿者到 i 志愿大学体验学习。

（5）专业志愿服务课程体系

i 志愿大学致力于志愿服务专业力提升，构建从志愿服务通识教育到专业志愿全方位的管理体系。

一是通识志愿课程。培训目标：培养出具有志愿服务精神，具备志愿服务专业知识和技能，能够主动承担志愿服务所需责任，能够解决志愿服务过程中所遇到的实际问题的合格志愿者。

二是志愿管理课程。培养目标：培养具备一定的管理能力而且能够独立承担志愿服务项目的骨干人才。

三是社会组织管理课程。培训目标：培养出善于设计、管理、实施、评估、创新志愿服务项目，以及擅长对志愿服务组织开展规划、组织、协调、控制等管理行为的志愿服务组织管理人才。

四是重大活动志愿培训课程。培训目标：培养出具有较高的自身素质与知识水平、较强的技能，能够适应各类重大活动需求的态度良好的志愿者。

（6）城市学院课程体系

围绕绿色生态环境，针对高校生、志愿家庭、社会组织、非社会组织四类志愿者群体，分别开展蓝色就业培训课程、红色亲子课程、绿色城市环保课程、紫色社区课程等。

一是蓝色就业培训课程。培训目标：打造创新创业公益培训平台，构建专业的培训类志愿服务队伍，培养一支服务产业新城发展的优秀就业创业队伍。

二是红色亲子课程。培养目标：培养符合五个核心素养教育目标的青少年志愿者，培养以家庭为单位参与社会文化志愿服务的优秀志愿家庭。

三是绿色城市环保课程。培训目标：增强居民实践参与，定期组织绿色环保课程学习，加强观念及思路引导，面向社区和社会，培养未来城市需要的绿色环保团队。

四是紫色社区服务课程。培训目标：提供社区居民兴趣文化交流平台，开展卓越志愿导师培养，打造知名社团，创建志愿社团活动，培育优秀的社区志愿服务导师。

（7）保障策略：专家库及导师资源

结合课程发展需求，拓展域内与域外的专家、导师资源，形成i志愿大学强有力的智库支持。同时建立导师维护和管理机制，充分发挥专家和导师的作用。

一是外聘（专家库+资源单位）：与外部专家及机构签订合作协议，实行聘任制，建立有效的专家库管理机制，重点助力党建学院、志愿学院师资力量建设。

二是内配：通过内部挖掘培养的方式，打造一支专业的导师力量，重点推动城市学院的师资力量建设。

（8）运营管理机制

逐步建立i志愿大学的全流程闭环管理机制，实现课程开发－课程实施－课程评估－课程改善的课程管理流程。

（四）青少年成长:彩虹之家，青少年成长的好伙伴

海淀区彩虹之家青少年服务中心于2012年6月成立，是在海淀区民政局正式注册的民办非企业单位，简称海淀彩虹之家。彩虹之家曾连续3年被评为团中央关爱青少年彩虹行动优秀试点单位，连续4年被评为海淀区预防青少年违法犯罪和未成年人保护工作先进集体，2015年被评为北京市未成年人保护工作先进集体。在中小学开展的校园服务项目和重点青少年帮扶项目，荣获过2016年北京市志愿服务项目大赛金奖等20余项荣誉。

1. 彩虹之家的志愿服务项目主要内容

（1）精准帮扶项目

精准摸排困境青少年（包括生活困难家庭青少年、残疾青少年、进城

务工青年及其子女、留守儿童以及有其他困难需要帮扶的青少年）的个性化需求，积极整合学业辅导、医疗救助、就业创业、心理援助等各方面资源，努力帮助困境青少年解决实际困难，改善生活状况，优化成长环境，增强社会融入感，帮助他们健康、快乐成长。

（2）个案工作

配备专业专职青少年社工，运用专业的知识、方法和技巧，通过接案—需求评估—介入—结果评估—结案的专业工作程序，对社区五需、服刑人员未成年人子女和低保重残青少年群体进行个案帮扶。邀请心理咨询师协助工作，加强心理评估，发现重点关注的青少年并将其纳入个案管理，同时开展重点青少年参加的公益活动、亲子活动、法治教育等活动。以个案帮扶为主，辅以各类团体活动，形成多方位关护机制，帮助重点青少年及其家庭发掘和运用自身及周围的资源，促使青少年改正不良行为习惯，预防犯罪的发生。

（3）小组工作

通过多方合作，利用学生在校时间和假期在社区时间有针对性地开展小组活动，围绕青少年情绪管控、提高集中注意力、团队意识养成、文明礼仪、品格引导塑造等内容设计小组活动。促使小组成员在小组情境和与小组组员互动的过程中达到小组目标，充分发挥小组工作的社会功能、学习功能和预防功能，促进青少年身心健康发展。

（4）阳光公益课堂

针对青少年群体在成长发展过程中可能遇到的各类安全问题，以“讲座+互动体验”的方式，为青少年普及基本的自护自救常识、应对防范策略等知识与技巧，如火场逃生，溺水自救，预防校园暴力，预防欺凌、犯罪与被害，预防踩踏等。活动内容具有知识性、实用性和可操作性等特点，可增强青少年自我保护意识，提高其自我保护能力。

针对青少年群体，围绕“两法一条例”，预防欺凌、犯罪与被害，拒绝毒品，防治艾滋病等多方面内容，不定期深入大中小学、各社区开展法治、禁毒、防艾教育宣传活动，普及法律、毒品、艾滋病相关知识，提高青少年自我保护意识，开阔青少年课外知识视野。

2. 彩虹之家品牌创新："1 +1 +N"筑梦计划

2018 年，彩虹之家根据社会需求，结合多年来的工作实践，倡导建立了"1 +1 +N"筑梦计划。此计划在于联结优秀党员、团员、青联委员等爱心人士和企业，与困难家庭青少年结对，实现 N 方力量和多元化帮扶，使青少年在学习、工作中得到更有针对性的帮助，获得更多的陪伴。对此，《北京晚报》对"1 +1 +N"筑梦计划进行了报道，该计划得到了社会认可和广泛宣传。

（1）背景介绍

海淀共青团"1 +1 +N"筑梦计划的服务对象是海淀区生活困难家庭青少年（25 周岁以下）。海淀团区委通过政府购买社会服务的方式，由青年发展和权益维护部联合海淀区青联、海淀区彩虹之家青少年服务中心，针对共青云系统中 25 周岁以下的 589 名困境青少年，选择积极进取、有相关需求的青少年开展海淀共青团"1 +1 +N"筑梦计划。

主要以青少年具体需求、困难为导向，精准发力，以结对子方式帮助其对接筑梦导师，主要引导他们以乐观积极心态面对生活。加强思想引领，积极帮助青少年解决实际困难，改善生活状况，优化成长环境，同时陪伴其快乐健康成长。

（2）需求评估

为了在困境青少年（25 周岁以下海淀区生活困难家庭青少年）成长的道路上给予其方向性引导和帮助，让他们在学习、人际交往、思想道德、心理素质、就业创业方面得到提升，在基层团支部负责人的协助下，彩虹之家青少年服务中心对海淀区北下关街道等 29 个街镇的青少年通过入户走访、电话咨询、问卷调查等方式进行深度访谈，了解和评估青少年及其家庭的具体情况、所面临的主要问题及需求，从而为有需求的青少年提供针对性、个性化的服务。

（3）服务内容

海淀共青团"1 +1 +N"筑梦计划也叫陪伴成长计划，第一个 1 代表青少年，第二个 1 代表青联委员/志愿者/党员/团员等爱心人士，N 代表爱心人士链接的多方资源，在前期需求评估的基础上，通过结对子的帮扶方式，满足青少年的需求，加强对其的思想引领，同时陪伴青少年快乐成长。

前期通过发布心愿/需求，爱心人士进行认领成为“筑梦导师”，由彩虹之家社工为青少年开展系列活动，帮助有需求的青少年和爱心人士建立良好的信任关系。后续通过半年时间，引导、陪伴青少年成长和发展，向青少年分享人生成长经验，或协助青少年解决生活、经济、学习、工作等多方面的实际需求。过程中，海淀区彩虹之家青少年服务中心的社工定期与“筑梦导师”联系了解对接情况，做好工作记录或跟拍录像，提炼“筑梦故事”，取得良好精准帮扶效果和宣传推广效果。

（4）项目成果

自项目启动以来，彩虹之家已对246名青少年开展助学帮扶，根据青少年所对应的年级和兴趣爱好，为每一名青少年购买相应的书籍并提供免费的线上读书软件。结合语文课程学习对于青少年经典名著的阅读要求，通过线上线下相结合的方式，引导青少年多读书，学习传统文化。经过长期帮扶，青少年的学业成绩在原有基础上有了质的提高。

在帮扶过程中，有个性化需求的80余名青少年已成功对接“筑梦导师”。海淀青联委员、话剧协会的王秘书长，海淀公安分局的陈警官，农商银行的姜书记等“筑梦导师”在帮助青少年实现愿望、满足需求的同时帮助其对接一系列帮扶资源，对其生活、学习、经济、家庭关系改善等方面进行了全面帮扶，陪伴青少年健康、快乐成长。

（5）宣传报道

经过阶段性和长期性帮扶，筑梦计划取得显著帮扶效果，《孩子们的小心愿，我们帮忙实现》、《海淀共青团组织筑梦计划，帮助困境青少年实现心愿》等文章在《北京晚报》、绿色中国杂志、人民网、首都文明网等多家媒体刊登。

通过彩虹之家链接多方资源的共同帮扶，目前，彩虹之家已经帮田村路、北下关、中关村、西三旗、北太平庄等12个街道的60余名青少年实现愿望，针对有具体需求的青少年已成功匹配相应的青联委员、高校志愿者和优秀社工对其进行帮扶。经过数月的帮扶，项目也取得很多显著成效，如帮扶人与青少年建立良好的信任关系、青少年愿望得以实现、在北航和北科大等高校志愿者的帮助下青少年成绩有所提高、青少年性格由内向变得更加开朗等。为了使更多的青少年群体得到帮助，北京农商行海淀新区支行工会和“云舒写”公司分别助力海淀共青团“1+1+N”筑梦计划。

海淀共青团“1+1+N”筑梦活动以及2019年12月策划开展的“两节”送温暖慰问走访活动，为海淀区精准帮扶青少年群体送去节日的问候和学习、文体等慰问品。彩虹之家走访了部分青少年，了解青少年需求。本次走访涵盖海淀区29个街镇160余名家庭生活困难青少年。开展教育辅导类项目1个，利用“互联网+教育”的创新模式，开展海淀共青团“悦读经典”助学项目。

（五）老龄友好：老龄友好生活-健康社区营造

花园路街道通过牡丹园路口的文明小屋和辖区内重点社区城市志愿者服务站的一系列志愿服务活动，动员了高校在读的青年团员、在地国企、社区、社会组织等广泛参与，持续推动了该街道一直以来坚持在做的“老龄友好健康社区”系列志愿服务活动，并且形成了该街道的独特模式。

1. 花园路爱老模式：校舍共建、科技助老、发挥余热

（1）校社共建：知春路17号院社区科技助老

为给社区老人们提供一个了解现代科技的平台，丰富老人们的生活，并且让空巢老人能更好地利用高科技产品与家人交流，2019年11月28日下午，在街道团委的大力协助下，知春路17号院社区党支部与社区青年汇联合在社区新时代文明实践站开展了科技助老活动。

因此次活动参加的居民需求较多，为了使一对一活动取得更好的效果，活动分别在文明实践活动站与社区居委会两个会场同时举行。

社区特邀北京科技大学、中国地质大学、中国农业大学和北京航空航天大学的大学生志愿者30人为社区老年人一对一细致讲解了如何安全使用支付宝及微信付款，以及如何使用手机APP照片扫描仪将纸质版照片转换为电子版照片留存在手机中。志愿者们详细耐心地为老人们解答每一个疑惑，

同时根据老人们的不同需求，志愿者们讲授了如何使用浏览器查询等问题，切实解决了老人们的困难。

在讲解前老人们认真准备问题，讲解过程中，老人们积极听讲，并且做笔记来学习，这种精神深深感染了在场的所有志愿者。

（2）家有一老如有一宝——北航社区发挥老人余热

“能卖钱的蓝桶桶，易腐烂的绿桶桶，有毒有害红桶桶，没人要的灰桶桶。”这段朗朗上口的顺口溜来自北航社区话剧社自编自导自演的独幕剧《垃圾回家》，平实质朴的语言道出了北京垃圾分类的好办法。为了宣传生活垃圾分类知识，指导居民正确开展生活垃圾分类，北航社区居委会组织社区夕阳红话剧社依据居民身边发生的真实事例，历时近半年排练出了独幕剧《垃圾回家》。该剧从引导社区居民垃圾分类的角度，把垃圾分类的必要性、垃圾减量和垃圾分类的好处，以及居民对垃圾分类了解后，由开始随意投放到有意识分类投放的转变搬上舞台，通过人物角色的变换和对话以通俗易懂的语言诠释了垃圾分类的重要性。

《垃圾回家》独幕剧在花园路街道组织的“浓浓邻里情，和谐一家亲”金秋文艺会演中登台亮相，现场领导和观众对演员的精彩演出报以热烈的掌声，给予了高度评价！

夕阳红话剧社是北航社区众多志愿服务队之一。近年来北航社区坚持以“文明传习、精神加油、人文关怀”为定位，以志愿服务为抓手调动各方力量，以资源整合为重点、以群众需求为导向，组建志愿服务队，因地制宜开展形式多样、群众广泛参与的活动，活跃丰富了社区文化生活，以群众喜闻乐见的形式让党的政策深入人心！

2. 实例深度解析：社区蓝人的老龄友好与健康社区行动

花园路街道组织的系列科技助老活动，为辖区内的众多志愿服务基地的志愿服务工作提供了经验，指明了方向。王老吉凉茶博物馆的老龄友好与健康社区行动，就是借鉴了文明小屋的品牌示范作用以及科技助老系列活动的实践经验，而且根据自己的国企身份、资源优势，创新推出了既有资深大国企的特点，又符合本街道实际需求的为老活动。

（1）老龄友好与健康社区的组织保障

王老吉凉茶博物馆作为老龄友好与健康社区行动的活动基地，推出的行动主体为蓝人老龄友好和健康社区行动研究课题组。蓝人课题组坚持党委领导、政府主导，动员社区志愿者、公益创业者、社区社会组织，联动中央党校基层党建创新研究基地，普及健康生活，优化健康服务，建设健康环境，发展健康产业，全方位倡导健康生活方式，广泛发动、多方位引导全民参与健康行动。

（2）老龄友好与健康社区的行动执行

一是营造健康宣传氛围。利用居民区、公共场所宣传栏张贴健康海报，利用宣传栏、微信公众号、抖音等各类媒体宣传。

二是开展全民健身活动。带领居民一起学习养生方法，如易筋经十二式、六字诀、马王堆导引术，为大家讲述这些养生方法的起源、习练要领和习练中应注意的问题，弘扬传统文化，倡导居民养成健康的生活方式。

三是开展健康亲子活动。依据社区特色开展健康亲子活动，如：以“健康美食健康生活”为主题的健康周亲子活动；亲子健康宣传活动，倡导每个人是自己健康第一责任人的理念；以“小手拉大手”的家庭为单位，倡导人人参与。

四是开展健康大课堂活动。为社区老年人举办老年人健康讲座。从老年人的合理膳食、科学健身、控制吸烟、心理健康、心脑血管疾病、慢病防治等多方面进行了讲解。

五是联合组织义诊活动。为居民免费提供专家义诊，为居民提供按摩、诊脉、免费测量血压血糖和定期免费特色治疗，例如免费贴敷、拔罐、刮痧治疗等。

六是时间银行。联合海淀志愿联合会，共建时间银行，共商“信任机制”，共同“为老服务”。

（3）项目的宣传方式

一是社区端：使用社区公共宣传栏宣传；使用街道打造的健康阵地、健康场所来定期开展健康讲座；利用街道建设的健身点、健康检测点联合开展专家义诊服务。

二是手机端：团队建立微信公众号、抖音号、直播号，社区建立微信公众号、社区微信群。

三是互联网：和手机端同步使用公众号、抖音号、直播号，腾讯视频和优酷视频定期上传，剪辑宣传纪录片视频。

（4）项目有何创新之处

一是取之于社区，用之于社区：充分利用街道打造的健康阵地、健康场所来定期开展健康讲座。利用街道建设的健身点、健康检测点联合开展专家义诊服务。倡导居民定期参与环境清洁活动，以洁净的环境保障健康。

二是“互联网＋社区”：利用微信公众号、直播、抖音、社区宣传栏进行线上、线下的宣传。社区联动，建立社区友好健康联盟，引导社区居民科学健身、文明健身。倡导“小手拉大手”，营造人人参与的氛围，发挥社区友好健康家庭示范带动作用。

三是时间银行：低龄存时间，高龄取服务。时间银行是为了应对我国老龄化问题提出的一项举措，即借鉴商业银行的储蓄模式和管理方式，年轻人或者其他志愿者为老人提供志愿服务，服务时长可以存入时间银行，当他自己老了的时候可以从时间银行支取兑换。

三　志愿服务参与社会治理的问题与不足

海淀区志愿服务的开展卓有成效，获得了很多有益的经验。不过，在部门协调、队伍建设、项目管理、培训交流、嘉许激励、后勤保障等方面的工作中，也出现了一些问题和不足，应该予以重视，并在以后的工作中加以避免。

（一）部门协调、组织、沟通方面

1. 协调机制不成熟，磨合沟通不顺畅

理论宣讲、文化宣传、社会帮扶、志愿服务组织与执行等工作，分属于

不同的主管部门，大家各自为政，较少横向沟通交流，缺少组织协调。文明实践工作正式开展以后，各部门、各单位的沟通协调工作被提上日程，随着实践工作的开展，各部门、各单位努力配合，不断磨合，一起做出了成绩，产生了一些共同的工作成果，当然过程中也有不少低效、耗时、浪费的现象，但是，这些现象是暂时的，是磨合过程中必然存在的，也是会随着时间的推移而逐步消除或解决的。

2. 组织动员很有力，新建队伍有难处

课题组专家在调研中发现，志愿服务工作中，党员志愿者队伍发力比较准，见效比较快。同时，基层志愿队伍工作做得好的，是那些已有多年志愿服务历史、拥有丰富志愿服务经验的队伍。根据“2＋9＋N”的队伍建设规划，本年度新成立的志愿队伍，除少数队伍成效显著之外，较多队伍只注册未服务，或者注册之后只应付任务。今后的工作中，发挥党员志愿者的先锋带头作用，组织、指导新建队伍开展志愿服务工作，应该受到足够重视。

（二）项目设计、服务执行方面

课题组在2019年度的志愿服务项目大赛评审中发现，除了部分优秀项目、多数传统项目之外，有些志愿服务项目的设计不尽合理，或者目标不够清晰具体，或者供需错位，或者执行保障不足，或者无法贯彻到底，存在有名实两张皮、潦草了事、不接地气、难聚人气的现象。今后的工作中，志愿服务项目的设计和管理应进一步规范化，应立足于需求、加强督导、加强组织保障。

（三）人才队伍建设方面

1. 新招募志愿者培训不足

新招募的志愿者，有激情、有活力、有动力、有爱心，但是缺乏的是对志愿服务精神的深刻认识，也缺少工作的方法和技巧。在队伍壮大的同时，专业培训应该与之同步进行，而且要完整进行。不管怎样，仍应该坚持先培训再上岗，使得志愿者充分理解志愿服务的精髓，完整掌握志愿服务的技能和方法。

2. 嘉许奖励不及时、不充分

志愿者积极参与志愿服务工作，虽然不要求薪资或物质回报，但是他们希望自己的付出获得社会的认可、获得人们的尊重。精神嘉许对于志愿者的积极性的影响是非常大的。晚嘉许不如及时嘉许；不恰当不对位的嘉许奖励方式不如恰到好处的嘉许奖励方式；不充分的嘉许奖励不如充分足够的嘉许奖励。嘉许奖励机制的完善和优化，将是志愿服务持久进行甚至发展壮大的重要保证。

四　志愿服务参与社会治理的工作展望

海淀区的志愿服务工作稳扎稳打、逐步推进、持续用力，久久为功，发挥“海淀网友”品牌作用，激发、凝聚海淀人民的智慧和力量，为建设国际一流的和谐宜居之都做出更大贡献。在机制创新、社会动员创新、实施路径创新等方面，海淀区总结出“双向”“三融合”等海淀特色或海淀模式。

（一）聚焦“双向服务”：从“我要服务”到“要我服务”

以志愿服务精神发动社会力量参与志愿服务，前期的动员是自上而下的，是一种“我要服务”的模式；随着志愿服务的宣传、实践活动走向深入，随着企业、社区、居民对志愿服务的了解与信任的日渐加深，“要我服务”的需求渐渐产生。

据中关村西区民营企业新沃资本的党支部书记赵书记介绍说，2019 年 11 月底发生艺人猝死事件之后，有企业内部员工向党支部提出建议，希望党支部能够联系外部专业资源，为全体员工提供心肺复苏急救培训服务。对此，赵书记表示，如果是以前，企业员工的类似要求可能会向公司的行政部门或者人力资源部门提出，但是在全社会开展志愿服务活动之后，员工对志愿服务已经产生了正面的印象和信任感，所以员工们才会向党支部提出要求，以获得急救培训方面的志愿服务。

对于企业、社区、居民中的“要我服务”的志愿服务需求，目前，海淀区提供的百姓“点单”、中心“派单”、志愿者“接单”、群众“评单”等一整套志愿服务信息化流程和工作模式，可以说做到了精准对接、及时服务，实现了志愿服务供需对接精准化与常态化，不断提高服务项目的精细化程度、专业化水平。

（二）聚焦“平台融合”：新时代文明实践中心、融媒体中心、政务服务中心融会贯通

海淀区新时代文明实践数字平台深入贯彻“一网通办”和公共数据共享、开放理念，贯彻落实新时代文明实践中心、融媒体中心、政务服务中心三个中心融会贯通。

数字平台整合了36个委办局和29个街镇的文明实践服务资源，“2+9+N”志愿服务队伍、团队资源、活动超市、活动报名、基地预约、服务地图、VR展厅、我的书房、慕课中心、志愿海淀、实践动态，以及百姓“点单”、中心“派单”、志愿者“接单”、群众“评单”等一整套志愿服务信息化流程和工作模式，打造实践中心、所、站的“三纵”组织体系，横向推动“科技连接生活、企业连接社区、文化连接邻里、国内连接国际”的“四连”功能。

B.15

城市女性参与社区治理研究

李　宁*

摘　要： 伴随城市女性社会地位的提升，当前中国社区建设中，女性不仅在数量上占据优势，而且在家庭建设、融洽邻里关系、社区服务与救助等方面发挥着独特作用，她们日益成为城市社区建设的重要参与者和建设者。党的十九大报告提出加强和创新社会治理领域，建立共建共治共享的社会治理格局，为城市女性参与社区治理形成“她力量”提供重要的政策支持平台。要促进城市女性参与社区治理并发挥更大作用，必须在党的领导下，不断完善各种制度，充分提供满足广大女性需求的社区服务，使她们对社区的参与发生从关注到吸引、从被动到主动、从单一到全面、从零散到系统的转变，让女性成为社区治理的生力军和重要力量，为推进国家治理体系和治理能力现代化贡献女性的智慧和力量。

关键词： 女性　城市社区　社会治理

一　理论和现实依据

城市女性参与社区治理，是指女性在社区治理中出于明确的动机和意识，扮演一定的角色，与他人协商在公共大事和未来发展上实现监督、管理

---

* 李宁，北京市党校北京人口与社会发展研究中心副教授。

和利益分享的全过程，是社区治理体系的重要组成部分。女性参与社区治理是男女平等和社会进步的必然结果。进入21世纪，当中国特色社会主义进入新时代，党的十九大报告提出加强和创新社会治理，建立共建共治共享的社会治理格局。这不仅是时代发展的要求，也是社会赋予女性的责任担当。多年来我国女性在党和政府领导下参与社区建设、社区发展，积累了十分丰富的经验。丰富的理论研究成果，为女性参与社区治理提供了重要的理论依据。这些为女性进一步参与社区治理奠定了坚实的基础和提供了广泛参与的空间。

公民治理理论强调公民身份，在女性参与社区治理过程中，可以强化女性主体意识，提高女性社会地位，促进社区发展、社会进步。公民治理的理念就是要实现人民当家作主，要让公民成为社会治理的主体，成为社区治理的积极参与者。在公民治理模型下①，社区里的公民无论男女都拥有公民资格，都可以参与社区治理，成为参与社区治理的成员。女性参与社区治理，能够站在女性的视角，提出符合女性和社区发展的要求，不仅改变女性很多时候被动接受帮助的状况，不断强化其自身的独立意识和职责权利，发挥女性在社区治理中的担当作用，还更多关注社区事务，扩大女性在社公共事务中的作用与影响，成为社区治理创新的新力量，实现女性自身和社区的共同发展，为城市社区治理发挥出聪明才智和力量。

社会性别理论可以增强女性的男女平等意识，在女性参与社区治理过程中，改变女性被动从属地位，突破社会性别的刻板印象，进一步落实男女平等国策，促进社会进步。社会性别理论认为，男女之所以出现差异，不仅取决于生理，还取决于社会文化与社会发展水平等多种因素。由于传统中国社会女性在政治参与方面长期处于从属地位和弱势地位，历史的心理累积加上社会的性别刻板印象，造成当前一些妇女按照传统女性角色行事，忽视、甚至拒绝接受现代社会的公民身份，固守传统规范，对参与社会职业、参与社会治理缺乏明确认识，不太关注社区事务及活动，不少女性在参与社区治理

① 袁志群：《公民治理视角下的城市妇女参与社区治理研究——以十二个社区为例》，华中师范大学硕士学位论文，2012。

中持有弱势心态[①]。

社会性别理论认为女性首先是人，是独立的个体，是具有自主权利的公民，具有出席公共领域和掌握公共权力的机会。女性参与社区治理，打破了以往女性参政的局限，通过一系列的教育及其他社会活动，为女性赋权增能，让女性突破性别的刻板印象，获得参与社会公共事务并决策的机会，让所有女性意识到，社区参与同个体的参与意愿和能力有关，和性别无关。故参与社区治理是女性保持自我独立性、个体性和公共性的有效方式。因此女性参与社区治理具有性别认同的政治意义，直接反映了社会的进步。

社区理论重视人的自然属性，强调社区人群中的相互关联及共同发展。在参与社区治理过程中，女性可以利用女性的性别优势，营造社区居民彼此之间的亲密感、归属感，提高社区凝聚力。社区理论有其丰富研究内容，其概念涉及最多的是社区要具有明显的“我们的”意识，强调社区群体应有共同的利益和心理需求。当今我国社区是城市社会治理的基础单元，承接服务居民、化解矛盾、为民维权等重要任务。社区关系所体现的邻里之间的这种亲密无间、守望相助、彼此关照的情感纽带，让女性在社区治理中拥有了得天独厚的条件和扮演了不可或缺的角色。例如由她们提供的对社区弱势群体、社区卫生、社区治安的全程精细的管理与服务，她们在提升家庭与个人文明素养、调节化解家庭社区中的纠纷等方面的努力与贡献等，无疑大大增进了居民亲密无间、相互认同的关系。正如著名心理学家吉利根所描绘的：“女人是在与他人的亲密关系中唤起自己的认同”，“她们对他人的需要十分敏感，承担着关怀的责任”[②]。故城市妇女参与社区治理，不仅为女性提供了展示其“柔性”工作的舞台，对促进社区的和谐发展和维护社会稳定也发挥了积极的作用。

城市社区女性参与社会治理不仅具备各学科中的理论依据，也符合我国

---

① 刘志燕等：《性别视角下女性参与社区治理与社区教育研究》，《中国成人教育》2018 年第 9 期。

② 卡罗尔·吉利根：《不同的声音——心理学理论与妇女发展》，肖巍译，中央编译出版社，1999。

建设中国特色社会主义的时代要求。近些年党中央和国务院的一系列重要指示精神为女性参与社会治理指明了明确方向。2011 年国务院印发《中国妇女发展纲要（2011～2020 年）》，在关于女性参与决策与管理的总体目标中指出：保障妇女平等参与国家和社会事务管理，参政水平不断提高①。党的十八大以来，以习近平同志为核心的党中央高度重视社会治理创新，提出了一系列重要的论断和思想，进行了全面系统的部署。2017 发布《中共中央国务院关于加强和完善城乡社区治理的意见》。2019 年党的十九届四中全会提出：坚持和完善共建共治共享的社会治理制度，完善党委领导、政府负责、民主协商、社会协同、公众参与、法治保障、科技支撑的社会治理体系，建设人人有责、人人尽责、人人享有的社会治理共同体②。对此，城市社区女性应该贯彻党中央、国务院的精神，更加积极踊跃地投身到城市社区治理中来。

二　现状与问题

（一）现状

1. 女性参与社区建设的悠久历史

从我国社区的发展历史不难看出，女性是社区建设与社区治理的参与者与服务者，从新中国成立初期到 21 世纪我国社会经济发展的不同阶段，城市社区建设均出现女性活跃的身影，她们的活动大致经历了以下三个阶段。

1949 年至 1968 年“文革”前期。城市女性最早是被动员参与居委会工作的。1954 年居委会组织在各地纷纷建立，由于当时成立居委会要考虑安

① 《中国妇女发展纲要（2011～2020 年）》，2011 年 7 月 30 日。

② 《如何把握共建共治共享的社会治理制度的基本要求？要点问答：如何认识共建共治共享的社会治理制度》，人民网－理论频道 http://theory.people.com.cn/n1/2019/1203/c40531－31486561.html，2019 年 12 月 03 日。

置家庭妇女，故提倡妇女走出家庭。民国时期的许多男保甲长逐渐被新中国女性取代，她们纷纷加入居委会，至此女性走入公共领域，承担发展生产以及负责多项社区事务，包括扫盲、收容改造妓女、移风易俗、捐献动员、优抚救助、维护治安等。在新中国初期资源匮乏的情况下，家庭妇女走出家庭响应政府号召，在居委会各项生产和管理工作中付出大量的心血，做了大量基础性的工作。她们卓有成效的工作，不仅产生了很好的社会影响，也是女性在中国社区基层治理中的首次精彩亮相。

“文革”至改革开放前期。在强调阶级路线的年代，中国多数居委会工作基本陷入停顿状态，社区的社会服务和安全保卫功能丧失，而且大多数居委会的重要职务由男性担任。由于当选居委会干部成为政治地位的标志，社区的“大妈们”便自发组织起来，佩戴袖标，留下了人们至今难以忘怀的“小脚侦缉队”身影。在近十年的社会动荡期中默默地守护着社区的治安，为保障居民安全做出重要贡献。

20 世纪 70 年代至今，我国制定多部有关社区管理的法律法规，1982 年《宪法》首次明确了居委会的性质、任务和作用；1989 年《城市居民委员会组织法》第一次详细对女性在居委会的人员比例进行规定。进入 21 世纪，党中央和国务院又陆续发布了各种制度规定，包括 2017 年发布的《中共中央国务院关于加强和完善城乡社区治理的意见》等。一系列政策法规的出台，一方面让基层治理逐渐走向制度化、规范化，另一方面将女性参与社区公共事务的热情不断地激发出来，从社区竞选到管理社区事务，越来越多的女性进入全面参与社区公共事务和社区治理的新阶段①。

2. 女性积累丰富社区工作经验，获得骄人成绩

随着城市现代化建设的不断发展，单位制被打破，城市基层社区承担的社会功能日益增多，女性在社区中的作用和影响也越来越大，女性对社区建设与社区发展的贡献几乎是全覆盖的。无论是和各级各类的政府部门打交

① 郭夏娟：《性别与城市社区安全：“低阶政治”视域中的女性参与》，《妇女研究论丛》2011 年第 3 期。

道，完成所交代的工作，还是处理好与社区内的各类组织、困难群体、居民等各方的上下左右关系，处理好各种社区事务等，女性都彰显出温柔、善良、坚韧、热情、敬业、执行力强的特点，对社区群体的关怀和帮助更为多样精细、更有温暖、更加包容、更加人性。女性在社区的工作不仅获得政府对女性参与基层治理的身份认同，也得到了居民的接受和认可，赢得居民的由衷拥戴。

随着社会转型和家庭观念的变化，社区工作已经转变成了一种专业化的岗位。为解决离婚、孩子教育、家庭暴力、空巢家庭等问题，减少消除家庭问题所导致的对弱势群体包括对妇女、儿童、老人的伤害，社区工作者需要不断学习各种新知识，发展专业能力，充当多面手。目前多数社区女性工作者都负责帮助居民消除心理障碍、恢复日常生活、调整认知、进行心理疏导、提供人文关怀等工作，社区女性拥有社工师、心理咨询师、律师等职业证书的人员比例不断提高。正是她们专业化的努力付出，最大限度减少了因人们心理问题而发生的人格不健全、邻里纠纷甚至一些恶性事件。

随着社会转型和社会生活水平的不断提高，人们对和谐社区的要求也日益增多，社区的工作强度与难度都有所增加。对社区居委会工作人员来说，只有不断关心与帮助社区居民特别是妇女儿童、老年人、失业人群等特殊群体，才能营造出更为良好和谐的社区氛围。相对其他工作，社区人员不仅要有一定的专业知识和服务能力，还应具有高度的事业心和责任感。多年来女性社区工作人员深入居民，了解需求，精细关怀，热情服务，为社区居民提供家一样温馨的社区服务。

3. 女性正成为参与社区治理的重要力量

西方学者德鲁克（Drucker）早在1954年就说过“时代的转变，正好符合女性的特质”[①]。事实证明，女性在社区工作中充分发挥出许多男性无法比拟的性别优势。女性具有做事踏实认真、执行力强、执着专心、功利心

① 高焕清等：《村级女干部的“去女性化”：性别、社会性别和领导力》，《妇女研究论丛》2011年第1期。

少、情感丰富、擅长沟通等特点，在为民服务、为弱势群体排忧解难、畅通联系居民和街道与上级部门之间的上传下达渠道等方面取得了成绩。

女性在参与社区建设、促进社区发展的同时，自身也得到了壮大和发展。在我国，女性干部在居委会的占比一直保持较高水平，从 1957 年①到 21 世纪初期，女性依旧保持在居委会中的数量优势。例如 2004 年北京市居委会中的女性工作人员比例为 82.7%，2008 年北京市各级社区服务中心的女性职工占到其人员总数的 62%②。一项调查数据显示，2010 年绍兴市“两委”和居民代表大会中不仅女性任职比例高于男性，而且持续担任领导班子职务的女性也明显多于男性③。女性正逐渐成为社区治理的中坚力量。

综上所述，女性日益成为城市社区治理的重要参与者和建设者，她们在增强社区归属感和凝聚力、密切人际沟通与交流、缓解矛盾冲突、援助弱势人员等方面，有计划，有业绩，有好评。她们不断提升个人整体素质和专业服务水平。社区女性工作人员的付出已获得了各级政府和社区居民的认可与肯定，做到了让政府放心，让居民满意。社区的建设和发展离不开女性的参与，城市社区治理离不开“她力量”。

（二）主要问题

目前，女性参与城市社区治理主要有三类不同的人群，首先是社区居委会、社区工作站的成员。她们多是专职干部，社区活动属职业行为，主要完成街道或政府各级各类部门下达的任务。其次是下岗、失业女性。她们由于多种原因提前回到社区，为了挣钱养活自己，参加一些社区服务工作，比较关注社区。三是退休回到家庭的女性。由于我国实施的退休制度，这些职业女性较早退回社区。她比同龄男性人数多、年龄轻、身体好、精力充沛、闲

---

① 1957 年，女性在居委会干部中的占比为 80% 左右，见章蕴《勤俭建国勤俭持家为建设社会主义而奋斗》，《中国妇女》1957 年第 10 期。

② 焦若水：《社会性别视角下的社区治理》，《探索》2017 年第 1 期。

③ 郭夏娟：《性别与城市社区安全：“低阶政治”视域中的女性参与》，《妇女研究论丛》2011 年第 3 期。

暇时间充裕，参与社区多是为了寻求精神寄托、人际交往与自我实现[①]。从性别视角看，这三类女性都是社区治理的主要参加者或潜在支持者，有很大的发展潜力。但从目前社区总体情况来看，多数社区居民还尚未真正投身社区治理，离实现广泛参与社区治理还有一定的距离。再加上受传统的重男轻女思想的影响，社区女性更加被动，社区治理的主体意识欠缺，真正参与涉及居民利益的决策过程不多[②]。除主观因素外，女性进一步参与社区治理还面临以下几个现实问题。

1. 行政管理多，女性被动参与多

社区体制决定社区的工作和内容，女性与社区的联系很大程度上取决于社区运行与管理方式。我国从 20 世纪开始进行了几次城市管理体制改革，极大地促进了社区自治，但是社区自治的程度还远未发展到位，很多情况下女性参与社区治理处在一个强行政化的外在环境中[③]。以志愿者为例：目前不少社区志愿者参与的志愿服务主要是政府及相关部门发起的，因为活动经费与内容多由政府决定，所以虽然从活动开展的目的和效果来看，短期目标基本都能实现，但是从长远角度来看，对社区志愿者的培育存在一些不利因素，造成诸如加重政府负担、志愿者及其组织缺乏自主性和可持续性、居民及女性的参与意愿和动力不足等问题[④]。

2. 活跃群体的社区关注度低、获得感不高

就社区女性的需求分析，她们存在人员构成复杂、需求多样、利益各异、年龄分层、时间分散等特点，要吸引女性特别是中青年女性等活跃群体参与社区治理，需要提供满足其需求的多种服务项目，把社区女性的各种需求融入社区建设和社区治理中来。当前社会生活中，有关婚姻、育儿、养老、女性工作与家庭冲突等方面的家庭问题比较突出，社区在帮助女性减少

---

① 王小波、谭琳：《社会发展中的社区与女性》，《山西师大学报（社会科学版）》2007 年第 6 期。

② 陈笑：《居民参与社区治理问题探析——以北京市为研究样本》，《人民论坛》2010 年第 23 期。

③ 罗峰：《城市社区治理需要破解四大难题》，《社会科学报》，2014 年 5 月 22 日第 003 版。

④ 封颖等：《社区志愿者组织发展过程中存在的问题研究》，《社会与公益》2019 年第 11 期。

家庭纠纷问题、提高婚姻质量、养育孩子、照料空巢家庭、平衡好工作家庭关系、促进家庭和谐、保持社会稳定方面能发挥很大作用，但目前维护妇女和儿童权益类、为女性儿童提供服务类、社区精细安全保障类的社区服务项目少，应对女性、儿童、家庭等突发事件的能力弱。已有活动在一定程度上又存在娱乐项目多、参加人员熟面多、服务动力不足等问题。社区女性特别是中青年女性等活跃群体对社区的关注度不高，缺乏归属感与获得感。

3. 缺乏女性参与社区治理的整体设计，活动多呈临时、碎片、娱乐化形式

由于目前社区居委会、社区工作站及议事会等工作关注点不易落在女性群体身上，已购买的社会组织在为女性服务时不同程度存有章程条款不够完备、服务不够规范、动员力差、缺乏持久性等问题。妇联本应在带领动员女性及妇女团体方面发挥桥梁、纽带、支柱作用，但当前妇联肩负双重角色的不平衡发展，使其在社区层面维护妇女权益的职能显得不很突出①。再加上一些社区人员对社区女性作用认知不到位，工作的主动性、积极性不高，社区女性动员存在较大难度等主客观问题，导致可供女性参与社区治理的内容总体数量少且多临时随意。已有的活动在一定程度上缺乏整体设计，零星、资源稀缺且效果不很明显，造成女性参与社区治理流于表面和呈运动式，女性参与社区治理不够充分。

三　发展趋势

（一）国（境）外女性参与社区治理的经验与做法

1. 社区治理离不开政府重视与支持

通过研究比较，女性进入政治领域参与社会治理，首先要得到政府的支持与帮助。相对女性自身的素质与其他外部因素，政府的重视和支持，对女性参政更为重要。

① 王小波：《试谈女性在构建和谐社区中的作用及障碍》，《社会工作》2008 年第 4 期。

北欧妇女组织发展的历史悠久，北欧妇女参政比例高，同政府的鼓励密切相关。北欧政府一向重视女性议政参政，并对之大力支持。一方面通过各项政策法律加以切实保障；另一方面充分发挥女性在决策中的影响。例如不少北欧国家都制定了男女参与决策的“最低比例制”，挪威颁布了《男女平等地位法》，丹麦发布了保障妇女权益的《两性平等报酬法》等①。

北欧政府对待妇女组织的积极肯定的态度，还表现在对女性社团的成立适度放宽登记条件，有时还配有一定的资金补贴等措施鼓励女性及有益组织的建立和发展。在此背景下，芬兰在1884年建立了芬兰妇女协会，丹麦于1899年建立了丹麦妇女联合会，挪威于1904年成立挪威妇女全国理事会等。在这些组织不断涌现之时，各个行业还相继产生了大量杰出的女性，为北欧妇女社会治理提供了重要骨干人员支撑②。

北欧国家十分注重对社会组织采用科学的监管手段，虽然未对社会组织设定严格的准入门槛，但在过程中严格规范管理，例如法律明文规定实施对社会组织的问责制③。另外，国家在家庭和服务方面强调制定更加精细化的政策，并注重惠及全体女性的政策的落实。

对非营利组织来说，它们普遍面临资金短缺的问题。为解决非营利组织的资金问题，政府通常使用以下方式帮助一些资金不足的非营利组织参与社会管理：直接提供补助、购买非营利组织提供的服务及货品、用票券购买公共服务。2003年西欧各国非营利组织可以获得的公共资金情况如下：荷兰、比利时和爱尔兰获得的公共资金比例较高，接近70%；中欧、东欧国家获得的资金为20%～30%；瑞典和挪威的比例是20%④。另有资料显示，为保证妇女组织正常运转，北欧大部分妇女组织的经费基本由政府埋单⑤。

---

① 申莉婧：《当代北欧妇女参政问题研究》，河北师范大学硕士学位论文，2010。

② 黄粹：《北欧妇女组织兴盛的制度环境分析》，《大连理工大学学报》（社会科学版）2014年第2期。

③ 申莉婧：《当代北欧妇女参政问题研究》，河北师范大学硕士学位论文，2010。

④ 施巍巍等：《国外非营利组织参与社会管理的研究》，《商业研究》2008年第6期。

⑤ 申莉婧：《当代北欧妇女参政问题研究》，河北师范大学硕士学位论文大学，2010。

有文献显示国外资本的提供者偏爱社区女性。这些资本的提供者在实践中发现，社区中女性群体具有比男性更高的社会资本。因女性文化较男性文化更注重生产、家庭和风险，这些资本提供者在给社区放贷时发现了给女性信贷的资本价值，故大部分小额信贷多选择女性作为贷款对象①。这使社区女性经济组织的建立发展有了相对稳定的资金支持渠道。

2. 社区治理要重视与发挥好非营利组织的作用

为开创多元合作治理的新局面，国外社区治理非常重视发挥非营利组织的作用。日本、英国和一些北欧国家在动员各种社会组织参与社区治理方面获得了一定经验，值得我们借鉴。

日本社区治理也经历了从管理到治理的过程，其改变通过修改法律和动员公众参与等多种措施和手段得以实现。1991 年日本国会修改《地方自治法》，确立自治会民事主体的法律地位，为社区治理提供政策依据；在 20 世纪 90 年代后日本又提出“新公共性”理念，并采取“协动政策”。新公共性立足于公众基础上的多元参与，“协动”则强调民间组织与政府的合作伙伴关系。政策实施期间，基层政府主要起规划、指导与监督的作用，自治会代表并领导社区居民治理社区公共事务，开展活动，形成各种家长会、妇人会、儿童会、老人会等社区内组织友爱协作局面，最终构建基层政府、自治会、社区内外非营利组织与社区居民合作共治的格局②。

英国政府从 20 世纪 90 年代开始推进社区治理战略，通过发起“社区复兴运动”，建立了由社区、企业、居民等多方组成的合作关系。进入 21 世纪，英国政府继续实施社区新政计划，为最大程度鼓励社区参与，仅在 1999 ~ 2000 年和 2007 ~ 2008 年就投入资金近 2.5 亿英镑。卡梅伦首相上任后又全力推进他的“大社会”计划，为充分调动社会企业、慈善组织和志愿组织等非营利组织加入社区并成为中坚力量，他采用公开公共服务和社会行动、社区增能等手段，大规模下沉政府权力和资金，使地方与社区自主发展。

① 苟天来等：《国外社会组织参与扶贫的经验和启示》，《经济社会体制比较》2016 年第 4 期。

② 高红、杨秀勇：《美英日社区治理政策变迁的历史逻辑与经验启示》，《东方论坛》2018 年第 3 期。

经过多年持续推进社区治理战略、经营非营利组织，极大促进了英国社会经济的发展①。日本、英国政府为发挥非营利组织的作用，积极创造条件，下沉权力，加上社区各级各类企业、社区居民等多方协同合作，逐渐形成了多元主体参与的社区治理格局。

女性组织在北欧参政有着悠久的历史传统，女性的非政府组织比较普遍。发达的经济、友好的社会环境，让北欧女性参与社区治理轻车熟路。在政府的积极支持下，相关专业人员（团队）成为点燃女性社区参与的星星之火，形成北欧非政府妇女组织数量多且分布广泛、有特定的妇女群体和明确的工作计划且影响力大等特点。例如在 90 年代早期的芬兰和瑞典，在因经济萧条导致政府收入锐减的情况下，政府采取了一系列节省开支的做法，最主要的是缩减福利开支，但是涉及儿童照顾的补贴不但没有减少，反而有所增补。在北欧新增的不少公共服务部门中，大部分的职位都由女性来担任。北欧妇女组织与政府之间的沟通联系一直比较密切。北欧女性组织深入政党之中，制定出不少符合女性切身利益的政策。这些女性组织通过其积极的政治活动参与对国家政治产生一定影响，形成了女性与国家之间的良性互动②。

3. 社区治理要有好的社会动员和女性带头人

香港特别行政区的女性活动立足社区，在扩大女性参与社区治理的群众基础、开展社会动员方面获得显著成绩。一是为女性办实事，强调妇女为本。例如 2001 年，香港的妇女组织利用发放“男女家庭岗位分工概况”问卷调查，呼吁社会关注女性。她们还献计献策，约见相关行政官员，为强化家庭功能提出了多方面建议。二是重视提升女性的自我价值观和自信程度。香港妇女组织积极开展各种培训和妇女义工训练，不仅增强了女性的 IT、办公室实务等技术能力，还在公民教育等方面大大提升女性自我价值和个人综合素质，强化了女性独立精神。三是组织开展赋权增能活动。她们在香港

① 高红、杨秀勇：《美英日社区治理政策变迁的历史逻辑与经验启示》，《东方论坛》2018 年第 3 期。

② 申莉婧：《当代北欧妇女参政问题研究》，河北师范大学硕士学位论文，2010。

单亲协会工作，不仅为了获得社会的援助，而且通过一系列活动，使单身女性从弱变强，成长为妇女团体的骨干力量。四是重视推广分享的理念。为了资源共享，香港的妇女组织者集结多个民间团体，吸收各区人才成立妇女联会，妇女联会分工协作，各尽其职，取得很好效果①。

能否参与社区治理、提升社区生活质量和增进女性的权益，好的女性带头人也是一个不能忽视的因素。北欧参政女性的经验表明，女性带头人对社会发展有不同于他人的理解和经验，她们立场坚定、了解女性，与女性群体特别是弱势女性多保持密切联系，能站在女性立场收集分析女性各种问题，有代表权、有发言权，在促进女性参与社区治理方面发挥非常好的作用。

（二）发达国家（境外）经验对我们的启示

当前中国改革正处于深水期与关键期，党中央和国务院十分重视社会治理在国家治理中的战略地位，对此，我们应重视调动社会各方力量，包括积极借鉴发达国家及香港特区的经验，发挥女性参与社区治理的积极作用。由于历史传统和社会政治制度等存在东西方差异，我们不能照搬西方国家的做法，而应结合我国女性发展的成绩，制定适合我国国情的促进女性进一步参与社区治理的行动方案。通过梳理与厘清，得出以下几点思考与启示。

1. 坚持党的领导，增强社会性别意识，为女性参与城市社区治理夯实基础

党的十九大四中全会提出共建共治共享理念，为女性参与社会治理指明发展方向。城市女性进一步参与社区治理，关键是要在党的领导下，争取政府的大力支持，充分发挥女性的性别优势，更好地服务社区。从性别视角加强统筹规划、总体布局，将女性全面发展纳入“十四五”规划社会建设之中，将促进女性自我发展和发展女性社会组织作为社会治理战略的重要环节。在政策上积极引导与鼓励支持女性参与社区治理，搭建能表达女性利益诉求的平台，协助扫除各种影响女性参与社区治理的障碍，从而进一步扩大

① 黄民菁：《香港妇女的维权》，中国妇女网，2007。

女性参与社区治理。

2. 不断完善社区治理格局，为女性参与社区治理提供政策法律依据

虽然女性在参与社区治理中有自律、勤勉廉洁、执行力强等优势，但是要让女性在社区治理中发挥更好的作用，更要重视制定和完善女性参与社区治理的政策、规定、措施，发挥体制所具有的基础性、系统性、整体性作用。对此要立足资金方面的基本保障，出台促进女性组织发展的政策，调动整合各种社区资源，鼓励女性参与社区治理向制度化、规范化、有序性方向发展。

当前应重点制定促进女性及其他居民参与治理的政策法律，扩展女性参与公共事务的平台①，使女性自身发展同社会组织的建设与经济发展的要求相匹配、同北京的总体建设相吻合。对此，政府相关部门应提供精细化服务。一是在民政部门牵头、其他部门共同参与的各级政府部门联席会议中，定期通报女性相关信息，会商有关女性参与社会治理的重要事宜，以加强进一步动员、扩大女性参与社区治理方面的政府指导。二是合理配置资源，将购买适合女性的社会组织服务纳入财政预算，建立女性专项活动资金，明确为女性及儿童提供服务的资金在政府购买服务中的比例。三是进一步理顺政府与女性社会组织的关系，大力培育专业组织、社区服务组织、公益组织等，发挥好女性非营利组织在社区治理中的主体作用，促进女性组织健康有序发展。四是加强对女性社区组织与社区活动的审批、监督、评审。针对社区女性组织，在党建、规范执行各种制度、获得居民满意度、优化治理结构、壮大社区治理组织等方面加强指标的制定、落实与检查。

3. 以家庭为突破口创新项目，激发女性参与社区治理的新鲜活力

随着社会的不断发展，我国社会主要矛盾已经转化为人民日益增长的美好生活需要和不平衡不充分的发展之间的矛盾。根据城市治理的总体目标，应发挥社区社会动员、民主协商、调解矛盾、规范行为的功能，找准妨碍女性参与社区治理的主要问题，大力推动城市女性参与社区治理向前

① 姜胜辉：《标准化治理：城市社区治理新模式》，《中共天津市委党校学报》2019 年第 5 期。

发展。

家庭既是基层社会治理的重要主体也是基层社会治理的主要目标。家庭好了，社区才能稳定；家庭成员关系亲密，社区人员之间才能温暖和谐。在女性搭建的社区活动平台上，以家庭为突破口，不断创新项目，组织开展满足老人和孩子需求的专业精细的服务活动，尽力为年轻群体交流及生活便利化提供创新的服务内容。

推进社区治理现代化，还要注意运用网络传播的技术，通过“走出去”或“请进来”的方式，把网络与女性日常关注的生活便利服务、停车、养老、心理疏导、法律咨询等问题相关联。通过微信群、女性沙龙、支持性小组、栏目公告、宣传手册等多种形式，凭借社区关怀、社区服务、社区教育来加强协商、规范服务、化解矛盾。提升社区女性的获得感和满足感，吸引更多年轻有为的活力女性群体关注社区事务、参与社区建设。

当前应重视社区女性组织的孵化和培育。围绕“三批”开展女性工作：在社区吸引、孵化、组织一批能为女性提供专业化服务的机构或项目；培养树立一批女性社会组织典型；选用一批优秀女性社会组织带头人，特别是女性党员①。为增强活跃群体对社区的关注，要摸清她们的需求，要组织好社区资源，改变社区原有活动总是采取居委会单方主动给予的方式；充分满足活力群体，特别是中青年女性在权益维护、社区安全、生活便利、家庭照料等方面精细多元的服务要求。通过线上线下的系列活动，协商互动、众筹共享，使她们及社区多数居民逐渐参与社区治理，发生从被动到主动、从单一到全面、从零散到系统的转变。

参考文献

〔法〕西蒙娜·德·波伏瓦：《第二性》（第一卷），郑克鲁译，上海译文出版社，

---

① 顾卫卫等：《宁波市女性社会组织发展提升研究》，《宁波经济（三江论坛）》2019 年第 7 期。

2011。

李鸥：《参与式发展研究与实践方法》，社会科学文献出版社，2010。

〔美〕理查德·C. 博克斯：《公民治理：引领21世纪的美国社区》，孙柏瑛等译，中国人民大学出版社，2005。

吴小英：《当知识遭遇性别——女性主义方法论之争》，《社会学研究》2003年第1期。

金一虹：《“铁姑娘”再思考——中国“文化大革命”期间的社会性别与劳动》，《社会学研究》2006年第1期。

鲍静：《政策过程与女性参政机会分析：以社会性别为视角》，《新视野》2010年第5期。

张胜军：《为一个更加公正的世界而努力——全球深度治理的目标与前景》，《中国治理评论》2013年第1期。

B.16

上海基层社区楼组自治与居民参与

——以闵行区虹桥镇为例的调研分析

金　桥*

摘　要：基于在上海市闵行区虹桥镇的走访座谈和问卷调研，本文对楼组自治和群众参与的工作成效、现存问题进行了概括，并在问题分析的基础上提出有关政策建议。虹桥镇楼组建设成效主要体现在党建引领、队伍建设和自治作用发挥三个方面，但也存在差异化的治理难题，在特色楼组建设提升、基层党组织体系构建、楼组长队伍稳定性和居民参与范围等方面仍有不足。针对现存问题，本文从制度设计、难题解决、组织架构、激励机制、自治活动、网络协商等角度提出了十个方面的具体政策建议。

关键词：楼组自治　居民参与　社会治理

一　课题背景

楼组自治是居民区治理体系的基础组成部分，是居民自治向基层深入拓展的体现，是居委会工作有效开展的重要支撑。群众参与是基层民主自治的核心要义，是衡量自治效果的基本指标，构建群众有效参与机制是促进居民

* 金桥，上海大学社会学院副教授，研究方向为社区治理和参与。

自治工作的关键。党的十九届四中全会提出“健全基层党组织领导的基层群众自治机制，在城乡社区治理、基层公共事务和公益事业中广泛实行群众自我管理、自我服务、自我教育、自我监督”。上海市委市政府“1+6”系列文件（沪委发〔2014〕14号）提出“健全自下而上的自治议题和自治项目形成机制”，“开展丰富多彩、喜闻乐见的自治活动”，“大力培育以社区骨干为带头人的群众性组织和议事协商载体”，对相关工作提出了指导要求。有鉴于此，上海大学社会学院与上海市闵行区虹桥镇政府合作，于2018年下半年组织调研团队，围绕虹桥镇主题性自治楼组建设开展走访座谈和问卷调查，旨在了解党建引领下群众参与的范围、动力及其效果，分析当前所面临的问题，提炼促进群众参与的有效机制，形成可复制可推广的实践经验，推进居民自治工作。

二 现状分析

（一）基本情况

虹桥镇高度重视楼组自治工作，2011年试点特色楼组建设工作，2016年对虹桥镇“三长”队伍（即党小组长、居民小组长、楼组长和社区群众团队负责人）建设现状与问题进行调研，2017年组织编写具有实务操作性质的《楼组自治指导手册》。2018年，镇社区办制定《关于“美丽楼道”建设实施方案》，要求分三年在全镇居民区全面覆盖“美丽楼道”的创建工作，所有楼道根据条件分基础类、提升类、特色类进行创建，其中提升类至少达到楼道总数的30%，特色类至少达到楼道总数的10%。

立足前期工作基础，重点围绕“美丽楼道”创建，结合虹桥镇区域特点，课题组采取了典型个案调查和问卷调查相结合的研究方式。前期（7月）对部分居民区、小区、楼组开展分类走访调研，主要以座谈加访谈的方法了解情况、收集资料。后期（8~9月）面向镇域全部33个居委会，以居民为对象开展判断式抽样调查。

1. 典型调查

虹桥镇镇域面积11.08平方公里，楼宇经济发达，商业集聚点多，社区类型多样，包括动迁房、售后公房、商品房等，形成了包括本地人口、导入人口、外来人口、外籍人士等在内的复杂的居民结构。主要根据社区类型和居民特征，课题组在虹桥镇六大区域①各选择1个居委会，在每个居委会各选择2个楼组，共6个居委会、12个楼组，涵盖农民动迁房、商品房、售后公房等社区类型和党员先锋类、生活服务类、生态环境类、文体教育类等楼组类型（见表1）。

表1　调研居委会与楼组选择

居委	小区	社区类型	楼组	楼组类型
红春居委会	红春一公寓	农民动迁房	17号楼组	生活服务
	红春二公寓	农民动迁房	21号楼组	党员先锋
虹桥花苑居委会	虹桥花苑	商品房	43号楼组	党员先锋
	虹田苑	商品房	1号楼组	生活服务
虹桥居委会	虹桥东苑	商品房	38号楼组	党员先锋
	吴中路870弄	农民动迁房、售后公房	6号楼组	生活服务
上虹居委会	苹果园	商品房、别墅	58号楼组	文体教育
	上虹新村7~9街坊	农民动迁房	26号楼组	生活服务
龙柏六村居委会	龙柏易居	商品房	3号楼组	党员先锋
	金悦	商品房	11号楼组	生活服务
金斯居委会	金俊苑	商品房	3号楼组	生态环境
	金斯花园	别墅	3号楼组	党员先锋

7月中旬，镇社区办组织召开课题调研工作推进会，解读调研要求和实施安排，分组和确定每组任务，并与每个居委会联系人沟通确定调研时间。7月中下旬，课题组分赴六个居委会，召开座谈会，针对楼组长、居民骨干开展访谈，并实地走访特色楼组。各居委会座谈、访谈对象具体参见表2。

① 虹桥镇根据地域特征、人口规模等综合标准，将辖区划分为古北、上虹、虹梅、金汇、红松、紫藤六大区域，作为贯彻推行区域化党建、网格化管理、公共服务与治理等的中间层级，推动资源力量下沉。

表 2　调研座谈访谈情况

单位：人

时间	调研居委会	座谈、访谈对象	调研人数
7 月 18 日	红春居委会	居民区党总支副书记、党支部书记、楼组长代表	7
7 月 18 日	虹桥花苑居委会	居民区书记、居委会主任及工作者、楼组长代表	8
7 月 19 日	虹桥居委会	居民区副书记、楼组长代表	5
7 月 19 日	上虹居委会	居民区副书记、楼组长代表	11
7 月 24 日	龙柏六村居委会	居民区副书记、楼组长代表	5
7 月 24 日	金斯居委会	居民区副书记、楼组长代表、居民代表	6

2. 问卷调查

为全面了解虹桥镇居民在楼组自治与社区参与方面的基本状况，围绕"美丽楼道"建设情况，课题组于8 月至9 月在虹桥镇全部33 个居委会开展了问卷调查。8 月主要是在前期走访调研的基础上设计调查问卷，并与镇社区办沟通对问卷进行修改完善。9 月实施调查，课题组成员分赴 33 个居委会，在镇社区办和各居委会的积极支持下，以判断抽样的方法选择调查对象，以集体填答、居民自填的方式收集问卷资料，平均每个居委会 20 份问卷，共收集有效问卷 661 份。

调查对象中，女性占比约七成，60 岁及以上老年人将近六成，党员比例超过 1/3，近九成为上海户籍，约 2/3 具有楼组长、志愿者、党组织委员、居民委员等身份。在社区类型方面，商品房居民比例最高，为 53.9%，是本地动拆迁安置房（26.9%），再次是市区动拆迁安置房（13.7%），其他类型占 5.5%（包括房改房、经济适用房、廉租房、公租房等），具体情况见图 1。

（二）虹桥镇楼组自治现状与问题分析

基于走访调研和问卷调研资料，课题组对当前虹桥镇楼组自治工作现状有了较为全面的认识。以下主要从工作成效、主要问题和原因分析三个方面加以阐述。

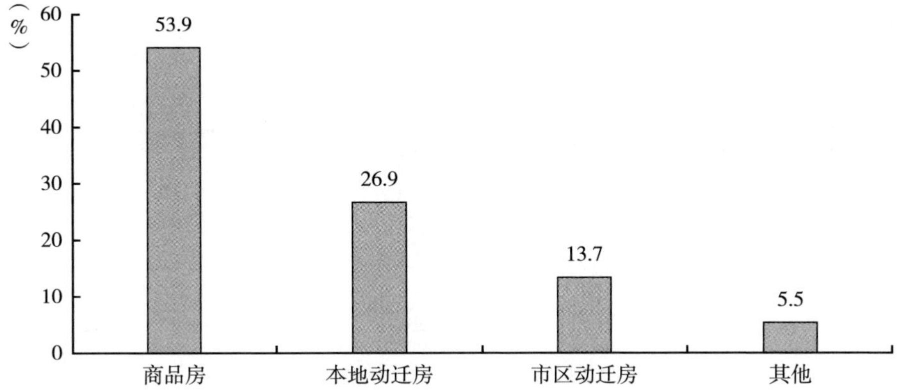

图 1　调查对象社区住房类型

1. 工作成效

第一，党建引领作用明显。

居民区党组织普遍重视“美丽楼道”建设。如红春居委会在 3 月成立由居民区党支部书记、副书记分别担任组长、副组长的“美丽楼道”工作领导小组，并制定《2018～2020 年“美丽楼道”建设方案》与年度推进实施计划，按照计划推进相关工作。

“三长”中的党员比例较高。2016 年虹桥镇有关调查显示，虹桥镇“三长”中的党员比例为 21.4%。课题组对金斯居委会“三长”队伍的统计显示，党员占比为 47.4%，接近一半。问卷数据显示，具有楼组长身份的调查对象中，党员比例为 31.2%。

大部分楼组党员积极发挥先锋模范作用。课题组重点调研的 12 个楼组中有 5 个为党员先锋类特色楼组，有的生活服务类楼组也是党员发挥骨干作用，虹桥花苑小区 43 号楼组的 J 阿姨、红春二公寓 21 号楼组的 G 师傅、吴中路 870 弄坚持扫楼二十多年的 W 阿姨以及上虹居委会 79 岁的楼组长 D 阿姨都是其中的优秀代表。问卷调研显示，近六成调查对象（58.9%）认为楼组党员的先锋模范作用发挥得比较好或非常出色，仅有 6.2% 认为党员作用发挥较差（见图 2）。

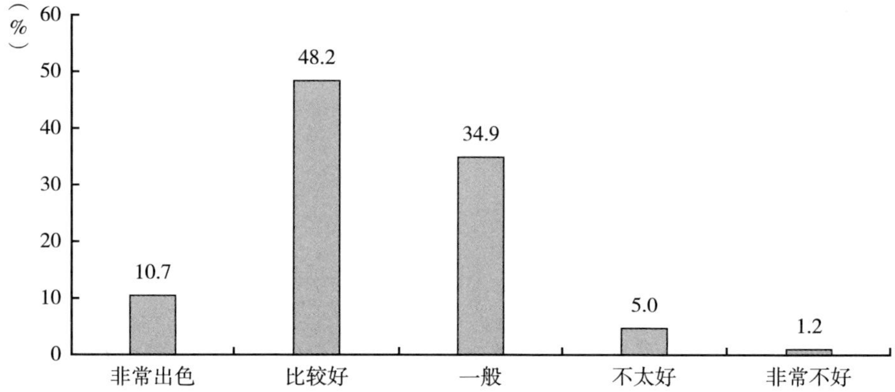

图2　楼组党员先锋模范作用的发挥情况评价

第二，队伍建设成效显著。

楼组长队伍健全。根据2016年统计，虹桥镇共有楼组长2434人，对应居民6.2万户16.8万人，平均每位楼组长约对应居民26户69人。课题组走访发现，6个居委会均有规模健全的楼组长队伍，每位楼组长对应的居民户数从十几户到几十户不等。

普遍具有奉献精神，居民满意度较高。调研显示，具有爱心和奉献精神不仅是居委会挖掘楼组长资源的基本标准，也确实是参与座谈访谈的楼组长群体的明显特征。统计显示，调查对象对楼组长工作的总体满意率为68.4%，其中两成多居民表示非常满意（见图3）。

积极参与社区事务。楼组长不仅关注楼组内部事务，开展楼组自治工作，同时也积极参与社区公共事务，或者作为志愿者参加活动，或者作为居民代表参与协商议事，形成了对居民自治的有力支撑。统计显示，具有楼组长身份的调查对象中，积极参与社区活动的比例高达78.3%，远高于55%的平均水平。

开展队伍管理的制度化建设。除了镇社区办对“三长”队伍的普遍要求之外，部分居委会也因地制宜推进楼组长管理的制度化建设，如龙柏六村居委会设立相应的考核、奖惩制度，对不合格楼组长进行劝退，对优秀楼组

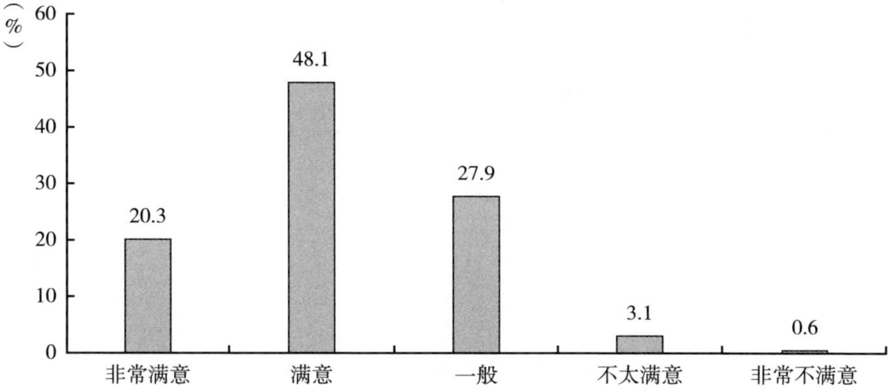

图3　对楼组长工作的总体满意率

长进行表彰。

第三，楼组自治作用积极。问卷调查显示，通过“美丽楼道”建设，72.7%的居民认为楼道状况比之前更好了。

促进邻里交往。不少楼组以楼组长和居民骨干为核心，开展聚会、节庆活动，促进居民交流，构建熟人社区。更为典型的是“睦邻屋”建设，如虹桥花苑居委的“睦邻屋”为楼组居民提供了新的交流空间，营造出友好、文明、和谐相处的楼组氛围。统计显示，楼组长与本楼道居民的熟悉度远超其他居民（见图4），绝大多数（95.1%）同意楼道里大部分人愿意相互帮助。

开展楼组服务。在睦邻交往的基础上，一些楼组积极开展关爱服务或公共服务活动，如虹田苑1号楼组制作睡裤送给独居老人、吴中路870弄6号楼组自愿打扫楼道卫生、苹果园58号楼组以油画作品美化楼道环境等。统计显示，楼组居民之间有互相帮助行为的比例为59.7%。同时，在有居民自发组织的部分楼道内，所成立的组织35.2%是互助服务型，比例最高。

治理楼道难题。部分楼组围绕楼道治安隐患、公共设施运行障碍等难题自发组织起来，以协商自治的方式解决问题，典型有金俊苑3号楼居民通过

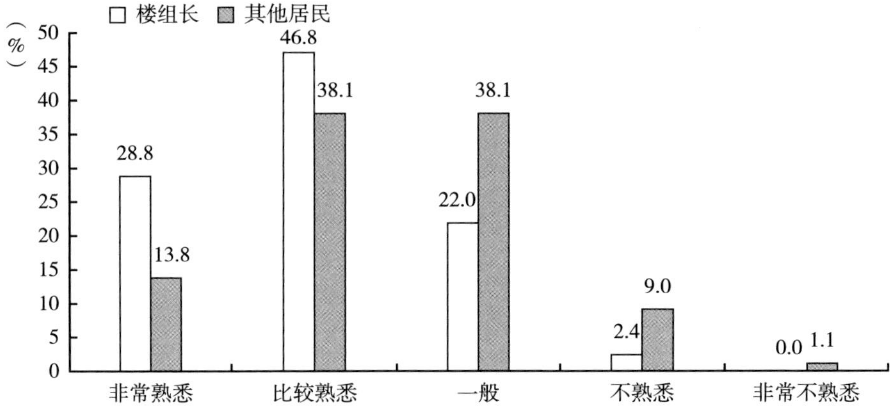

图4　楼组长/其他居民和本楼道居民的熟悉情况比较

自筹资金，成功更换电梯的案例。数据显示，在有居民自组织的部分楼道内，协商议事型组织占32.1%，是第二大类的自发组织。

发挥带动作用。部分特色楼组的成功创建，在小区内发挥了积极的带动作用，如龙柏易居3号楼组积极活跃的自治氛围和大为改观的楼道环境，带动了小区其他4个楼组的创建工作，而金俊苑3号楼组成功更换电梯，同样带动了其他楼组的自治发展。

2. 主要问题

第一，各类小区问题表现不同。虹桥镇大调研①发现，部分楼组在楼道安全、环境卫生、生活方便等方面存在一些问题，较为普遍的问题包括违法搭建、楼道堆物、楼门不关、设施损坏、电线杂乱、住户群租、乱扔垃圾、乱贴广告、保洁不力、墙面剥落、上下楼不方便、缺少无障碍通道等。数据分析显示，楼道管理方面的主要问题既有普遍性，在不同类型社区中又有所差别（见表3）。

群租问题最为突出，尤其是保障房和市区动迁房小区。问卷调查显示，群租问题是全镇33个居委会普遍存在的严重问题，在所有各类问题中比例

① 2018年，上海市委在全市推动开展为期一年的“大调研”活动，基层街镇均积极参与。

最高。总体上，45.5%的调查对象认为群租是当前楼道管理中最为严重的问题。比较而言，保障房小区和市区动迁房小区的群租现象更加严重。其他社区类型（以保障房为主）的选择比例高达66.7%，市区动迁房小区的选择比例则是51.2%。

本地动迁房小区不文明饲养宠物现象更为突出。统计显示，不文明饲养宠物及家禽是调查对象所选择的第二项严重问题。其中，本地动迁房小区的这一问题尤为突出，约1/4的居民（25.7%）选择这一选项。

市区动迁房小区黑广告现象更为严重。调查对象反映较多的是黑广告、乱张贴的问题，在动迁房小区尤为严重，尤其是市区动迁房小区。统计显示，15.9%的市区动迁房小区居民对此有意见，高于12.1%的平均水平。

表3　不同类型社区楼道管理最严重问题的比较

单位：%

	群租	违法搭建及无证/非法营业	不文明饲养宠物及家禽	黑广告/乱张贴	占用公共空间堆放杂物	总数（N）
市区动迁房	51.2	4.9	15.9	15.9	4.9	82
本地动迁房	43.9	6.4	25.7	12.9	4.7	171
商品房	42.8	5.1	19.8	11.7	7.5	334
其他	66.7	6.1	18.2	3.0	3.0	33
平均	45.5	5.5	20.8	12.1	6.1	620

第二，楼组自治成效存在差异。课题组走访发现，12个楼组总体情况良好，但在环境外观、邻里交往、协商议事等方面的自治成效存在较大差异。根据2018年虹桥镇“美丽楼道”创建标准，所调研楼组的基本差别如表4所示。

老小区楼道整洁程度相对较差。老小区设施老化、线路零乱，既有的违建较多，物业公司的服务水平相对较低，楼道整洁程度也相对较差。

表4 对调研楼组创建成效的评价

创建类别	序号	评价标准	总体评价	备注
基础类	1	楼道内无建筑材料、桌椅、闲置家具、纸板箱等闲置物品的堆放	所有可达标	—
	2	楼道内无非机动车停放	所有可达标	—
	3	楼道卫生管理制度健全,每日定时打扫,楼道整洁干净,楼道扶手、窗台、墙面、顶面、地面无积尘,无卫生死角	少部分须加强	老小区问题较突出
	4	楼道内无乱张贴、乱涂画等	少部分须加强	动迁房问题较突出
	5	楼内共用设施设备,如消防设施、电梯、监控设备等运行良好,使用及维护符合相关法规要求,无安全隐患	不清楚	—
	6	楼道内无新增违法搭建、无群租、无改变房屋结构和用途等情况	少部分须加强	老小区问题较突出
	7	楼内居民治安防范意识较强,群防群治有效落实	不清楚	—
提升类	8	楼内宣传版面更新及时,楼组公约等制度统一上墙	所有可达标	—
	9	楼内经合法途径设置的广告牌等统一美观,无黑广告	少部分须加强	动迁房问题较突出
	10	主题性自治楼组围绕主题特色适当装点楼道,使主题更加鲜明,提高居民感受度	大部分须加强	商品房较优秀
特色类	11	楼内居民遵纪守法,邻里关系融洽,无不可调和的利害冲突	不清楚	—
	12	楼道内有一定数量的居民骨干,且为人正直公道、热心公益,在楼内有公信力,有一定组织协调能力,能积极配合居委会工作	大部分须加强	骨干数量有限
	13	形成楼内事务议事平台或自治小组,第一时间了解信息,解决矛盾	少部分须加强	网络平台较多
	14	基本形成楼组自治有骨干、有章程、有主题、有活动、有实效的楼组自治常态机制	大部分须加强	常态机制较难形成

商品房小区在美化楼道方面更为出色。商品房小区的楼组多运用书画艺术作品装点楼道，如金俊苑3号楼组、苹果园58号楼组、虹桥花苑43号楼组都在美化楼道方面表现出色。

第三，特色楼组建设有待提升。如表 4 所示，在特色类楼组建设方面，大部分楼组仍有较大的努力空间。

楼组公约的制定没有充分体现居民参与。走访调研发现，尽管所有楼组都公示有楼组公约，但内容差别不大，在公约制定过程中并没有充分体现楼组居民人人参与的原则。统计显示，仅 26.9% 的居民非常熟悉本楼组的楼组公约，59.3% 的居民了解一些，还有 13.9% 的居民不了解楼组公约（见图 5）。同时，仅 5.3% 的居民对楼组公约的制定或修改提过很多建议，41.4% 的居民提过一些，其余 53.3% 没有对本楼组的楼组公约提过意见。

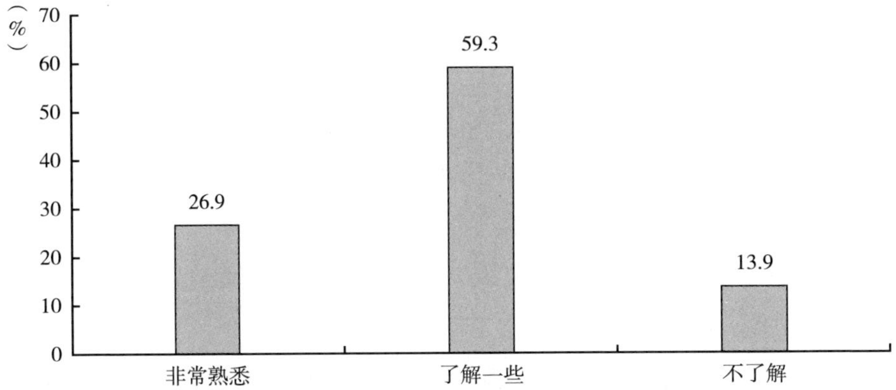

图 5　居民对楼组公约的熟悉情况

楼道内的居民骨干数量有限。高层商品房的居民骨干数量略多，但在 6 层公寓的楼组内，往往只有楼组长一位骨干，有时甚至是两三个楼组对应一位楼组长。实际上，在居民户数较少的楼组内，能够按照公道、热心等标准找到几位居民骨干，并不容易。

楼组内的协商议事平台仍不健全。在居民区层面，存在居民代表会议、三会（听证会、协调会、评议会）等较多的协商议事平台。但在楼组内部，与骨干数量有限、居民参与不充分相关，相对正式的协商议事平台仍较为少见（见图 6）。统计显示，仅 22.1% 的居民认为所在楼道有居民自发成立的组织，仅 8.3% 的居民经常使用网络向楼组长反映问题。

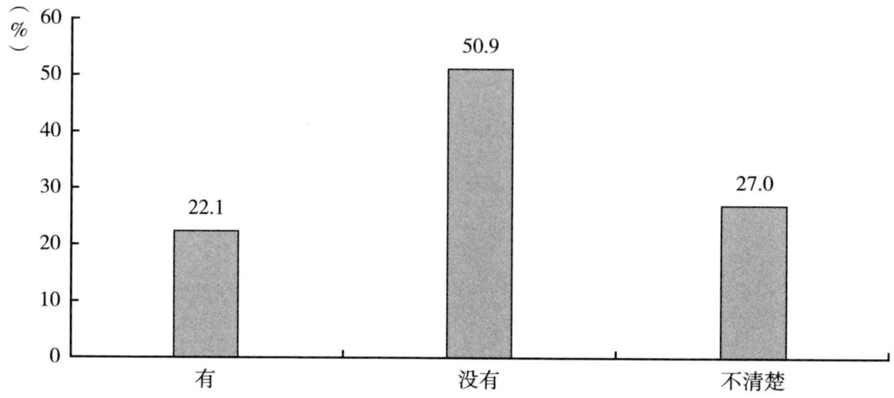

图6　所在楼道是否有居民自发成立的组织

楼组自治常态机制有待完善。在主要依靠楼组长个人作用的情况下，楼组自治具有较大的不确定性，其常态运行机制需要健全。

第四，党建引领作用仍需加强。

部分居民区党组织体系需要优化。有的居民区党组织党员数量达一两百人，仍是支部；有的居民区党支部下面没有设党小组。

没有成立楼组党小组。走访调研的楼组均暂未成立党小组，楼组内也没有多名党员之间的其他组织方式。

在职党员参与不充分。在部分居民区，在职党员的报到制度落实不力，其参与楼组自治的积极性不高。

第五，楼组队伍建设存在隐忧。

楼组长队伍年龄较大。2016 年的数据显示，虹桥镇楼组长的平均年龄是65 岁，60 岁以下 667 人，仅占总数的 27.4%。问卷调查显示，调查对象中的楼组长平均年龄约为 64 岁。走访调研也发现，随着年龄的增长，一部分优秀的楼组长逐渐退出，需要给予后继者的挖掘、动员充分重视。

楼组长的积极性有待进一步激发。统计显示，楼组长调查对象中，仍有 1/4 以上（26.6%）对于“美丽楼道”建设了解一般或较少，近一成（9.5%）对“美丽楼道”建设参与不多或完全没有参与，一成以上（11.5%）

不会在“美丽楼道”建设过程中主动向社区反映意见建议或没有意见建议。当前楼组长队伍仍以动员式参与为主，或是借助党组织的组织动员，或是激发奉献精神的精神动员，而物质性激励机制比较欠缺，对楼组长的参与积极性有一定的影响。

第五，居民参与自治范围有限。

在职居民参与不足。参与楼组自治的居民骨干主要是退休人群，在职居民的参与积极性较低。交互分析显示，经常参加楼道活动的居民中，60～69岁所占比例最高，为40.5%；60岁以下的劳动年龄人口参与较少；35岁及以下的居民选择“经常参加”的比例只有3.4%（见图7）。

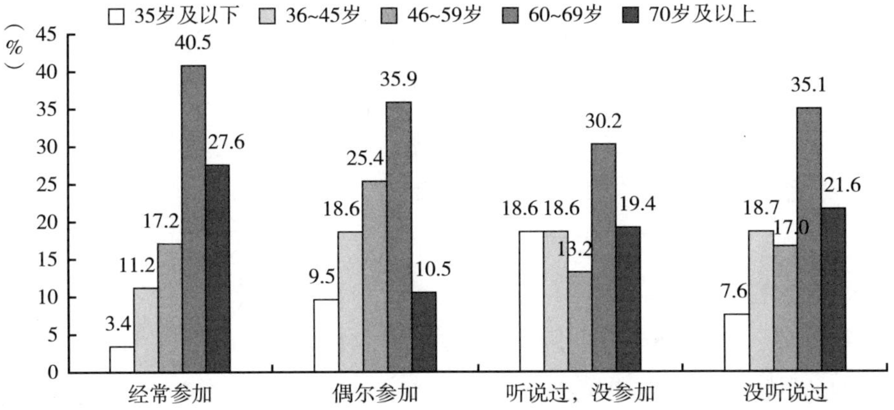

图7　年龄与居民是否参加楼道活动的对比

租住居民参与较少。拥有住房产权的本地户籍居民是参与楼组自治的主要人群，以外来人口为主的租住居民参与较少。统计显示，经常参与楼道活动的人群中，上海户籍居民的比例为18.9%，非上海户籍居民的比例为12.2%，体现出外来人口更低的活动参与率。

3. 原因分析

理论上说，前述各类问题之间存在密切联系。在分析问题产生的原因之前，有必要对这种联系进行简要说明。首先，不同楼组自治成效的差异，不仅与居委会或楼组长的主观努力有关，更是与社区特征及其带来的自治基础条件有关。其次，特色楼组建设效果有限，一方面是因为启动的时间不长；另一方面，包括楼组长在内的居民骨干数量有限是一个关键因素。而居民骨干数量有限，既与楼组长队伍的群体特征有关，也与居民参与不足的普遍现象有关。再次，楼组党小组能够成立的基本条件是存在一定数量的党员，而在职党员参与不充分的原因与在职居民参与不足相似。复次，楼组长的年龄等特征会影响其在促进邻里交往方面的作用发挥，有效的激励机制则有助于调动楼组长队伍的积极性并吸引新的后备力量。最后，年龄、性别、退休与否、有无房产、有无户籍等特征都是影响居民彼此交流和自治参与的可能因素。在此基础上，本文以下仅从三个方面分别展开分析。

第一，不同社区特征提供了不同的自治基础条件，进而影响自治效果。本次走访调研主要涉及两种社区类型，即农民动迁房和商品房。一方面，动迁房居民大多由村民转变而来，本来就比较熟悉，因而邻里交往会更为信任、更加频繁，邻里互助和自治参与就更加容易。同时，动迁房往往是6层公寓，楼组内居民户数较少，这也为邻里交往、楼组自治创造了有利条件。但另一方面，本地动迁房居民的文化水平可能较低，职业层级可能不高，并往往带有农村生活的某些习惯。再加上动迁房房型紧凑、总价较低、租金便宜，其出售、出租的流动性更大，带来人口结构的快速变化，尤其是外来人口比例的增加。这些都可能带来社区治理的难题，成为楼组自治的阻碍。商品房则与之不同。一方面，商品房居民经济地位、文化水平、文明素质可能更高，同时更关心自身权益，这些因素有助于楼组自治的开展。但另一方面，高层电梯居民也更注重个人隐私，与邻居之间的交流反而可能更少，进而不利于楼组自治。这种两面性并存于同一社区楼组，开展楼组自治需要在不同情境下仔细鉴别和分析。此外，市区动迁房和保障房也具有独特的社区特征，并对基层自治产生不同的影响。

第二，楼组长群体的特征也会影响其促进邻里交往和开展楼组自治的效果。楼组长以退休老年人为主，女性居多，学历略低，党员比例较高，几乎都是本地户籍。这些特征对于邻里交往和楼组自治而言，既有优势也有劣势。优势在于楼组长的阅历与经验丰富，其老年人身份容易获得尊重，能与党组织、居委会保持密切联系。劣势则在于老年人观念更加定型、某些新能力或有不足，更重要的是其身份特征一定程度上可能成为与其他身份居民（在职人群、男性、年轻人、高学历者、外来人口等）交流的障碍，进而影响楼组长的代表性，从而给楼组自治工作带来不利影响。

第三，不同类型居民的利益诉求和参与意愿差别较大，也会影响自治效果。在职人群的生活重心在家庭与事业，社区事务在很多时候不受其重视。以外来人口为主的租客不仅是在职人群，而且由于房产、户籍、语言等障碍的存在，其与本地人的交流也受到限制，对社区缺少认同感和归属感。但这两类人群依然有对美好社区生活的基本需求，这是促进更多居民参与楼组自治的基础。此外，对不同类型居民个性化的利益诉求加以关注，且必要时向上反映，这既是楼组自治工作的内容，也是促进楼组自治的方法。

三　建议对策

结合上述分析思考，本文从推进楼组自治、建立健全群众有效参与机制的角度，提出以下建议对策。

一是完善差异化的制度设计。针对不同类型小区、楼组，由镇社区办指导各居民区制定差异化的“美丽楼道”建设方案，提出差异化的评估标准，给出差异化的支持政策。总的原则是根据楼道硬件条件、居民特征等对市区动迁房、本地动迁房、商品房等提出不同要求。

二是积极支持“美丽楼道”建设。积极推进虹桥镇“美丽楼道”建设专项资金的项目化运作，对楼组自治事务给予积极支持，项目倡导居民充分参与原则。统筹资源，为“美丽楼道”建设提供技术等支持。

三是围绕顽症解决开展自治。统计显示，调查对象认为有利于参与楼组自治的最重要的三个条件依次是通过参与确实能够解决问题（24.8%）、对自己有实际帮助（16.3%）、活动内容有意义（16.1%），均体现了居民以切实解决问题为导向的参与动机。目前，许多楼组仍面临群租、不文明饲养宠物、黑广告等管理顽症，楼组自治工作可以积极围绕各类顽症的解决开展，化危机为契机，通过集思广益、群策群力，实现解决问题与推进自治的良性互动。

四是推进黑广告的源头治理。对于小区楼道内各类广告所涉公司，一旦查实，建议由上级相关部门对其进行相应处理，从源头上制止乱张贴、乱涂画的不良行为。

五是完善党的基层组织体系。健全居民区党组织体系，根据小区、楼组合理设立党支部、党小组。结合在职党员在社区报到的要求，在党员先锋类特色楼组率先设立党小组，原则上2名党员即可设立，推动退休党员和在职党员联合设立党小组，共同参与楼组自治、居民自治工作。

六是壮大优化楼组骨干队伍。以楼组党小组、党员、楼组长、居民代表为基础，挖掘更多楼组居民骨干参与社区治理，构成楼组自治、协商议事的核心力量。原则上，6层公寓每个楼组不少于2位骨干。同时，积极动员、支持不同身份居民担任楼组长，包括在职党员、在职居民、年轻人、外来人口、租客在内的常住居民都可以担任，逐步扩大楼组长队伍的代表性。

七是健全楼组骨干激励机制。楼组长的主要职责是真实了解、反映居民需求、诉求，同时作为志愿者传达有关信息。将楼组长合理酬劳与志愿者补贴相结合，为楼组长、楼组骨干提供合理的物质、精神奖励和保险保障。

八是组织楼组公约修订会议。征询居民意见需求，了解居民基本信息，做到居民户户知情，在修订完善楼组公约的过程中促进邻里交流、凝聚楼组共识。如虹桥东苑38号楼组的居民公约内容通俗易懂，朗朗上口，值得借鉴。

九是鼓励设立楼组自治基金。遵循居民自愿原则，鼓励条件成熟的楼组以自筹的方式设立自治基金。基金由党小组或骨干小组负责管理，账目公开，资金主要用于志愿服务、公益慈善等楼组公共事务。如龙柏易居3号楼组设立楼组自治基金，其做法值得鼓励宣传。

十是构建网络协商议事平台。统计显示，“没有时间”是阻碍居民参加楼组活动的首要原因（34.7%），排在第二、第三位的原因分别是“不清楚活动信息”（15.5%）和“自己参不参加都没有影响”（12.3%）。网络具有即时通信、信息共享、传播广泛的优势，充分发挥网络优势可以克服居民个人的参与障碍。通过建立楼组居民交流群，搭建协商议事平台，保证每户居民都能参与其中，挖掘资源，传递信息，互帮互助，表达诉求，反映问题，并以楼组为单位参加社区事务。经常召开协商议事会，以网络技术降低居民的参与成本。

社区治理

Community Governance

B.17

旅游型社区治理中居委会角色研究

——以上海朱家角镇××街社区为例

祝　琳*

摘　要： 自乡村旅游可持续发展战略提出以来，各具特色的旅游形式在各地快速发展。平衡传统社区生活和商业旅游开发二者间的关系成为当下乡村旅游可持续发展不得不面对的问题。作为社区治理的实施主体和核心组织，村居委会在乡村旅游发展中扮演了非常重要的角色。本文以上海市青浦区朱家角古镇××街社区为例，从自治、管理、服务和动员四方面对社区治理中居委会的角色功能进行分析，并总结相关经验，希望为此类型社区的治理工作提供实践层面的借鉴。

* 祝琳，浙江大学社会学系助理，上海大学社会学硕士。

关键词： 社区治理 乡村旅游 居委会

引 言

2018 年底文化和旅游部、国家发展改革委在等 17 部门联合印发了《关于促进乡村旅游可持续发展的指导意见》（以下简称《意见》）。《意见》明确指出要“重点推动乡村旅游与新型城镇化有机结合”，“合理利用古村古镇、民族村寨”，“促进乡村旅游区域协同发展”。[①] 在乡村旅游政策的东风下，农业生态游、旅游民俗村、古镇文化游等各具特色的旅游形式在各地如火如荼地展开。然而，不论是旅游型乡村还是发展更为成熟的古镇，其首要功能仍是为人们提供居住的场所。平衡传统社区生活和商业旅游开发之间的关系是当下乡村旅游可持续发展不得不面对的问题。作为社区自治的实施主体和核心组织，村居委在此发展过程中如何实现社区治理，如何在保留村社生活共同体属性、保证本地区居民日常生活的同时，兼顾社区旅游业的可持续发展，使社区治理更好地与旅游发展相结合，是值得进一步探讨的问题。

本文以上海市青浦区朱家角古镇某村改居后的居委会为案例背景，结合该居委会的发展历程、工作概况以及内部结构等现实情况，以居委会在基层治理工作中的决策为切入点，探究其在发展过程中的角色定位。希望从朱家角古镇的典型案例中总结经验，为旅游型乡村建设提供借鉴，促进乡村旅游向更高阶段、更宽领域、更高层次发展。

一 文献回顾

针对居委会参与社区治理实践，学术界在近年来曾展开过诸多研究，尤其受到管理学相关学者的青睐。部分学者从国家视角出发，进行了大量宏观

① 《国家 17 部门联合出台促进乡村旅游可持续发展指导意见》，人民网，2018 年 12 月 12 日。

治理模式的提炼与总结。其中较为典型的模式有上海模式、沈阳模式和江汉模式。这些社区治理模式的划分以居委会组织架构改革为核心，着重强调城市管理制度安排下社区村居委扮演的不同角色。[①] 上海模式在社区治理中呈现“强政府”的特点，村居委主要扮演政策传递者和执行者的角色，具有较浓的行政色彩；沈阳模式下，村居委拥有更强的自主性，是社区自治的决策者；而江汉模式则在承袭沈阳模式特点的基础上，注重加强政府与社区的协作，村居委在治理过程中起到桥梁作用。部分学者以社区治理为切入点，得到了相类似的结论，即居委会在社区治理中扮演着上级政府的行政代理人和公民权利的代言人双重角色。[②] 另有部分学者从功能的角度入手，指出现阶段居委会主要包含三种功能：政府管理功能、为民服务功能和提供社会服务功能。

显然，无论从何种角度入手分析居委会在社区治理上的角色扮演，都离不开“行政管理”和“社区自治”这两方面内涵。基于政策话语，社区治理本就是政府在解决社区问题时从“单主体管理转向与多元社会主体的合作治理”的体现。[③] 社区治理最为重要的取向便是（政府）鼓励社区居民进行自我管理，以组织化形式参与到社区公共事务之中。[④] 而《意见》的出台，则正式赋予了村居委将乡村旅游业这一新兴的社区公共事务纳入村居委社区治理范围的合法性和正当性。

然而，村居委参与社区旅游建设发展仍然面临诸多困境：村居民难以参与旅游发展、外来商户和本区居民的共同利益机制难以构建、社区传统与游

① 严志兰、邓志伟：《中国城市社区治理面临的挑战与路径创新探析》，《上海行政学院报》2014 年第 4 期；胡羽：《城市社区治理模式研究——基于三个典型社区治理模式的比较分析》，《理论界》2014 年第 12 期；马全中：《中国社区治理研究：近期回顾与评析》，《新疆师范大学学报》（哲学社会科学版）2017 年第 2 期。

② 冯敏良、高扬：《论政府与城市居民委员会的关系调适》，《西南交通大学学报》（社会科学版）2007 年第 3 期；侯利文：《去行政化的悖论：被困的居委会及其解困的路径》，《社会主义研究》2018 年第 2 期。

③ 马西恒：《社区治理创新》，上海学林出版社，2011。

④ 李培志：《城市社区治理结构变迁与业主委员会的发展环境》，《黑龙江社会科学》2014 年第 5 期。

客体验需求难以融合等。学者的相关研究也证实了上述问题的存在。例如，在一项对湘西民族旅游村寨协同治理的研究中，学者发现，由于当地村委会和旅游开发商沟通不善，当地居民在旅游业中充当保洁、保安等廉价劳动力，旅游业的发展在破坏居民原本宁静的生活的同时，未能带来生活水平的提高，导致居民对景区开发缺乏热情甚至产生抵触情绪，阻碍当地旅游业的发展。[①] 虽然大众普遍意识到了社区参与旅游发展的重要性，学者们也看好社区参与旅游发展的前景，但对于其发展过程中所面临的困境也存在一定的担忧。厘清社区居委会在旅游发展中的角色扮演，总结成功经验，对当下古镇旅游乃至乡村旅游业的发展至关重要，这也是笔者对此进行探究的目的所在。

二　居委会在旅游型社区治理中的多重角色

众所周知，位于上海市郊区的朱家角古镇是国内著名的文化古镇之一，早在2016年便被住房和城乡建设部纳入127个中国特色小镇名单。朱家角古镇在发展旅游业方面位于全国前列，积累了相当丰富的经验。××街社区位于古镇的漕港河北岸，东临南港大桥，西至水产村，南傍黄金水道漕港河，北靠大淀湖，辖区面积约128万平方米，辖区内有200余家社会团体及商业网点，是一个典型的混合式综合社区。[②] 笔者走访发现，该区居民构成比较复杂，除了世居村民之外，因旅游业的发展，还吸纳了大量的散户居民，主要包括工商个体经营户、进城务工的农民工和临时租房户等。其中“世居村民、工商个体经营户约占2/3的比例”，并且，世居村民以老年人为主，而工商个体经营户则以年轻的移居居民为主”。（××街区居委会－张主任）

目前，××街社区居委会主要由居委会党支部领导。党支部下设支部书

① 熊礼明、薛其林：《社区参与民族村寨旅游发展的困境和思路》，《长沙大学学报》2018年第3期。

② 参见《朱家角乡志》·序一。

记、支部副书记和支部委员，由支部书记负责宣传思想文明工作，做好纪检监察、组织人事、干部作风建设、人民武装等基本工作。居委会各干部以自我教育、自我管理、自我服务为宗旨，加强学习、以身作则，认真做好本职工作。在此基础上，××街社区居委会力图把基层治理新理念与社区实情充分结合，进一步下移重心、下沉资源、下放权力，形成了独具特色的“党-社区-村民”三方联动机制。在加强党组织领导下的基层自治工作的同时，发挥基层“末梢”队伍在密切联系、服务基层方面的桥梁和纽带作用，并积极落实便民惠民等志愿服务，深化服务型党组织建设。通过不断的摸索与社区治理实践，××街社区居委会对自身在社区治理过程中的角色功能进行了清晰的划分，具体可分为自治角色、管理角色、服务角色和动员角色。

（一）自治角色

自治，是相对于他治而言的，它是指组织和个人自我管理、自我决定自己事情的方式。我国在《城市居民委员会组织法》第二条中对社区居委会的性质做出了明确的规定：“居民委员会是居民自我管理、自我教育、自我服务的基层群众性自治组织。”本文中提及的是社区自治中居委会的自治角色，它是基层群众自治形式的重要组成部分，特指人民群众直接参与管理基层公共事务。

部分学者认为村居委是依附于政府及其派出机关的“准行政组织”，严格执行上级机构的政策指令，行政色彩浓厚。为了扭转居委会在当地居民心中“二政府”的形象，××街区居委会在宣传方面开展了大量工作：设置宣传窗公开居委会日常工作内容、招募社区志愿者参与社区宣传板报设计、针对社区老年人多的现状开设老年大学进行定期宣传教育等。

“按上面的规定，居委会要接受区、街道办事处等政府部门的领导，尤其是街道办事处，那个是直接领导居委会的。但是作为我们社区居委会来讲，虽然也接受一些上级指派给我们的任务，比如计生啊、人口登记啊、双拥工作等，但主要还是我们自己组织工作和活动，上级就是给我们一定的工作指导、支持和帮助。你比如说，我们居委会有老年大学，我相信你们一进门应该已经看到了，我们也像大学一样，定期举办读书会……我们居委会的财务也是公开透明的，都会在宣传窗里贴出来，旁边还弄了信箱和反馈墙，居民有疑问或者意见都可以提的，纸和笔都放在那里。”（××街区居委会－张主任）

在社区居委会和志愿者的共同努力下社区的自治性质不再只停留于文字，而是通过居民可以接受、理解的形式，深入社区居民认知层面。

（对于居委会是自治组织您怎么看?）“这个我知道的呀，我们居委会的宣传窗里有的，居委会开会的时候也跟我们讲过这个事情的。自治么，就是自己管好自己的事情。”（××街区世居村民－仇伯）

“你看对面那个社区，建了这么多新楼开商店，我们这里是没有的，因为上次我们开会，居民都过来投票的，大家不同意，居委会也就没权力决定，毕竟它是要给我们老百姓干事情的……不想盖楼，又要赚钱，大家就一起想办法，最后就弄了原生态，原汁原味，城里面的人最后还是喜欢我们这一套。”（××街区湖畔餐馆老板－仇叔）

从上述材料可以看到，居委会对自治的宣传到位，极大激发了当地居民参与社区治理的热情。尤其是在旅游开发商进驻社区的过程中，社区居民不但没有像其他地区一样，与开发商、居委会产生冲突，反而通过反复的协调与沟通，建立起了有效的利益协调机制。沿街住宅在居委会统筹下改建成商铺，屋主自由选择出租或申请成为工商个体户。既保证了开发商开发旅游资源的利益，又在充分尊重居民意愿的同时提高了居民的收入，同时还满足了旅游者体会当地特色生活的需求，真正实现了自我治理、自我发展。

（二）管理者角色

管理是指为高效实现组织目标，在充分合理利用组织人力、物力和财力的基础上采取计划、组织、领导、控制及创新等手段的过程。在社区自治理念逐步深入的过程中，居委会在实际上仍承担着政府基层组织的职责，是街道办事处不可或缺的“左膀右臂”。多项区政府下达的指标和布置的任务仍然需要社区居委会一一落实。

根据××街社区居委会书记向我们展示的工作记录簿，在社区居委会日常处理的全部工作中，来源于街道办事处和上级机构的行政性及考核性评比工作约占50%，相关机构和单位指派的代理工作任务约占20%。由于古镇发展旅游业这一特殊性，××街社区居委会的管理范围也比一般居委会更大，内容也更多。

“旅游开发之前，我们这里基本上是当地居民，旅游开发后，外来人口明显增多。本地户籍、上海非朱家角户籍和非上海户籍，按照往年的比例，大概是1∶1∶1，大概各占33%，老外的话凤毛麟角也就不算了。沿街住宅都开发成商铺，人口越来越多。店开在前面，家住在附近。”（××街区居委会党支部－邵书记）

除了对外来商户的登记管理，××街社区还负责景区人流控制、流动摊贩管理和消防管理等其他工作。以居住房改商铺为例，居民们不同意旅游开发商破坏原有建筑改建商业型大楼，但街区老房又多为木质楼房，一旦改作商铺，用火、用电的频率将大大上升，随之而来的安全隐患不可忽视。街区居委会在充分尊重民意的前提下，对老住宅结构的安全性进行评估，统一规划，制定了社区旧楼改造方案和消防管理方案；邀请专业团队实行统一的安全改造，社区统一购置消防用品；建立商铺消防志愿者队伍和网络联系群，定期培训，及时反馈和解决问题。

“其实这一块，最严重的就是消防安全。我们这边都是木质结构建筑，房屋都是连在一起的。所以，我们这消防安全抓得最厉害了……我们这大概有两百多家商铺，我们挑选了十几个商铺的义务消防志愿者，成立了一支志愿者队伍。他们每天穿着印有‘义务消防’字样的红马甲在各商铺间巡逻。并且我们每隔一段距离，在一些比较大的商铺里设置消防器材存放点，并定期换新重装。若有什么突发火灾，就可以就近援助。”（××街区居委会－张主任）

“我们和各商铺都有微信群，我们有什么政策性的指令就在平台上发布，他们有什么问题也可以及时向我们反映，我们能解决的一定尽力帮他们解决，我们不能解决的，就反映到上级部门或者相关部门帮他们解决。”（××街区居委会党支部－邵书记）

（三）服务角色

社区居委会确立服务角色的价值就在于它既是取得民意支持的基本条件，也是不断提升其公共服务形象的必然。社区居委会是以居民的居住权为基础形成的基层群众性自治组织，是社区全体居民的利益代言组织。因此，其服务角色主要表现为两个方面：一是以最大限度满足社区居民的生活需要为根本出发点；二是顺应古镇商业旅游发展新形势，提升公共服务的形象。

（1）以社区居民生活需要为根本出发点

社区如同一个家庭，人在社区中处于主体地位，这也是社会发展和建设的基本要求。××街社区居委会近年来坚持为人民服务的宗旨，以社区居民生活为出发点，努力改善居民的生活，为居民提供各种需求。例如，针对世居居民老龄化的现象，居委会在办公地大堂设立了满足老年人学习、交流需要的老年大学，定期开展健康知识讲座（例如每周四下午的读书活动）、赏花活动、书法交流会等。社区还对居民的文体爱好进行问卷、访谈调研，在充分了解居民需求的前提下，组织建立了拳操队、广场舞队、合唱团等文体类组织，并在社区设立了多个居民健身点，方便居民进行日常身体锻炼，丰富居民业余生活。

在致力于让生活在社区中的居民更加舒适的前提下，××街社区居委会还努力调和世居村民和移居居民之间的矛盾，促进彼此和睦相处，营造和谐、融洽的居住氛围。在谈及如何处理外来人口和本地居民之间的矛盾时，张主任这样说道：

“态度决定一切！我们都是一家人，上海市委前书记俞正声说过一句话：‘同一片蓝天下，大家相识都是一种缘分，为何要去歧视他？’在我们眼里，外地人和本地人都是一样的，我们不会去偏袒其中任何一方，一定是讲人情讲道理、就事说事的。”（××街区居委会－张主任）

除了在日常生活中对世居村民和移居居民采取一视同仁的工作态度，张主任表示，他们也会在居委会组织的各项活动中增加双方交流的机会，例如节假日一起包当地特色的肉粽、开设沪语交流学习小组，共同参加社区晚会表演等。

（2）顺应商业旅游发展新形式，提升公共服务形象

作为旅游地，发展旅游经济亦是居委会工作的重要组成部分。××街社区居委会顺应商业旅游发展的新形势，根据古镇的旅游淡旺季人流量、古镇旅游资源的承载量等，专门出台了关于流动摊贩治理、人流控制上限、消防维护等相关政策，并通过商户微信群、志愿者宣传等手段传达给居民。

“为了保障游客的旅游质量，同时也是出于对古镇的保护，我们这边每个路口都装着流量监控设备，人流量一饱和，平台上就会显示，指挥中心就会进行限流，在放生桥上拉警戒线，在老街中间每隔 10 米、20 米都有特保来控制人流量。”（××街区居委会－张主任）

为及时了解社区居民对旅游业发展的意见建议，社区在居委会办公大院一楼专门设立了聊天室接待社区居民，并安排专人做好意见的记录和整理工作。同时为更好地服务外来商户和游客，居委会还组织建立了来沪人员综合服务站、志愿服务站、红十字服务站等，努力提升自己的公共服务形象。

（四）动员角色

社区居委会在社区治理中的成效不仅取决于居委会自身行动，更在于能否充分调动社区居民参与社区建设和治理实际工作，即社区居委会的动员作用是否发挥到位。××街社区居委会动员作用的发挥主要体现在以下两方面。

（1）组织和动员广大社区居民参与社区居委会换届选举活动

笔者走访期间适逢××街社区居委换届选举前期准备阶段。居委会的宣传栏、宣传黑板甚至是社区大会堂都摆满了各项关于换届选举的宣传内容：选举的形式与基本流程、候选人的事迹及入围理由、评价标准等。因社区发展旅游业，存在大量长租或流动性较强的居民，××社区也兼顾了上述类型居民的表达权利，在常规居委会换届选举的机制中增加了商贩、租户的意见表达通道。

笔者了解到，居委会为保证每一位居民都能参与社区公共事务的管理，

同时又不影响部分居民照顾商铺生意的需求，特地设立了网络工作小组负责网络宣传和网上处理民情工作。考虑到部分居民尤其是年长者对网络工具的不适应，居委会还安排专门的工作人员前往住户的家中开展动员工作。

（2）组织和动员广大社区居民参与各项社区公益性、自愿性活动

笔者在走访过程中，随机选择了几位居民展开交流，这些被访者无一例外对居委会的动员工作表示肯定与赞赏。

“以前，我们都不怎么关注这些事情的，本身是外地人，就一个清洁工，也没什么文化，这种事情轮不到我们的，让人家懂的人搞就好了。但是居委会很负责的，他们总是会派人过来叫我们参加活动，比如看电影啊、看人家跳舞啊，很多的。”（××街社区外来打工者－王大姐）

“他们工作做得蛮到位的。今天下午就有个什么健康讲座，昨天来人叫我们去参加，我有事去不了，但是家里的老人去一去还是蛮好的，而且居委会的人跟我们还都挺熟悉的，不去也不好意思。”（××街社区世居居民－李阿姨）

“我平时要打理我的咖啡店，比较忙，本来没什么时间参与这类活动。但是居委会一直挺照顾我们这些商家的，所以就报名参加了商铺志愿者，也不会太忙，主要就是在微信群转发一些信息，定期提醒商铺注意消防安全，协助更新消防设施。本身我也属于受益方。”（××街社区文艺咖啡馆负责人－S女士）

综上所述，××街社区居委会在实践工作中，在自治、管理、服务和动员这四方面角色定位准确，自治角色权责明晰，管理角色水平高，服务角色到位，动员角色执行力强，为旅游型社区治理提供了可借鉴的范本。

三　结论

本文以上海青浦区朱家角古镇××街社区为例，从自治、管理、服务和动员四方面对社区治理中居委会的角色功能进行分析。××街社区居委会通过鼓励居民参与社区改造，提高了社区居民的自治能力，消解居民与开发商

之间的冲突；通过社区登记、客流量控制等管理手段实现社区的旅游资源可持续发展，也保障了社区安全与稳定；通过社会化媒体、社会组织等方式对社区居民进行服务与动员，切实提高了社区治理效率。

总体而言，××街社区居委会不仅克服了旅游型社区由人员复杂、利益交错带来的治理复杂性，还将社区生活与文化、旅游相结合，使商业经营与居民日常生活和谐共生，为同类社区的治理提供了重要的经验参考。

B.18

以社区评估推动城市安全社区建设

——北京市YT街道的实践

马晓燕*

摘　要： 针对当前安全社区建设评估项目存在的问题，北京市西城区YT街道在持续多年的安全社区创建经验的基础上，对原有的各种安全社区创建指标进行整合，建立了分层次的指标体系，以项目制的运作方式，引导居民积极参与，有效提升了社区治理和平安社区建设的效果。

关键词： 安全社区　社区建设　社区评估

一　安全社区与平安创建评估

安全社区（国内有时也称为“平安社区”）的概念，由世界卫生组织在1989年发布的《安全社区宣言》首次提出，宣言指出：“任何人都享有健康和安全的权利。世界卫生组织保障人类享有这一权利的重要方式是在全球范围内推广‘安全社区’的概念。”目前，国际上对安全社区这一提法比较一致的理解是已建立相关组织机构，社区有关部门、企业、志愿者和个人共同参与伤害预防和安全促进工作，持续改进地实现健康目标的社区。

在国内，国家安全生产监督管理局于2002年举办了“建设安全社区”

* 马晓燕，社会学博士，北京市社会科学院副研究员、研究方向为城市社会学、社区研究。

研讨会。在此后的几年内，国家安全生产监督管理局制定安全社区的标准，在全国范围内推广安全社区建设项目，并提出数量逐年增多的全国安全社区建成目标。

目前，北京市在城市安全社区的建设与评估上，除了世界卫生组织的安全社区建设与评估、国家安全生产监督管理局组织的全国安全社区评估，还有北京市民政局组织的北京市安全社区建设与评估。这些涉及基层平安建设的评估项目类型多，评估体系分别由不同的部门牵头，涉及内容繁多，指标类型多样，标准和要求各有不同，基层难以真正落实。西城区 YT 街道通过深入调研，在街道各社区十多年社会治理与平安建设的实践基础上，经过多次尝试，设计出一套科学、有效、规范、易操作的指标体系来检测与评估平安社区创建的核心内容。评估工作以有效的机制创新和制度安排，调动辖区居民群众参与平安建设的积极性和创造性，激励和推动职能部门及时履行平安社区创建职责，提高了居民群众的安全感和满意度，提升了基层街道安全社区建设与社区治理的能力和水平。

二 安全社区创建评估的组织实施

（一）安全社区创建评估实施原则

社区平安建设评估体系是对社区平安创建活动设置、参与和执行加以测量的一项系统工程。建立一套科学合理的评估体系，对推进基层平安建设向纵深发展具有十分重要的导向作用。针对当前社区平安建设评估项目存在的问题，YT 街道在持续多年的世界卫生组织安全社区建设与评估、国家安全生产监督管理局全国安全社区评估和北京市民政局安全社区建设与评估的基础上，对原有的各种平安（安全）社区创建指标进行整合，开展了新的安全社区建设评估。

一是在评估理念上，注重以社区居民的意愿为导向。在设计平安社区创建评估方案时，YT 街道以社区居民的安全需要为导向，运用社区协商、民主测评、居民评估等制度机制，调动辖区居民群众参与平安创建的积极性和创造性。通过政府和社会的良性互动，以解决问题为目的，把居民群众最需要、最关心、最迫切的安全需求作为平安创建的重要指标，充分体现了基层党委政府以服务为宗旨、以民意为导向、以发展为目标的以人为本理念。

二是在评估机制上，形成对社区安全建设各主体的全面统一评估体系。由于当前开展的各类型基层平安社区建设评估普遍存在牵涉单位多、权责不明确、协调难度大等问题，YT 街道在新的平安社区创建评估工作中，通过设置项目制的运作方式，将地区各单位、各部门、各职能站所纳入统一的评估管理体系中，对各单位、部门、职能站所在安全社区创建中的工作进行评估，由居民群众打分，使整个辖区的职能部门、科站队所和社会单位形成合力，有效地整合了辖区资源，为解决社区平安建设中的实际问题发挥了重要作用。

三是在评估方式上，采取双向评估和多样化评估。为了使社区平安创建评估更具有科学性，全面系统真实地反映平安创建的实效，YT 街道采用了多样化的评估方式。第一，从评估方向看，改变以往上级评价下级、政府评价社区的单向度评估方向，街道设计了自下而上和自下而上的双向评估方式，尽可能从公正、客观角度出发对相关评估内容的责任主体做出评估。第二，从评估内容看，街道设计了多种类型的测评内容，有项目评估，比如由社区居民群众以民主评议的方式确定的递进性指标设立的项目；有事件评估，比如否定性指标涉及的社区内重大涉稳事件、社区可防性案件发案、重点人员漏管失控引发的事件等；有对部门、单位、社区和居民的评估，比如，各类指标涉及的相关责任部门、社区居民的参与度等。第三，从评估时间看，评估分为对递进性指标确定的项目的定期评估（如季度评估、年度评估），以及对基础性指标、否定性指标和参与度指标的常规评估。

（二）分层统一的安全社区创建评估指标体系

评估指标体系作为安全社区建设效能测评的具体项目，应当完整准确地反映安全社区建设的目标要求，科学统一又富有符合区域特色。YT 街道按照“有效整合力量资源，科学创新评估模式，积极发挥群众监督，分级持续改进问题”的原则，结合街道实际情况和区域特点、居民需求，将各类同项迎检指标整合，设计了分层次的指标体系，有效解决了现有的评估体系存在牵头部门多、指标名目多、考核要求与社区情况不符、部门职责交叉等问题。

一是基础性指标，是根据《北京市安全社区指导标准实施细则（试行)》和“六型社区”关于安全社区创建的相关要求，按照各职能部门在安全社区创建活动中的责任分拣出的 22 条评估指标。主要包括社区网格化管理水平、社区综合服务管理平台建设、社区警务工作水平及见警率、社区人民调解组织工作、消防安全工作、来京人员和出租房屋管理、社会治安和安全状况告知制度、流动人口和出租房屋登记制度、社区矫正制度、社区反邪教工作、突发公共卫生事件和突发事件紧急医疗救援的应急反应和应急预案、社区防灾减灾活动、社区专职群防群治队伍和社区治安志愿者队伍建设、社区严重精神障碍患者管理、青少年法制教育组织、社区物技防建设状况等。通过社区居民对基础性指标进行打分评价，主要考察各职能部门在平安社区创建活动中的基本履职情况。

二是递进式指标，是街道考察社区平安建设递进式发展的评估依据。递进式指标的设计依据主要是社区居民在平安社区方面的需求，即居民关心什么问题就在指标体系中设计相应指标。社区通过组织召开居民代表大会或居民大会等形式，对所属辖区居民进行民意调查，汇总调查结果，把居民反映最强烈、问题最为突出的前三项事项设定为下一年度平安社区创建的项目指标，由街道派发给各职能部门、各相关科室、各科站队所，再以年度“办实事”项目等形式结合本职工作改进提升，再次接受居民评估反馈。

三是参与率指标，主要考察社区组织动员驻地社会单位和社区居民参与治安志愿服务的情况，包括居民参与重大活动的安保情况、日常邻里守望开展情况、参与社区公益服务情况、涉稳安全信息的及时发现并上报等。参与率指标主要通过测评社区组织、动员和引领辖区居民参与平安建设的能力来考察平安社区建设的群众基础。

四是否决性指标，是根据市、区两级平安建设的相关规定，结合西城区平安建设水平确定的刚性指标，重点是考察社区有无发生重大涉稳事件、社区可防性案件的发案率、重点人员因漏管失控发生的事件、非正常信访事件、突出治安问题、重特大治安案件、火灾等灾害事故等。社区发生否决性指标涉及的事件，要扣除相关科站队所的分值，并将该指标作为社区第二年的递进式指标持续加以考察。

分层次的指标设计，既考察了平安社区的基层基础建设，也充分考虑到了各个社区的不同情况，使指标的设置更加科学合理，充分调动了基层平安建设的积极性、主动性和创造性。

（三）动态开放的安全社区创建评估流程

安全社区创建评估的实施以年度为周期，分为评估准备、评估推进、评估总结三个阶段，每年的 1～12 月为一个创建评估周期。

1. 评估准备阶段，在每年 1 月实施

主要任务：一是制定方案，明确平安创建评估的工作目标、组织领导、评估内容和工作步骤，组织各社区、相关科室、职能部门召开部署会，学习方案，解读指标体系和评估细则，安排部署相关工作等；二是街道和社区通过媒体、宣传栏等平台加强组织发动和宣传工作，社区组织引导社会单位、居民群众参与营造平安创建的氛围。

2. 评估推进阶段，在每年 2～11 月实施

主要任务是公布、确定各类型指标，不同类型指标依据各自的实施进程，相继进入不同的实施环节，最后完成评估。一是基础性指标，首先进行为期半个月的公示，同时以会议形式为居民代表详细解读指标内容，让社区居民对基础性指标各项标准、评估细则充分掌握，使居民评估打分有据可依，做到客观公正。其次，在充分公开公示的基础上，组织居民代表针对年度平安建设基础性指标内容，实地察看基础建设和台账记录，熟悉基础指标落实情况。最后，召开居民代表大会集中评估打分，指导组要对评估现场和

评分汇总进行监督。二是递进性指标，先由社区召开居民大会收集居民反映的关于平安建设方面的突出问题和需求，经社区居民代表大会讨论形成最突出的前三项事情，以专项议题形式报街道班子会审议确定为年度平安创建递进性指标待办项目。之后，各部门、职能站所结合职责认领，制定工作措施加以落实。督办组对各部门、职能站所完成递进性指标项目进行全程督办。三是参与度指标，由社区党委、居委会结合群众参与度指标要求，积极发动社区单位、居民深入参与年度平安社区创建活动，围绕社区治安、民生、文体等建立健全各类志愿服务队伍，深入开展志愿服务活动，完善群防群治、公益服务等各类志愿工作台账记录，及时报送工作信息。

3. 评估总结阶段，在每年的12月落实

首先，街道指导社区召开居民代表大会，对全年递进性指标项目完成情况进行评估打分。围绕未完成的项目以及其他方面的突出问题开展讨论，形成次年度的递进性指标待办项目上报街道平安社区创建领导小组办公室。同时，根据社区群众参与度指标和否决性指标评估标准，通过实地考察、查看台账记录、成效评估等方式对社区进行评估打分。其次，对全年的各项指标数据及评估结果进行汇总、分析，由领导小组进行审议确定。在街道班子会上进行汇报，并以专题会议形式向各职能站所主管单位通报评估结果，将社区评估结果和街道部门、职能站所履职评估情况进行专版公示。最后，领导小组召开会议对创建试点工作进行总结，梳理工作经验及不足，进一步改善工作，增强实效，形成创建试点工作报告，为下一步创建工作在全区的全面推行提供依据和参考。

整个评估工作在一个年度完成一次闭环工作流程。在整个流程的推进过程中，对各层次的指标设置实施动态化管理，对需要完善、增设的指标，进行统一规范，通过设置指标持续改进机制，可以确保新发现的问题和任务得到及时有效的改进和贯彻落实，确保社区平安基础不断加强。

（四）街道统筹、上下协同的平安社区创建评估工作体系

平安建设是一项综合性的系统工程，涵盖内容多，涉及部门广，为了加

强各单位和部门之间的工作协调，推进各项工作高效、有序开展，YT 街道搭建起街道统筹、上下协同的跨部门整合的工作体系。

一是成立 YT 街道平安社区创建工作领导小组（以下简称领导小组），由街道工委书记、办事处主任担任组长，吸收各科室、各社区和属地职能站所为成员单位。领导小组全盘负责平安社区建设评估的统筹部署，各成员单位结合各项指标要求，认领工作、履行职责。领导小组下设办公室，负责平安社区创建工作的组织、实施及其他相关业务工作。

二是整合力量，组建分工合作、职责明确的工作团队。街道吸纳各科室和属地各职能站所成立了指导组、推进组、督办组和评估组，各组之间紧密配合，形成合力，共同推进平安社区建设评估工作高效有序展开。指导组由街道办公室、组织部、综治办、全响应指挥中心、社会办、信访办组成。综治办负责整体协调部署、计划、总结，确定各类指标。办公室、组织部、全响应指挥中心、社会办、信访办按照各自渠道负责递进性指标项目的收集、整理。办公室、综治办负责递进性指标完成情况和评估结果的分派、公示和完成情况通报。推进组由各成员单位及相关部门组成，成员单位和相关部门根据认领情况以项目化形式推进完成递进性指标待办事项，由财政科、纪检科、街道班子会审核立项，成员单位和相关部门严格按照计划执行项目，及时向督办组上报完成情况。督办组由办公室、综治办、财务科、纪检科组成，综治办配合办公室对成员单位完成递进性指标待办项目的进展进行督办，并及时将完成情况向班子会和社区、职能部门进行通报。财务科负责项目经费支出监督审查，纪检科负责督办项目工作成效。评估组由综治办、社会办、派出所、防火办、信访办、司法所、维稳办、统计所、各社区组成，相应部门分别对基础性指标、递进式指标、参与率指标和否决性指标进行评估。统计所负责数据分析、汇总。综治办负责平安社区创建评比，以及成员单位和部门履职情况、群众满意度的综合评估。

通过健全的组织机构、精细的职责分工，街道有效整合了力量资源，形成了党政领导、综治协调、部门负责、社会协同、公众参与的平安创建工作格局，为营造平安、和谐、宜居的地区环境提供了保障。

三　街道平安社区创建评估效果分析

通过对YT街道连续两年平安社区创建评估工作的全面考察，可以发现这一创建评估工作已经取得了较为明显的效果，

（一）平安创建评估形成了平安社区建设的工作抓手

随着社会治理的不断深化，推动平安建设向纵深发展已经进入关键时刻，YT街道一直将平安创建工作放在街道工委、办事处日常工作的重要位置。但是，统筹带动各方面的力量在社区层面开展工作，使基层平安建设真正进入社区，一直以来是一个难题。平安社区创建评估工作将地区各单位、各部门、各职能站所都纳入统一的平安创建评估管理体系中，以项目制形式将围绕社区治安、安全的各类基础建设问题、突出问题细化罗列，由相关职能部门认领并在社区居民的监督下有效落实，使社区平安创建有了工作抓手，切实有效地推进了基层平安创建工作。

（二）平安社区建设评估明确了部门工作职责

基层平安建设是一个涉及多部门的系统工程，以往的评估体系分别由不同的部门牵头，评估标准和要求不一致，职责不明确，街道协调难度大。平安创建评估在项目方案中明确了街道各科室和职能部门各队所的工作职责，职能部门和科站队所依据居民对基础性指标的评估打分，制定整改计划，明确措施，确保社区平安建设基础工作不断得到加强。递进性指标确定后由各部门、职能站所结合职责认领，制定工作措施，确保圆满完成项目。街道在评估体系完善的机制创新和制度安排下，充分调动社区居民的能动性，监督专业和职能部门，推动职能部门在基层平安创建中实现高效协调运行和积极履职。

（三）平安社区建设评估找准了基层平安建设的工作重点

平安社区建设评估通过自下而上的评估方式，为基层政府提供了一个主

动向社会征求意见，汇集民意的机会，让居民能够在充分知情的基础上，参与社区平安建设的相关工作，发表意见。递进性指标是通过对所属辖区居民广泛征求意见，进行民意调查和结果汇总，从居民反映最强烈的问题中确定的。从各社区收集上来的递进性指标的问题分析结果显示，社区居民需要组织解决的安全问题呈多样化，递进式指标充分反映了不同类型社区居民对社区治安环境有不同的期望与建议，反映了居民对社区安全的满意程度，实现了政府与社会公众的沟通，充分呈现了基层平安建设的工作重点。

（四）平安社区建设评估提升了社区居民的满意度

平安社区建设评估以服务为宗旨、以民意为导向、以发展为目标。评估活动从指标设计到推进、实施、评分等环节，充分运用社区协商、民主测评、居民评估等制度安排，广泛调动了社区单位、居民参与的积极性，这种以自下而上为路径由居民评估政府及其部门的工作思路，充分体现了基层党委、政府注重社区自治组织、社会单位和居民等主体在涉及平安社区建设事务上的决策、执行和监督权利，充分体现了社区居民在社会治理领域发挥越来越重要的作用。通过平安社区创建评估活动，利用社区参与者的扩散、延伸、辐射效应，拉近了基层政府与社区居民的距离，便于政府组织开展工作；参与平安创建的评估者提出有利于改进政府公共服务的建议，增强了基层政府与居民的互动，有利于街道提高为民服务的质量，形成良性互动的氛围，营造基层平安共建共享的氛围，树立了基层政府以人为本的公共服务新形象。

（五）平安社区建设评估缓解了基层平安建设的难点问题

在当前面临各种社会风险、社会问题的背景下，基层社会安全与稳定面临诸多难题与挑战，平安社区建设评估的开展，以问题导向为原则，通过精准定位，能够有效挖掘出真正影响基层社会治安安全的重点、难点问题，并通过社会协同，针对不同社会问题的不同层级，制定科学合理的解决对策。因此，坚持问题导向，在精准发现问题的基础上逐步解决问题是平安社区建设评估取得的切实效果。

（六）平安社区建设评估凸显了未来基层平安建设的工作方向

平安社区创建评估方式实现由自上而下的推进向自下而上反向推进的转变，体现了基层政府自身定位的转变。基层政府从社区外部的干预者转变成为社区的内生式伙伴。在递进性指标设置过程中，顺应地区居民不断提高的参与地区建设的民主意识，评估手段采取了向社区的服务对象、广大社区居民发放调查问卷以及集中评议等多种方式，收集社区居民反映较多的问题和意见建议，将其转化为具体可测量的指标，充分体现了基层政府公共管理改革的基本方向，是社会治理创新的体现，也成为引导未来社区平安建设的工作方向。

B.19

城市社区协商议事的成效、问题及优化路径

——以北京市为例*

张菊枝**

摘　要： 社区协商议事成为推动社区有效治理的重要手段和平台，在新的时期将是一个必然的发展趋势。本文基于调研分别从社区协商议事的基本运行特征、运行机制和成效、影响因素、存在的问题及优化路径等方面进行了深入剖析。研究发现，多数建有社区议事厅的社区中社区协商议事呈现较高的发展水平，不同的社区结合自身的特点和实际在社区协商议事的总体框架下进行了不同程度的创新实践。社区协商议事的发展程度更多地与掌握社区优势资源的利益主体的贡献程度直接相关，协商议事结果的落实成为制约社区协商议事的关键问题，其根本的解决办法在于各方利益主体观念的转变，以及各方利益主体的共同支持和配合。只有这样，才能保障协商议事工作有效开展。

关键词： 城市社区　协商议事　基层治理

---

* 本文是北京城市学院2019年青年教师社会调研课题暨“百村（社区）调研”社会服务项目成果，项目编号：XCSDY2019012。

** 张菊枝，北京城市学院副教授、社会工作专业教研室主任，研究方向为社会工作、社区治理。在此特别感谢我的研究生们，他们多位同时也是工作在基层一线的社区工作者，如顿伟丽、陈艳群、张霄林、刘斌、杨红斌等，他们为本文的撰写提供了丰富的素材和第一手资料，感谢他们对社区工作的辛苦努力和倾心付出。

社区协商议事成为推动社区有效治理的重要手段和平台，它在新的时期将是一个必然的发展趋势。社区协商议事有利于社区成员协商解决自身的实际困难和社区公共问题，有利于促进社区治理和自治的有效实现。加强社区协商议事，是稳步推进社区治理的重要内容，是建设社会主义政治文明的必然要求。

一　问题的提出

社区协商议事能够为社区公共问题的解决、社区居民多元需求的满足提供重要平台和手段，是国家治理能力现代化在社区层面的具体表现。随着社区协商议事功能的逐渐显现，其发展也越来越受到从中央到地方各级相关部门的高度重视。为了更进一步推动和促进社区协商议事的稳步性和规范性发展，从国家到地方相继出台多种政策大力倡导和推动社区协商议事工作的开展。如党的十九大报告中指出要加强协商民主制度建设，形成完整的制度程序和参与实践，保证人民在日常政治生活中有广泛持续深入参与的权利，又如《关于加强城乡社区协商的意见》和《关于加强和完善城乡社区治理的意见》的相继出台。推进社区协商议事的制度化、丰富协商的内容和形式成为加强社区治理的重要内容，社区协商议事实践在培养居民议事协商精神、畅通基层民意表达渠道、激发居民参与协商的活力、统筹辖区社会资源等方面具有重要功能。北京市积极响应政策，发布《北京市社区议事厅工作指导规程（试行)》，号召在全市范围内开展社区协商议事，各街道社区根据自身的现实需求积极开展了形式多样的探索实践。本次调研的目的是从总体上了解北京市社区协商议事的发展现状，以社区议事厅为载体，构建社区协商议事发展状况及其影响因素指标体系，在查阅文献的基础上运用问卷调查法、深度访谈法等研究方法开展实地研究，并在此基础上总结社区协商议事取得的成效和经验，发现存在的问题或不足，并提出优化的建议和对策。同时以小见大，通过对北京市社区协商议事典型案例的实践分析，结合相关文献，来探讨优化社区协商议事的关键问题，以期为推动和深化社区协商议事制度的落实提供可供参考和借鉴的经验。

二 文献综述

社区协商议事是协商民主理论在社区层面的具体实践。协商民主理论是西方学术界20世纪后期兴起的民主理论。协商民主的概念是1980年约瑟夫·M.毕塞特在《协商民主：共和政府中的多数原则》一文中首次提出的[①]。总体来看，国外有关协商民主理论的研究基本可以划分为三个角度。一是组织形式上的协商民主，“协商民主意味着是一种由其社区成员开展公共协商进行支配的组织”，这种组织“将民主本身视为一种基本的政治理想”[②]。二是决策形式上的协商民主，如米勒认为，协商民主体制意味着其参与者被允许自由表达自己的意见，更重要的是社会成员相反的意见也能被考虑[③]。三是治理形式上的协商民主，瓦拉斯认为，协商民主具有巨大潜能，它是一种有效的治理形式，更为重要的是它能回应多元文化间的差异性，为多元文化的对话提供了极大可能[④]。

整体来看，国内目前对协商民主理论的研究主要集中在两个方面：一方面是翻译介绍国外有关协商民主理论的观点和主张；另一方面是基于国情研究和分析协商民主在中国的可行性，回溯中国传统历史文化与协商民主理论的契合性，聚焦协商民主理论在中国的实践模式和发展情况。

陈家刚[⑤]对协商民主的内涵、价值意义、发展历程及走向做了翻译介绍，是国内协商民主理论界的奠基者。陈剩勇[⑥]认为，协商民主在中国社会

---

① Joseph M. Bessette, “Deliberative Democracy：The Majority Principle in Republican Government”, Robert A. Goldwin, William A. Schambra, *How Democratic Is the Constitution*? Washington: American Enterprise Institute, 1980, pp. 102 – 116.

② 乔舒亚·科恩：《协商与民主合法性》，詹姆斯·博曼、威廉·雷吉主编《协商民主：论理性与政治》，中央编译出版社，2006，第50页。

③ 戴维·米勒：《协商民主不利于弱势群体?》，毛里西奥·帕瑟林·登特里维斯主编《作为公共协商的民主：新的视角》，中央编译出版社，2006，第139页。

④ 乔治·M.瓦拉德兹：《协商民主》，《马克思主义与现实》2004年第3期。

⑤ 陈家刚：《协商民主：概念、要素与价值》，《中共天津市委党校学报》2005年第3期。

⑥ 陈剩勇：《协商民主理论与中国》，《浙江社会科学》2005年第1期。

的实践，可以在一定程度上避免被动式的、动员式的政治参与的弊病，同时社会成员经过平等、自由的协商对话，有利于减少不同利益群体间基于不同利益诉求而形成的偏见。陈剩勇还探究了协商民主理论与中国传统儒家文化推崇的“和为贵”精神内涵相一致的地方，都主张“和谐而又不千篇一律，不同而又不相互冲突”，表现出两者间的契合性。辛刚国①总结了近年来协商民主理论在基层领域的成功实践，主要有民主恳谈会、听证会、社区议事会、网络民主、三方机制等模式。何包钢等②以浙江省温岭市泽国镇扁屿村为例，探究协商民主制度在乡村地区的发展状况，提出客观条件下“有限协商民主”的概念，并提出几个有益实践的制度性设置，如建立独立无涉的会议主持人制度、随机抽样选出代表制度、信息先行公开制度、问卷调查表决的决策制度。

城市社区议事会在我国起步较晚，在不同的地方叫法不一，如“民主恳谈会”“议事园”“圆桌对话”等，但从性质上看都属于社区自治组织，从功能来看都是为社区居民提供一个讨论、协商公共事务，化解利益纠纷的平台。国内目前针对城市社区议事会的研究成果相对较少，现有研究主要集中在社区议事会发展成效、遇到的困境及相应的对策建议方面。有关学者分别对社区协商议事的制度环境、社会环境及其社会功能进行了深入分析。徐共强③指出基层协商治理发展的总体性思路是有利于社区协商议事发展的，推动基层协商治理意味社区优势资源向社会性主体倾斜，为更多社会性主体参与社会公共决策提供了可能。刘晔④提出推动社区协商议事本质在于推动实现国家、社会的权力互强，是推动社区自治的一个必要选择”。刘海涛等⑤

① 辛刚国：《近十年来协商民主理论在社会领域的成功实践》，《四川省社会主义学院学报》2011年第1期。

② 何包钢、王春光：《中国乡村协商民主：个案研究》，《社会学研究》2007年第3期。

③ 徐共强：《城市基层协商治理的生成逻辑与发展思路》，中共上海市委党校，2017。

④ 刘晔：《公共参与、社区自治与协商民主——对一个城市社区公共交往行为的分析》，《复旦学报》（社会科学版）2003年第5期。

⑤ 刘海涛、冯后礼：《当代中国协商民主的实践与问题刍议》，《陕西社会主义学院学报》2009年第1期。

认为：社区居民运用社区议事会平台协商讨论涉及社区公共利益的重要事情，展现出自由、平等、开放、对话的形态，社区议事会体现出十足的‘民’味，成为一种重要的基层协商民主实践形式。”张玉洁[①]更为直接地指出了社区居民议事会的优势功能，她认为议事会有利于促进社区公共协商精神的培养，有利于维护社区和谐发展，有利于整合社区资源、激发社区自治活力，还有利于增强社区公共决策的科学性和有效性。此外，也有学者指出了社区居民议事会的不足，进而提出了相应的对策建议。刘俊杰[②]提出目前社区居民议事会发展面临着多重困境，更多表现为社区协商议事程序上的相对不完善，如协商主体职权边界不清、议事会成员构成不合理等。郝晶晶[③]以北京市西城区某街道为例，提出完善社区议事会制度的建议，具体有三点：一是营造社会氛围、深化认识，二是提高各利益主体的协商能力，三是推进协商议事程序上的优化和完善等。已有研究对社区协商议事的发展现状与运作机制，或者进行了思辨性的理论分析与探讨，或者基于某一个具体实践进行了深入的实地研究，为社区协商议事的发展提供了理论视角和经验借鉴，但并未对社区协商议事的发展状况进行整体层面的考察。本文试图从整体层面考察社区协商议事的发展状况及其影响因素，以期针对社区协商议事存在的共性问题、普遍性问题提出一些建设性意见和优化路径。

三　研究方法

（一）问卷调查法及指标体系构建

调查问卷主要从社区的基本情况、社区协商议事发展现状和个人基本情

① 张玉洁：《社区协商民主实践成效与限度研究——以深圳市文华社区居民议事会为例》，深圳大学硕士学位论文，2017。

② 刘俊杰：《城市社区协商民主的现实问题与推进路径——以无锡市城市社区议事会为例》，《黑龙江社会科学》2018 年第 4 期。

③ 郝晶晶：《城市社区议事协商的发展现状及对策分析——以北京市西城区 B 街道社区为例》，北京邮电大学硕士学位论文，2018 年。

况三个方面进行资料收集。问卷调查法的主要目的在于了解社区协商议事的发展现状及其影响因素。基于此，本文构建了测量社区协商议事发展状况及其影响因素的指标体系。社区议事厅运行的状况能够直接反映社区协商议事的发展状况。具体来讲，本文从社区协商议事组织架构的健全程度、社区协商议事规章制度的完善程度、社区协商议事会议召开的频率及经费的充裕程度进行测量。对社区协商议事的影响因素主要从社区层面的客观因素和社区各相关主体的贡献程度两个层面进行测量，其中社区层面的客观因素主要包括所在城区、社区类型、社区人口及特殊人口规模、社区辖区单位数量、社区社会组织数量、社区活动场地大小以及是否有业委会共 11 个维度，社区各相关主体的贡献程度主要包括 11 个利益相关主体，指标体系见表 1。

表 1　社区协商议事发展状况及其影响因素指标体系

<table>
<tr><th>指标</th><th colspan="2">具体变量</th></tr>
<tr><td rowspan="4">A. 社区协商议事发展状况</td><td colspan="2">社区协商议事组织架构的健全程度</td></tr>
<tr><td colspan="2">社区协商议事规章制度的完善程度</td></tr>
<tr><td colspan="2">社区协商议事会议召开的频率</td></tr>
<tr><td colspan="2">社区协商议事经费的充裕程度</td></tr>
<tr><td rowspan="12">B. 社区协商议事影响因素</td><td>社区层面的客观因素</td><td>社区各相关主体的贡献程度</td></tr>
<tr><td>所在城区</td><td>社区党组织</td></tr>
<tr><td>社区类型</td><td>社区居委会</td></tr>
<tr><td>社区人口规模</td><td>社区居民</td></tr>
<tr><td>社区老年人口规模</td><td>辖区单位</td></tr>
<tr><td>社区残疾人口规模</td><td>业主委员会</td></tr>
<tr><td>社区青少年人口规模</td><td>物业企业</td></tr>
<tr><td>社区流动人口规模</td><td>社会组织(社区外或跨社区)</td></tr>
<tr><td>社区辖区单位数量</td><td>社区社会组织(社区内)</td></tr>
<tr><td>是否有业委会</td><td>街道办事处</td></tr>
<tr><td>社区社会组织数量</td><td>上级政府部门</td></tr>
<tr><td>社区活动场地大小</td><td>其他类型主体</td></tr>
</table>

笔者主要针对熟悉和了解社区协商议事工作的社区工作者采用滚雪球抽样的方法选择被访对象（社区）进行问卷发放与回收，每个社区填写一份问卷。

发放问卷50份，实际回收有效问卷41份，回收率82%，主要涵盖的行政区域有西城区、东城区、丰台区、大兴区、海淀区、朝阳区以及昌平区部分社区。虽然社区议事厅的建立是全市总体性要求，但各个区、街道、社区基于自身实际开展工作，具体情况呈现区域不平衡的特点。样本基本情况见表2。

表2 样本基本情况

单位：份，%

城区	频数	频率	社区类型	频数	频率
昌平区	9	22.0	老旧社区	12	29.3
朝阳区	9	22.0	商品房社区	11	26.8
丰台区	9	22.0	混合社区	8	19.5
大兴区	6	14.6	单位社区	5	12.2
东城区	4	9.8	经济适用房社区	3	7.3
海淀区	3	7.3	公租房社区	1	2.4
西城区	1	2.4	自住型商品房社区	1	2.4
合计	41	100	合计	41	100

（二）访谈法

访谈法的主要目的是挖掘社区协商议事的典型案例，深入了解社区协商议事的运行机制、效果和经验，以及存在的问题或亟待改进的方面等。深度访谈法结合实地考察，主要针对熟悉社区（居民）议事厅的政府部门工作人员、社区工作者、社区居民骨干及相关社会组织负责人等开展访谈，共计访谈10人。深度访谈的内容主要包括对开展协商议事背景和总体运行现状的了解、社区协商议事的人员构成及参与情况、协商议题选择与确定、协商议事规则与程序，以及对于社区（居民）议事厅的评价等。

四 城市社区协商议事的发展现状

社区议事厅是社区协商议事的载体和平台，本文主要针对建有社区议事厅的社区进行了深入调研。

社区议事厅的基本运行特征可以初步反映社区协商议事的发展现状，本文首先从组织架构的健全程度、规章制度的完善程度、会议召开的频率及经费的充裕程度四个方面进行了分析。数据显示，82.9%的社区协商议事组织架构的健全程度较高，78.0%的社区协商议事规章制度的完善程度较高，75.6%的社区协商议事的会议周期能够达到每月1次以上或者不定期召开，43.9%的社区协商议事经费的充裕程度较高。总体看来，社区协商议事呈现较高的发展水平，多数社区能够通过建立健全社区协商议事组织架构、规章制度，以及定期或不定期召开协商议事会议来推动社区协商议事工作的发展，也有超过四成的社区协商议事能够得到较为充裕的经费保障。

表3 社区议事厅的基本运行特征

单位：份，%

类别	选项	频数	百分比
协商议事组织架构的健全程度	组织架构的健全程度较高	34	82.9
	组织架构的健全程度较低	7	17.1
协商议事规章制度的完善程度	规章制度的完善程度较高	32	78.0
	规章制度的完善程度较低	9	22.0
协商议事会议召开的频率	每月1次以上	12	29.3
	每月1次以下	10	24.4
	不定期召开	19	46.3
协商议事经费的充裕程度	协商议事经费的充裕程度较高	18	43.9
	协商议事经费的充裕程度较低	23	56.1
合计		41	100

其次，社区协商议事需要通过具体的协商会议形式进行落实。不同的会议形式具有不同的功能，也呈现了不同的基层社区管理格局。本报告根据相关的政策和实地调研结果罗列了12种会议形式，基本能涵盖大部分社区的协商议事会议形式。当然，现实中各社区可能根据自身情况不断创新会议形式，不会局限于12种会议形式。调研显示，社区协商议事最常见的会议形式依次为社区居民代表常务会议、社区议事会议、社区居民议事会议，较为不常见的会议形式依次为网格议事会议、社区决策听证会和社区社会组织协

商会（见图1）。

社区居民代表常务会议作为社区自治的常规会议形式，成为社区协商议事最主要的会议形式；社区居民议事会议是最能直接体现社区协商议事的会议形式，也成为多数社区推进社区协商议事首选的会议形式；而网格议事会议和社区决策听证会则需要社区统筹其他层次的协商议事活动，因而不太常见。另外，也出现了一些适应时代需要的新型协商议事会议形式，如党政群共商共治会、街巷共治理事会议等。

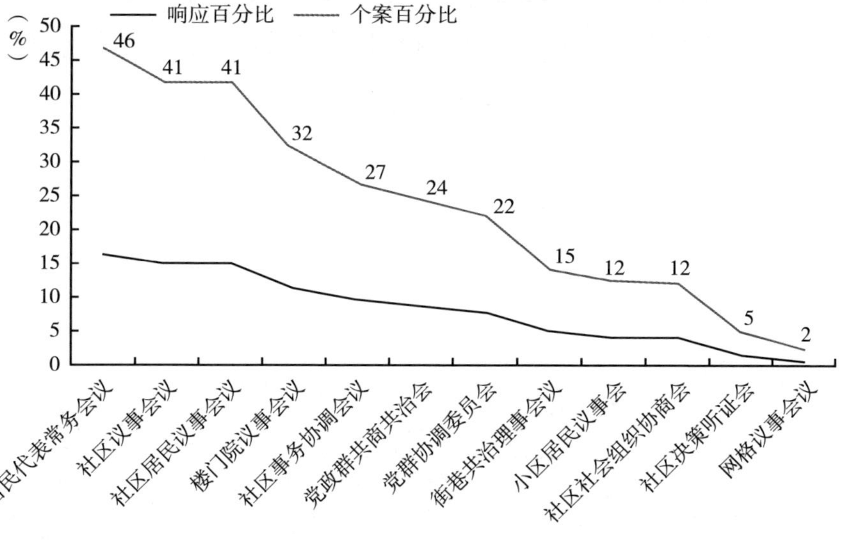

图1　社区协商议事常见的会议形式

最后，本文进一步从社区协商议事的会议主题了解社区协商议事的主要内容，这能进一步反映社区协商议事的广度和深度。社区协商议事的推进往往依据所解决事务或问题的紧急程度、重要程度和受关注程度。不同频次的会议主题也显示了不同社区问题的紧急程度、重要程度或受关注程度。调研显示，社区协商议事最常见的会议主题依次为环境治理类、社区资金使用类、物业服务类，较为不常见的会议主题依次为居民公约修订制定类、文化娱乐类和停车管理类（见图2）。

社区环境问题是与每个社区居民生活品质息息相关的重要问题，也是备受社会和各级政府关注的热点问题，自然成为社区协商议事最常见的会议主题，80%的受访社区表示通过社区协商议事的形式讨论过环境治理问题。社区资金使用类和物业服务类也是牵涉较多利益主体的重要问题，也成为社区协商议事常见的会议主题。而居民公约修订制定类、文化娱乐类的会议主题则相对较少。还有停车管理类的协商议事主题在社区层面也较少，但这并不是因为停车管理类的问题不重要、不紧急、不受关注，而是因为社区工作者普遍认为停车管理类问题的复杂性远远超出了社区协商议事能解决的范畴，没有办法或者没有能力去驾驭和触碰这样的领域。

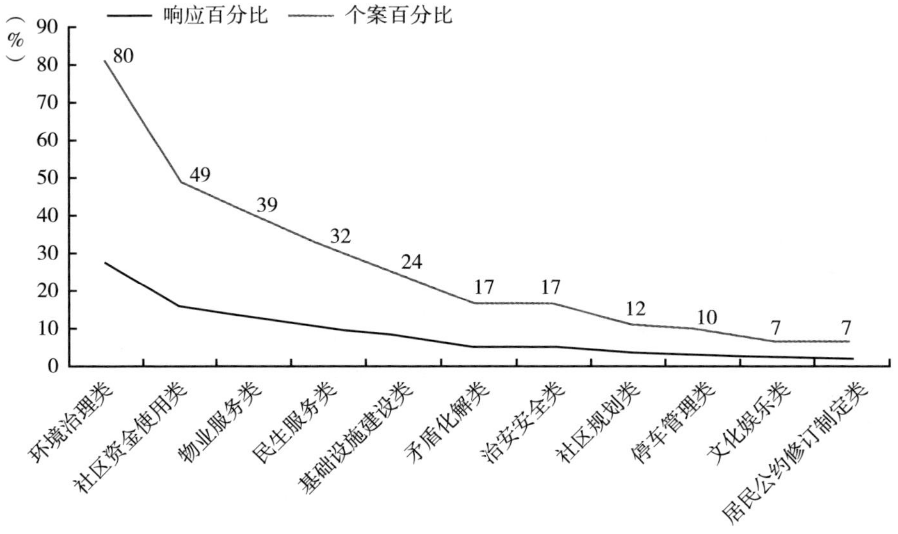

图2 社区协商议事常见的会议主题

五 城市社区协商议事的运行机制及成效

城市社区协商议事的运行机制重点主要有社区协商议事人员构成及参与情况、协商议题的选择与确定、议事规则与程序等。总体而言，社区协商议事的一般性流程可以分为提出议题－召集会议－召开会议－协商讨论－形成决议－执行决议六个步骤[①]，不同的社区结合自身的特点和实际进行了不同程度的创新实践。如北京市西城区、东城区等核心城区在推进社区协商议事工作方面均做了较大努力，形成独具特色的工作模式[②]。北京市大兴区 B 街道明确了协商议事的主要内容，具体包括明确协商议事事项－约定协商议事人员－确定协商议事主体－拓展协商议事形式－公示协商议事信息－落实协商议事成果六个步骤，其中比较有特色的是强调要不断拓展协商议事形式以及推动社区协商议事信息的公开透明，同时也倡导社会力量在落实协商议事成果方面应发挥积极作用。北京市 Y 社区围绕“多元共治，提升社区服务水平”的主题，动员七类主体、通过七种渠道参与社区治理，形成“7＋7”社区多元共治模式，即搭建七大议事平台（微信群、网络公众号、官网、社区议事会、社区共建会、社区文化活动、社区工作例会），发动七支队伍（以社区党支部为引领发动社工队伍、社区党员、共建单位、社会组织、社区楼门长、社区志愿者、社区文体团队），共同推进社区治理水平的提升，其中强调的是线上线下联动的社区多方主体共同参与的协商议事运作机制。北京市 H 社区在 2018 年成为海淀区首批“会客议事厅”试点单位，经过努力，逐步形成了独具特色的议事厅机制——问民需、汇民意、议民题、执民事、促民评五步循环工作法——成为回应居民呼声、解决社区难题的重要平台。除此之外，北京市西城区、东城区等核心城区在推进社区协商议事工作方面均进行了本土化、特色化的探索实践。

基于基层社区的不断创新实践，社区协商议事取得了一些积极的效果。本文分别从居民、社区、社会三个层面了解社区协商议事的效果。对于居民而言，进一步区分了居民的意识、居民的实际需要和居民的评价三个方面。对于社区层面，分别从提供社区服务、畅通民意表达渠道、解决社区公共问题、化解矛盾冲突四个方面进行分析。对于社会层面，主要从是否统筹了辖区社会资源进行分析。调研显示，对于多数社区，社区协商议事取得较为显

① 《北京市民政局关于印发〈北京市社区议事厅工作指导规程（试行）〉的通知》，京民基发〔2017〕34 号。

② 张佰瑞：《社区民主协商：国内进展、典型模式与政策建议》，《时代金融》2018 年第 26 期。

著效果的方面依次是提供了社区服务、培养了居民协商议事的意识以及畅通了基层民意表达渠道。相比之下，效果不太显著的依次是统筹了辖区社会资源、化解了矛盾冲突以及满足了居民需要（见图3）。可见，就现阶段而言，社区协商议事统筹辖区社会资源、化解矛盾冲突的效果仍然有待进一步提升。社区协商议事更多在一些争议较小的提供社区服务的领域发挥更大的作用，此外，具有过程性特征的社区协商议事目标也能够得以较好实现。

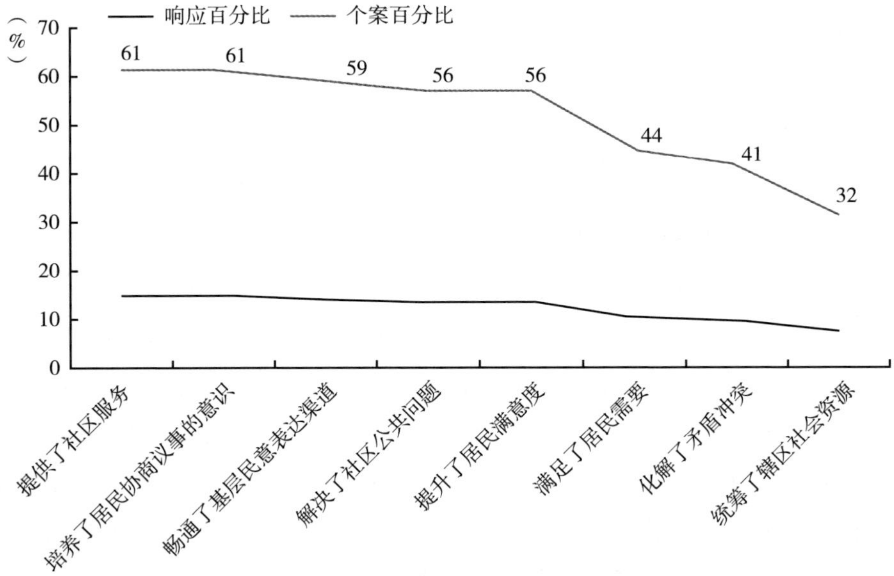

图3　社区协商议事的效果分析

六　城市社区协商议事的影响因素分析

从一般意义上讲，社区协商议事是一项涉及政治、经济、文化、社会、生态等多维领域的多层级、立体化的复杂性工程，也是社区治理体系的重要组成部分。[①] 纵观我国从社区管理到社区治理的转变历程，其机制从单一的、

① 胡宁生：《国家治理现代化：政府、市场和社会新型协同互动》，《南京社会科学》2014年第1期。

自上而下的权威管理转向不同利益相关方开展合作治理，社区协商议事成为其具体实践平台，超越了传统的国家－社会二元视角，成为介于国家与社会之间的公共领域。现实中社区协商议事的发展水平到底受哪些因素的影响呢？本文试图将社区协商议事放在社区的客观环境中，对不同利益相关方的贡献程度进行考察，目的是试图了解社区协商议事能否在其社区日常生活实践中得到体现，能否成为国家与社会之间由更多利益主体理性与公平参与的公共领域。

基于此，我们构建了社区层面的客观因素和社区各方主体的贡献程度两个方面的指标体系（见表4）。调查显示，社区层面的客观因素中，与社区协商议事发展状况显著相关的只有“社区类型”，其他社区人口的规模、特征，以及社区辖区资源状况与社区协商议事的发展程度的相关性并不显著。

表4　社区协商议事发展状况的影响因素分析

序号	社区层面的客观因素	相关系数值（p值）	社区各方主体的贡献程度	相关系数值（p值）
1	所在城区	0.383	社区党组织	0.178
2	社区类型	0.495**	社区居委会	0.235
3	社区人口规模	0.707	社区居民	0.330
4	社区老年人口规模	0.696	辖区单位	0.410*
5	社区残疾人口规模	0.661	业主委员会	0.444*
6	社区青少年人口规模	0.679	物业企业	0.533***
7	社区流动人口规模	0.697	社会组织(社区外或跨社区)	0.449**
8	社区辖区单位数量	0.663	社区社会组织(社区内)	0.343
9	是否有业委会	0.217	街道办事处	0.413**
10	社区社会组织数量	0.601	上级政府部门	0.501**
11	社区活动场地大小	0.088	其他类型主体	0.500

注：* $p<0.1$　** $p<0.05$　*** $P<0.01$。

进一步分析社区类型与社区协商议事发展程度的相关性，我们发现，商品房社区、单位社区、混合社区的社区协商议事发展程度较高，而一些新兴类型的社区其社区协商议事发展程度较低，如经济适用房社区、公租房社区、自住型商品房社区中（见表5）。

表5　社区协商议事发展程度与社区类型的交叉分析

社区协商议事发展程度	社区类型							合计
	老旧社区	单位社区	商品房社区	经济适用房社区	公租房社区	自住型商品房社区	混合社区	
较高	6	4	10	0	0	0	5	
	50.0%	80.0%	90.9%	0	0	0	62.5%	61.0%
较低	6	1	1	3	1	1	3	
	50.0%	20.0%	9.1%	100%	100%	100%	37.5%	39.0%
合计	12	5	11	3	1	1	8	41
	100%	100%	100%	100%	100%	100%	100%	100%

在社区各相关主体的贡献程度方面，与社区协商议事发展状况显著相关的影响因素依次为物业企业、社区外或跨社区社会组织、街道办事处及上级政府部门、辖区单位和业主委员会。一般而言与社区居民直接相关的主体，如社区居民、社区社会组织、社区居委会等主体的贡献程度与社区协商议事发展程度的相关性并不显著。可见，社区协商议事的发展程度更多地与掌握社区优势资源的利益主体的贡献程度直接相关，而居民的贡献度对社区协商议事发展程度并不起着绝对重要的作用。

七　城市社区协商议事存在的问题及优化路径

纵然社区协商议事在不同社区结合自身特点和实际进行了不同形式的创新实践，分别在居民、社区及社会层面取得了一定的实践效果，其在某些方面也存在提升的空间。本文进一步针对社区协商议事本身、协商主体及相关社会资源等方面剖析了社区协商议事可能存在的问题。调研显示，社区协商议事的主要问题依次是结果落实难、社区行政事务繁多、能力欠缺（见图4）。

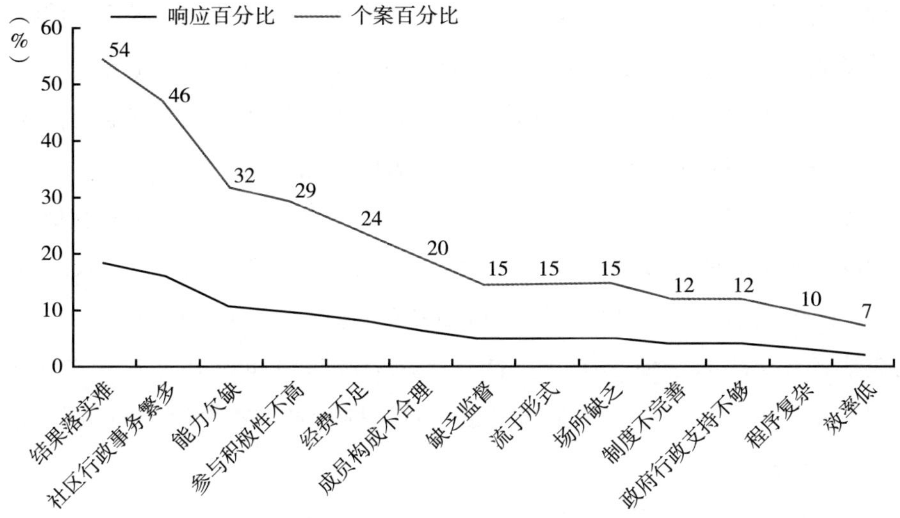

图 4　社区协商议事存在的问题分析

可见，协商议事结果的落实成为制约社区协商议事的关键问题。一方面表现为作为社区协商议事最重要主体之一的社区居民参与的主动性不够；另一方面则表现为社区协商议事结果对于利益相关主体并不能形成绝对的制约作用，致使议事效果并不理想。而这两个方面也恰好是息息相关的，居民没有更多的主动性自然会对议事效果无法起到很好的督促和促进作用。这在一些实地访谈中也有体现，个别社区工作者表示“成立议事厅从程序和形式上提高了议事的质量和效率，但是从实际执行上来看其作用很有限。对于居民反映较多的问题能起到集体决策的作用，但是对一些问题居民不了解，只能跟着居委会的节奏走”，“协商议事的效果不理想，基本上是跟着社区居委会的节奏走，另外辖区单位不配合，使得协商议事结果无法落实”。

另外，值得注意的是，在实际调研中仍然存在相当一部分社区并未建立起社区议事厅这一平台。究其原因，一是街道并没有强制要求每个社区都必须设置社区议事厅。二是社区情况较为复杂，如存在一些历史遗留问题，社区内部房、户、人之间矛盾比较尖锐，居民对社区协商议事解决问题的现实性和可能性存在顾虑。三是社区居委会受行政性影响较大，认为居民提出的问题反正也解决不了，有时候也不愿意让居民表达。四是社区居民受传统观念的影响，不善于也不愿意表达自己的意愿，受自上而下的管制多，自下而上地发表意见少。可见，社区协商议事真正成为一种社区建设的潮流，成为真正解决社区问题的重要平台仍然存在较大的发展空间。

受协商民主理论深刻影响的社区协商议事制度的推动和落实并不是一帆风顺的，其最大的挑战是议事协商工作方式在实际落地时总会有或长或短的“水土不服”的时期，具体表现为社区各方主体缺乏积极支持和参与的动力与热情，甚至认为这种工作方式容易暴露工作弱项和短板而采取“抵触”或“逃避”的工作态度，甚至居民也会对这种新鲜事物报以“抵触”或者“观望”的态度。

根本的解决办法在于各相关利益主体观念的转变。无论是政府、社区居委会还是居民都有一个观念转变的过程。协商议事工作方式不同于传统的社区日常工作，它是一种创新性的基层治理方式，只有各相关利益主体的共同支持和配合，才能保障协商议事工作的有效开展。对于居民来讲，只要是关乎他们切身利益的事情，能动性和主动性的激发并不是难题，而科学的方法不仅能够带来更高的效率，还能够避免很多矛盾的产生，甚至能在居民协商议事的过程中培养其参与社区公共事务发展的积极性。居民能动性的激发一方面需要恰当的时机，另一方面则需要使居民看到参与的实效。

国内外无数的实践证明协商议事是解决公共问题、实现公共利益最大化的有效手段。事实上，推动社区协商解决公共问题是培育社区发展内生动力、分担社区发展工作重任的有效途径，它在新的时期将是一个必然的发展趋势。

（一）聚焦居民关切、变“被动参与”为“主动参与”

协商议事工作的有效推进不仅在于一个空间的营造，在于一纸制度的制定，更重要的是落到实处，关键是在解决实际的重要问题上发挥作用。社区协商议事工作能够利用已有的空间和制度设置，聚焦居民共同关心的紧要问题，开展沟通和协商，广泛吸纳居民意见，让居民参与决策和规则的制定，让每位居民受益，享受发展带来的成果，真正促使社区实现内生性发展，激活居民的自主性，实现从“被动参与”到“主动参与”。

（二）明确分工、继续加强各利益相关方的沟通与合作

协商议事工作取得实效的关键还在于各利益相关主体的沟通与合作。仅有居民的参与是不够的，这离不开相关政府部门的大力支持、社会组织的介入等，这也是社区协商议事工作取得实效的关键。在传统的社区工作模式中，往往是社区干部绞尽脑汁想着各种社区活动等，但居民并没有多少积极性，这很容易助长部分居民“等靠要”的思想。为了实现社区参与成果的可持续性，则需要各相关主体明确分工、共同参与。居民积极参与、贡献力量、承担责任。社会组织可以以它们的专业性和中立性来完成基层政府无法完成或者不方便完成的工作。基层政府则做好协调、指导以及购买服务的相关工作。各相关主体明确分工、加强沟通，不断推动协商议事工作有效开展，从而推动社区协商议事工作真正取得实效。

B.20
冲突与抗争：居高不下的物业服务合同纠纷

宋　梅*

摘　要： 物业管理作为一种专业化、市场化、现代化的房屋管理模式，对提升城市居民的居住环境和房产的增值、保值具有重要意义，但由于我国物业管理发展时间有限和市场竞争不足，物业管理企业服务水平参差不齐，物业投诉率居高不下，基层法院受理的物业服务合同纠纷案件呈暴发式增长态势。本报告从近年来物业服务合同纠纷争议的十大焦点出发，分析我国物业管理中存在的业主认识误区、物业服务公司身份模糊和服务质量有待提高等不足之处，指出法院所希望的ADR纠纷解决方式并不能充分解决现实的争议，唯有法律条文的细化和对权利、义务、职责的明确，才可以让我国的物业服务走向市场化。

关键词： 物业服务　合同纠纷　物业管理

近年来，随着城镇化进程的加快，越来越多的居民居住在有物业管理的住宅之中，物业管理作为一种专业化、市场化的房屋管理模式，对提升城市居民生活品质和房产的增值、保值具有重要意义。从20世纪90年代沿海城

---

* 宋梅，北京市社会科学院城市问题研究所副研究员，主要研究方向为社区治理、社区发展。

市率先引入物业管理到目前全国全面推进已有近30年的时间，全国有各级各类物业管理企业近13万家，创造的经济效益高达1万亿元。但囿于发展时间有限和市场竞争不足，物业管理企业服务水平参差不齐，专业化的服务质量与市场化的价格并不完全匹配，开发商自留的物业企业违规开发、侵占公共空间的事件层出不穷。从各地的市长热线投诉热点来看，物业服务投诉率近年来一直高居榜首，各级地方法院特别是基层法院受理的物业服务合同纠纷案件呈暴发式增长态势。

一　物业合同服务纠纷增加的基本情况分析

中国裁判文书网的统计数据显示，全国涉物业服务合同相关案件连续5年上涨（见图1），且在快速城镇化的中西部地区物业纠纷合同受理案件数量远远高于全国其他地区，物业服务公司与业主之间的平等关系变成了不可调和的矛盾、对立关系，这种失序、失控的局面显然背离了我国引入专业化物业管理模式的初衷。

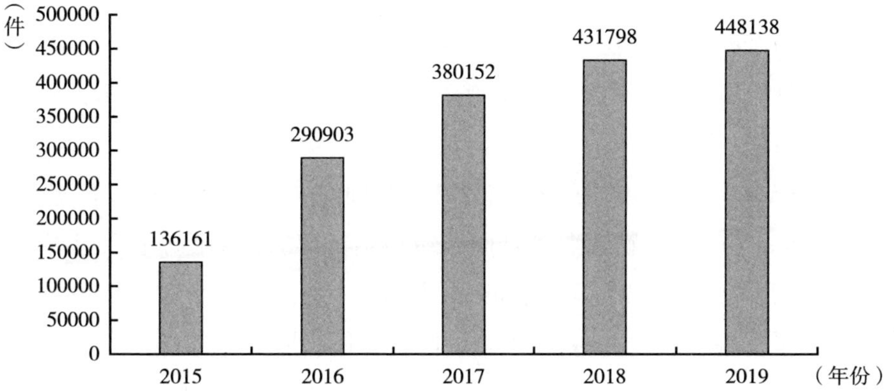

图1　物业服务合同纠纷年度分布

对中国法律文书网上传的公开裁判文书数量进行统计，2015年全国各级法院受理物业合同纠纷案件136161件，但2019年收案448138件，是

2015 年全年收案量的 3 倍之多（见表 1）。从案件类型来看，主要是业主不满意物业公司提供的管理服务而故意拖欠物业公司的物业费，物业公司以诉讼的方式追讨物业费。

表 1　2015～2019 年全国各级法院受理物业合同纠纷案件

单位：件

法院层级	2019 年	2018 年	2017 年	2016 年	2015 年
最高法院	1	2	0	2	0
高级法院	974	845	716	504	294
中级法院	14788	12663	10907	8292	2586
基层法院	432375	418288	368529	282105	133281
合计	448138	431798	380152	290903	136161

从近 5 年全国涉物业纠纷案件的审理情况来看，通过调解达到结案的比率非常低，远低于其他民事案件调解率。2015～2019 年物业服务合同纠纷基本集中在基层法院审理，5 年三倍的增长幅度加大了基层法院的工作压力。从表 1 能看出最高法院也会审理 1～2 件有代表性的案件来推动物业合同纠纷的审判典型，为基层法院公平审判物业纠纷提供参考。

无法回避的是关于物业服务合同的诉讼数量正在加速度上市，从 2019 年的物业诉讼审理案件的省份差异来看，重庆市、四川省、湖南省的物业诉讼率增长最快。

在一个拥有着调解、和解传统文化的国家，大部分市民并不热衷于“起诉”或“应诉”，物业服务合同纠纷却年年增加，不得不促使法律工作者或社会工作者认真反思其背后的原因，法律是否滞后于时代的发展？法律是否公平保障了作为物权而存在的业主权利？物业服务合同争议的焦点是什么？

二　物业服务合同纠纷争议的焦点分析

从 2016～2018 年物业服务合同纠纷争议的十大焦点统计数据来看，争

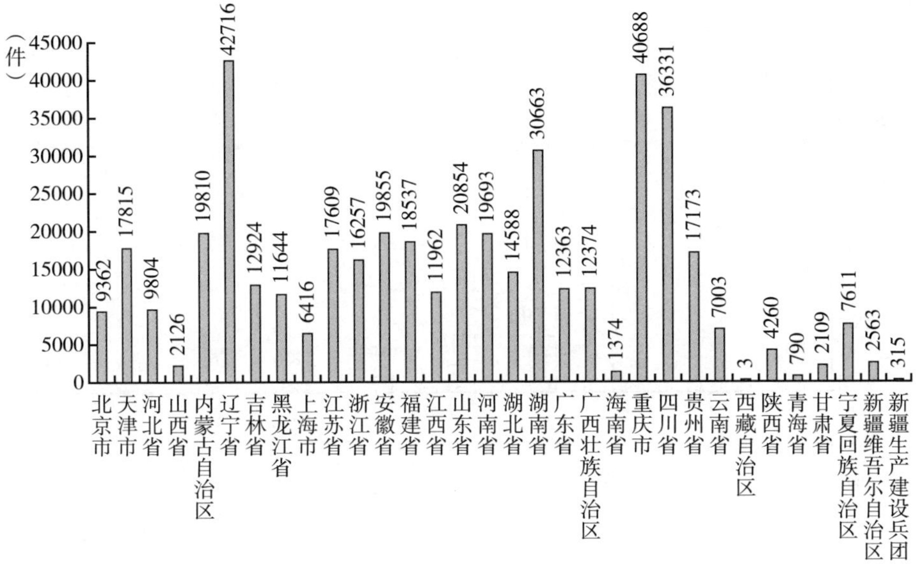

图 2　2019 年物业服务合同纠纷区域分布

议的焦点几乎没有发生重大变化，物业费（物业管理）争议一直高居榜首，违约金和滞纳金争议分居第二或第三位（见图 3 ~ 图 5）。法院审判过程和结果正通过互联网渠道越来越多地向社会公布，滞纳金争议数量将会减少，因为历年来法院的审判结果是不支持物业服务公司的滞纳金诉求。争议的焦点和抗辩的理由需要更多地集中在合同效力、服务合同法律关系和违约争议方面。如果说物业费是对物业不满意的“果”，那么合同效力、服务合同法律关系、违约、服务行为、专项资金、公共维修基金争议恰恰是物业费争议的“因”，如果没有这些与法律规定和事实相去甚远的争议，业主以“拒交物业费”来对抗物业公司的事件就不会频频发生。

笔者统计了中国裁判文书网中物业服务合同纠纷适用的十大相关法条，按照适用案件的数量，由多至少排列如下：

（1）《中华人民共和国民事诉讼法》第一百四十五条；

（2）《中华人民共和国民事诉讼法》第一百五十四条；

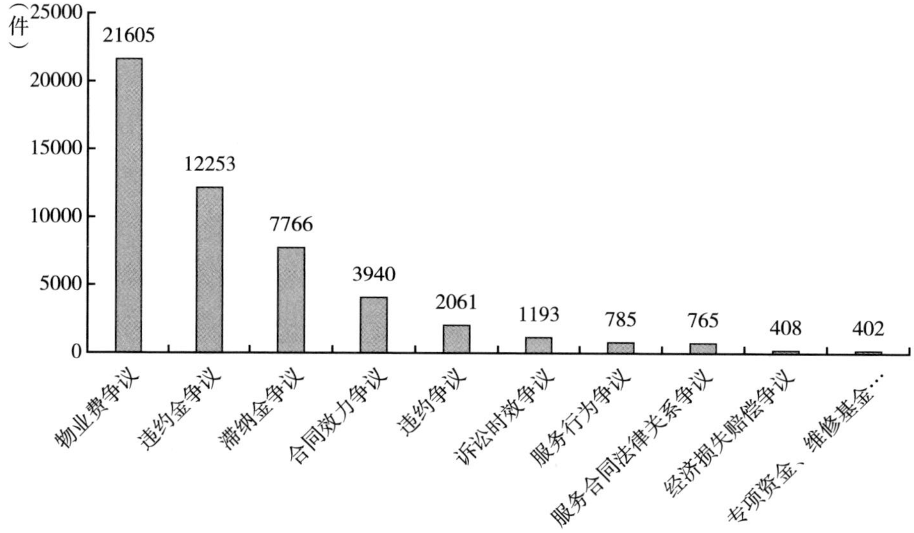

图3　争议焦点Top10：2018年

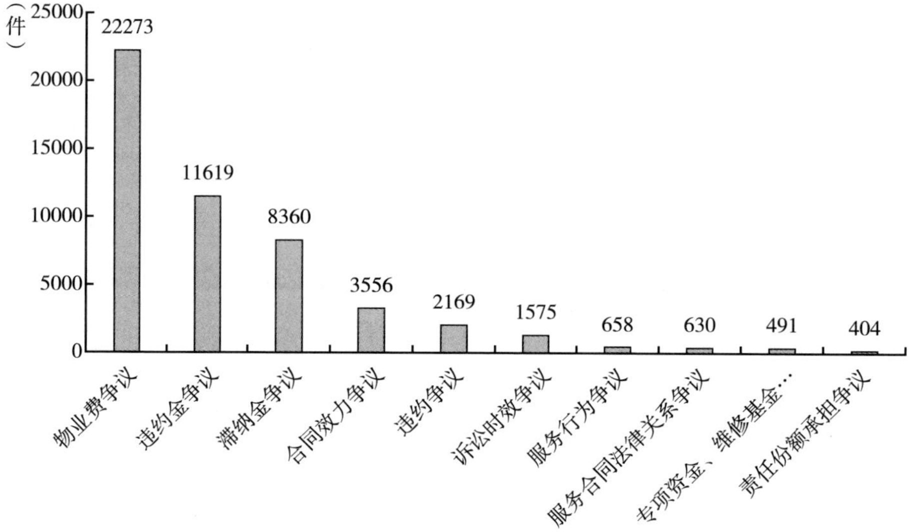

图4　争议焦点Top10：2017年

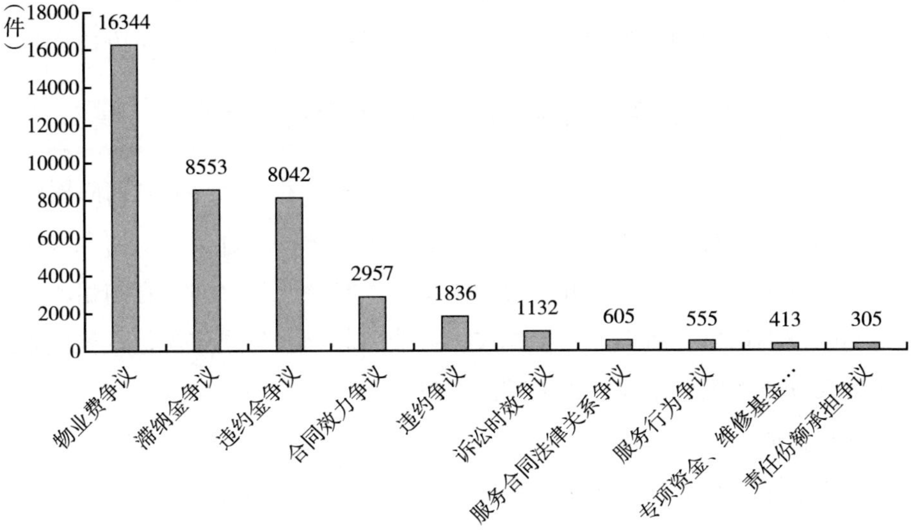

图 5　争议焦点 Top10：2016 年

（3）《中华人民共和国合同法》第二百五十三条；

（4）《中华人民共和国合同法》第六十条；

（5）《中华人民共和国合同法》第一百零七条

（6）《中华人民共和国民事诉讼法》第一百一十八条；

（7）《中华人民共和国民事诉讼法》第一百四十四条；

（8）《最高人民法院关于适用〈中华人民共和国民事诉讼法〉的解释》第二百一十三条；

（9）《最高人民法院关于审理物业服务纠纷案件具体应用法律若干问题的解释》第六条；

（10）《最高人民法院关于审理物业服务纠纷案件具体应用法律若干问题的解释》第一条。

检索以上十大适用法条的内容，不难看出 1、2、6、7、8 条都是涉及诉讼程序和诉讼费用缴纳的，真正回应诉讼争议的是 3、4、5、9、10 条，也就是《中华人民共和国合同法》与 2009 年出台的《最高人民法院关于审理物业服务纠纷案件具体应用法律若干问题的解释》。根据这五项法条具体回应的内容，业主与物业公司争议的主要焦点可以归纳为以下几个方面。

（一）业主以非合同法律关系的当事人为由抗辩

在公开的物业服务合同纠纷裁判文书中，不少业主认为开发商附属的物业公司作为前期物业服务公司，一直没有退出小区的管理服务，而多数业主认为自己购买的是二手房，并非合同当事人，对合同规定的内容和相关条款既不知晓也不认可，所以业主以拖欠物业费引起物业公司重视，希望物业公司主动改善服务的诉求应得到法院的支持，

随机抽取了全国法院 100 份物业服务合同纠纷一审判决文书，84 件案件涉及物业服务企业向业主追索物业费，超过八成的案件支持了物业公司的全额追索物业费诉讼请求，对业主坚持的“因物业服务质量与合同约定的服务项目及质量标准存在差距”，酌情减少物业服务费的请求大部分都不予以支持，即使业主本人没有和物业公司签订合同，法院也支持物业公司以“提供了事实物业服务”为由判决业主全额缴纳物业费。总之，涉物业纠纷案件中业主胜诉率较低。

（二）以物业服务行为存在瑕疵为由拒交物业费

根据《中华人民共和国合同法》第六十条规定，当事人应当按照约定全面履行自己的义务。当事人应当遵循诚实信用原则，根据合同的性质、目的和交易习惯履行通知、协助、保密等义务。案件中大多数拒绝交费的业主均持有此法条作为抗辩理由，列举出物业公司没有充分履行义务的证据，比如小区环境日渐恶化，楼道、公共区域的管理服务混乱，小区垃圾未及时清理，对小区的管理事务不上心，对停车收费、利用小区公共空间创收的事务非常积极。在业主面对日渐恶化、老化、破旧的环境时，就会以物业公司没有全面履行合同义务为由而拒交物业费。但物业公司提供的是 24 小时、常年不间断的服务，保安值班期间打瞌睡的“几张照片”或环境脏乱差的“几段视频”难以作为完整的证据链证明物业公司未全面履行责任，仅能说

明物业公司在日常服务中管理不到位、服务不够好，属于服务过程中的“一般瑕疵”，可以作为酌情减收相应物业费的依据，法院无法因此判决物业公司“根本性违约”。而90%拒交物业费的业主在意的不是少量减免物业费作为补偿，而是无法令自己满意的物业服务。

（三）以物业公司未尽到安保义务为由抗辩

有些业主认为随着物业管理的智能化，封闭小区的数量逐年增加，很多老旧小区因条件所限，未能及时在公共区域加装摄像头，导致家中被盗后无法及时破案、自有车辆停放在小区被损坏等，故以人身财产安全为由拒交物管费。但在《物业管理条例》中，物业安保的角色是“善良管理人”，24小时工作的物业保安无法杜绝或随时制止小区内一切损害的发生，不能对因第三人侵权所遭受的损失负责。从法律规定上来说，这是合理的，否则物业公司的责任范围就过于扩大，但是当业主普遍认为花钱请来的保安竟然不能完全保护自己的生命财产安全时，业主的不满和愤怒自然升级。

（四）以物业服务企业不履行维修义务为由抗辩

小区出入门禁、过道路灯、电梯都属于等易损坏的设施，业主打电话向物业公司反映问题，物业服务企业知晓后不及时维修或者维修质量不合格，业主以此作为拒交物业费的证据。从法律层面看，物业公司对小区公共设施设备具有维修义务，物业服务企业在履行义务时，可以申请使用小区的住宅专项维修基金。但在现实层面，小区的住宅专项维修基金的提取并不是一件容易的事，只有2/3以上业主书面签字同意，物业服务企业才可以组织实施。大部分业主考虑到房子的使用期限，并不十分情愿接受物业企业的公共维修基金提取申请，因为考虑到物业服务企业有可能会被撤换，在物业公共维修基金“被掏空”的情况下，后面的物业服务企业是否还有入驻的动力？但物业管理公司拿自己苦心经营赚来的钱补贴小区维修费用，也几乎不可能。正是这种经费不足、投入不足，设备老旧无法及时更新的情况导致物业服务质量下降，而拖欠、拒交物业管理费，导致物业服务工人的工资难以及时发放，再次损伤了物业服务企业的工作积极性，从此陷入恶性循环。

三　物业服务合同纠纷逐年增加的其他因素

当越来越多的物业服务合同纠纷涌入法院寻求公正的判决方案时，就不得不反思一下中国的物业服务企业和业主与西方发达国家的区别，是什么导致了这种双方都觉得“委屈”？

（一）角色的错位

物业公司的角色错位有两种情况，一是开发商和前期物业公司之间的母子关系，同一企业多重身份，既是开发商，又是物业管理企业。2019 年荣获全国 50 强的物业管理企业几乎都是全国最知名的开发商即可佐证这种母子关系的普遍性。开发商作为物业公司的母公司完全根据业务发展的需要左右物业公司在不同历史阶段提供各种服务，在房子尚未完全售出时，物业公司的母公司会不惜补贴提供“物超所值”的服务，而在房子全部售出后，就会通过变规划绿地为停车位，提高物业费价格，提高停车位价格，利用公共空间播放、粘贴广告等一系列措施提高物业企业自给自足的能力。

另一种角色错位的情况是物业公司与业主委员会的非市场化的“委托管理”关系。前期，物业管理公司对物业的管理超前于业委会组织，第一批业主委员会一般是在业主并不完全入住或并不相熟的情况下成立的，物业管理公司往往通过开发商预留的业主电话召集、组织业委会，开发商或物业公司的人以业主身份积极争取进入业委会中，并试图掌握“关键少数”的投票权，这种现实严重扰乱了业主作为委托人与物业公司作为管理代理人的信任关系，也扰乱了市场关系中的权利和责任划分。

（二）功能的失衡

1. 偏离主业

目前从法院受理的案件文书中可以非常明确地看出拒交物业费的业主以物业服务企业提供的服务存在瑕疵为普遍抗辩理由。物业管理公司没有将维护、保养建筑物的公共部分，维修、更新电梯、路灯、监控等公共设备当作重要主业，热衷于“停车收费、多渠道创收”，而小区的内部设施逐年老化、环境也变得日渐糟糕，甚至有业主情绪化地认为委托物业公司请来的保安没有保护业主安全，而是一个专业的停车收费员。

2. 逆专业化

物业管理行业作为市场经济中服务行业的重要组成部分，本应体现市场竞争条件下的专业、高效率、最优等特征，但目前上万家以各种方式组建的物业管理公司所表现出来的专业水平不尽如人意，原因主要在两个方面。一是开发商为了保持开发完成后源源不断的收入来源，倾向于自己成立物业公司，而不是去市场上选聘最专业的物业公司来管理物业。有多少家开发商，就有多少家物业管理公司，所以我国新注册的物业管理企业连年增加，小规模、临时组建的物业管理公司遍地开花，不能形成有效的市场淘汰机制。开发商指定或附属的“物业公司”不能有秩序地从市场中退出，从而在保护伞的帮助下，拉低了整个物业行业的服务品质。二是大型设备的维护、保洁、绿化、保安等服务都属于专业化服务行业，应该委托专业服务企业去做，现实是物业企业从节约物业管理成本出发，临时雇佣几个人，成立一个对业务并不熟练的维修队，给业主提供的物业维修服务不尽如人意自然是在意料之中。

3. 认知的偏差

中国的物业和业主的关系，有人比喻为保姆和东家或者鱼和水。从民法上来界定，物业管理企业和业主是平等的民事主体，但现实中它们的关系越来越多地被妖魔化为“冤家”“对头”关系，正是这种日渐紧张而难以调和的对抗关系，导致了大量的物业纠纷案件涌入法院，这与业主对物业管理相关的法律条文、条例认知不足有关，进而导致举证不力、抗辩不被支持、胜诉率极低的结果。

四　化解业主与物业管理公司矛盾的可行性路径

物业纠纷连年增多的重要原因在于业主的正当诉求没有快速、有效的解决通道，不少业主在进入法院审判之前，都曾通过“市长热线”提出物业企业管理或服务上存在的具体问题，当业主发现并提出这些问题时，街道、社区都会给物业服务企业打电话或上门沟通，但受现实条件约束，物业管理公司一般以口头或书面通知的形式回应业主的诉求，业主则认为没有真正解决问题，甚至认为社区、街道、派出所就会当“和事佬”，只帮物业服务企业说话。业主们的诉求在没有其他渠道可以解决之时，便拖欠、拒交物业费，使物业合同纠纷诉讼逐渐增多，矛盾加剧。因此很多法院的工作人员建议引入ADR机制，建立由综治、司法、行政、社区和业主委员会等各方广泛参与的多元化解格局，实现矛盾源头预防、综合治理。但笔者通过对现实的主观观察和对裁判文书的客观分析，发现多元化解机制起到的作用比较有限。

（一）恢复合同关系，细化服务条款

追本溯源，物业服务企业和业主之间就是法律上的合同关系，而《最高人民法院关于审理物业服务纠纷案件具体应用法律若干问题的解释》一共11条规定，有和民事关系中《合同法》一致的地方，也有和《合同法》不尽一致的部分，可以理解为2009年《最高人民法院关于审理物业服务纠纷案件具体应用法律若干问题的解释》出台的历史背景和时代需要。对于快速城镇化的中国社会来说，需要高度集聚的城市住宅满足涌向城市的人口，大量人口高度聚集而居，需要改变农村人口独门独院的居住习惯，也需要改变城市人单位大院式的习惯，引入物业管理企业协助、服务聚集而居的生活，降低社会综合服务成本。因此2009年出台的《最高人民法院关于审理物业服务纠纷案件具体应用法律若干问题的解释》为了鼓励和保障物业

管理服务企业的发展，充分给予了物业服务企业一定的赢利和生存空间，而对物业管理公司服务的具体内容没有细化条款，这实际上未能充分保护合同关系中业主，尤其是身为个体而存在的业主的权益。在今后的一段时间内，各个城市都会相继出台新的物业管理政策，但如果不能将物业服务企业与业主的关系恢复到合同关系，对减少纠纷和争端依然会难以奏效。

关于物业服务企业的公共性与营利性一直存在着争议，目前社会上的大部分业主认同物业服务企业是以营利为目的的市场主体，但中国物业服务企业竞争不足，导致开发商把物业服务公司作为开发之后的“摇钱树”。不完善的监管体系，导致物业服务企业的质量评价体系没有统一整合的标准。

（二）加强物业相关法律法规的宣传教育

物业服务合同纠纷涉及的金额一般不高，因此大部分业主都是自己去法院独立应诉或和同小区的业主共享“答辩状”。大部分业主对物业服务的认知停留在买卖合同的认识层面，而实际上物业服务企业提供的是服务合同，这与一般的物品买卖合同有着一些差别。只凭主观臆断物业服务企业不尽责、不值这个物业费价格，就擅自不缴纳物业费，造成物业服务纠纷年年增加，甚至业主联合起来反抗物业公司，影响社会稳定。针对社会上大量存在的物业服务纠纷，各级政府需要通过微信公众号和社区业主群推送《物权法》《合同法》《最高人民法院关于审理物业服务纠纷案件具体应用法律若干问题的解释》等法律法规，增强业主对物业相关法律知识的认识。

（三）房管局等相关部门要提高物业服务企业的准入门槛

目前物业企业服务乱象仍普遍存在，社区、街道、房管局等相关部门可以根据投诉数量、反映的问题对物业服务企业实行动态监管，依托大数据平台，让全体业主通过网络对物业企业进行信用评价。住建部门通过网络公示投诉率最高的 50 家社区物业企业，列出上榜次数，取消其物业服务企业资质，提高准入门槛，优胜劣汰，促进市场竞争，鼓励物业企业做大做强。

（四）降低业委会成立门槛，充分发挥业主委员会的协调作用

业委会由业主选举产生，是业主行使共同管理权的自治组织，但从中国20多年的运行实践来看，召开业主大会、成立业委会困难重重，有开发商前期物业公司“天然设置种种障碍”的原因，也有业委会成立门槛过高的现实原因。

一旦召开业主大会，成立了业主委员会，业主委员会就有权解除前期物业合同，重新从市场中选聘物业服务企业，重新拟定物业管理服务合同，对物业企业提供的服务内容、服务标准和收费方案都可以协商、谈判，这显然不符合开发商附属物业服务公司的利益，因此在业委会筹备阶段，物业管理企业会通过种种方式妨碍业委会的成立。截至目前，北京有3000多个住宅小区，成立业委会的仅有400多个，而且随着时间的推移和业委会存续时效的限制，届满到期后很多小区业委会难以正常换届，根据《物业管理条例》的规定，选举业主委员会的换届会议到会业主必须过半数。在一个高度流动的现代社会中，很多居民小区根本不具备这些条件，一部分业主并不一定居住在自己所持有的房屋中，有些业主甚至跨省持有房产，而业主委员会筹委会制定和修改业主公约、业主大会议事规则，选聘和解聘物业管理企业，则必须经物业管理区域内全体业主所持投票权的2/3以上通过。北京市住建委正在开发推广网络投票参与系统，但物业管理区域内全体业主所持投票权的2/3以上依然是一个不太容易达到的人数限制。

不降低业主大会和业主委员会成立门槛，业主大会和成立业主委员会难以成立。而没有业主委员会，任何个人和政府组织都无法解聘物业管理企业，业主对物业管理企业的不满和矛盾只会日积月累，直到因小区中某一突发事件的发生而暴发，对城市的稳定和现代化的治理造成压力。

当业主与物业公司发生纠纷时，业主委员会本应该发挥协调作用，通过正常途径与物业公司沟通、协商解决，但目前的状况是业主委员会的缺席导致物业管理企业成为“强势”主体，业主个人只有通过拖欠物业费来表达不满，宣泄怒气。

物业管理作为现代房屋管理的一种模式，对改善居住环境具有重要意义，然而目前物业管理条例和相关法律条文对现实的回应并不尽如人意。随着业主法律意识和服务意识的增强，越来越多沉积在小区中的纠纷被诉至法院。从制度层面、法律层面、程序层面突破物业管理中的现实问题，是未来物业管理改革的重要方向。

B.21

场景化空间与社区整合式治理

——北京老墙根社区服务站改革与启示

王雪梅　周剑洋*

摘　要： 社区治理是我国基层治理的重要内容，以社区服务站为切入点的微治理与微改革，是完善基层治理的有益探索。本文聚焦北京市社区服务站改革，回溯服务站改革背景，详尽介绍西城区广安门内街道老墙根社区服务站综合设置试点改革的历程、内容与特色，并结合场景理论、治理理论等进行深入分析。笔者认为，社区服务站通过转型升级，树立新角色、打造新场景、重塑新机制，变身为链接多方的治理中心，较好地回应了居民需求，提高了社区治理的效能。改革实践致力于场景化社会空间的生产，推动整合式治理模式初步显现，启发笔者进一步思考有关基层治理的问题，提出深化改革的若干建议。

关键词： 老墙根社区服务站　场景化空间　整合式治理

一　社区服务站改革背景

2000年以来，社区建设在全国范围内广泛开展并取得瞩目成就，但随

---

* 王雪梅，博士，中共北京市委党校（北京行政学院）社会学教研部副教授、硕士生导师，研究方向为城市社会学、社区治理；周剑洋，中共北京市委党校（北京行政学院）社会学教研部硕士研究生。

着城镇化进程加速、社会转型加快，基层社会矛盾逐渐凸显，城市居民的社区诉求日渐呈现多元化和复杂化的特征，这对社区建设、社区治理提出了新要求和新挑战。2008 年，北京市委社会工委、社会办对此做了深入调研，认为总体上来看，尚未形成与超大城市治理体系和治理能力现代化相匹配的基层社区治理结构，症结在于居（居委会）站（社区服务站）职能分配不清晰，核心问题是没有确定和建立一种符合实际、定位准确、运转高效的社区服务平台设置模式。

基于此，北京市决定以推动社区规范化建设，特别是规范和建立新型社区服务站作为完善社区治理结构的突破口和核心环节。北京市于 2012 年颁布《北京市社区管理办法（试行）》与《北京市社区工作者管理办法（试行）》，明确社区建设领域“一分、三定、两目标”① 的总体改革思路，设立社区服务站，将其与社区居委会的职能分开。社区居委会依据《城市居民委员会组织法》行使职能，是基层群众性自治组织；社区服务站专门办理各种公共服务，作为街道办事处在社区设立的工作站点组织开展工作，二者在党组织的领导下各司其职、相互配合。此后，北京市各区、街、社区全面推行规范化建设，新的社区治理体系逐步运行起来。在实践中，社区服务站接替居委会承担更多的行政管理事务，有利于居委会更专注于社区自治工作，但社区体制性、深层次问题并未得到根本解决，社区治理难题仍需破解。

---

① 社区服务站是政府在社区层面设立的公共服务平台，在街道办事处的领导和政府职能部门的业务指导下开展工作，同时接受社区党组织的领导和社区居委会的监督。社区服务站职责如下。①代理代办政府在社区的公共服务。主要是协助政府职能部门办理本社区内各种公共服务事项，把政府公共服务延伸到社区。②协助社区居（村）民委员会组织开展社区志愿互助服务。主要是协助组织社区居民开展邻里互助等群众性自我互助服务，为老幼病残等困难群体提供服务。③协助社区居（村）民委员会组织开展社区便民利民服务。主要是充分利用社区资源，动员社会力量，开展服务，方便居民生活。④协助社区居（村）民委员会积极培育和发展社区社会组织。引导社区社会组织参与和谐社区建设，为申请备案的社区社会组织提供手续备案、组织运作等方面的帮助。⑤及时了解反映社情民意。通过各种渠道，及时了解和反映社区居民意见和建议，并努力解决存在的问题；积极支持和配合社区居（村）民委员会依法开展社区居民自治、人民调解，提供法律服务，维护社区和谐稳定。⑥定期向社区（村）党组织和社区居（村）民委员会汇报工作，接受社区居民群众的监督评议。

在新的社区治理体系之下，社区服务站是实现政民互动、群众接受政府公共服务最直接的窗口，然而面对当下快速响应居民诉求、提高社区治理效能的新形势，服务站在诸多方面的表现不尽如人意。一是服务站运行向事务性工作倾斜，在一定程度上导致社区工作的行政化，服务功能反而弱化——单一的政务服务是服务站的主业，居民提出像水电气维修、老年送餐服务等多样的便民公益需求时，服务站无法承接；二是传统条线式的工作方式给居民办事带来了极大的不便——社工专攻自己的管口，遇到人不在，居民就得等，要么还得再来，居民办事可能得跑多次。如果社工常盯在柜台前，又难以下户开展工作；此外，社区服务站的布局设置更像一个“行政型空间”——传统的L型柜台分为九个区分布于大厅一侧，长条并接的柜台冰冷地隔开了社区与居民。这些问题是传统社区服务站面临的普遍困境。久而久之，服务需求回应慢、服务效能低，居民满意度下降、热线投诉不断攀升，进一步深化社区服务站改革势在必行。

行政化的运行机制导致社区服务站服务模式呆板机械，并未给社区治理注入充足的活力。社区服务站作为综合性、多功能的服务机构，不仅要承担从社区居委会剥离出来的本社区内的各项行政性事务工作，还需承接政府为社区居民提供公共服务和公益服务的职能。但社区服务站的设立实质上是科层体制在社区的延伸，它更多地向上对接行政性事务，只能为居民提供单一的政务服务。运行方式被条块规则束缚，对于多样丰富的居民需求，社区服务站难以灵活及时地满足。因此即使社区服务站的设立为社区有效治理提供了制度可能，在实际运行过程中居民对其服务满意度也比较低，治理的“最后一公里”尚未打通。

2019年，北京市西城区选择在广安门内街道率先进行社区服务站综合设置改革。3月，广内街道正式启动改革，确定老墙根和核桃园两个试点社区，率先在老墙根服务站推进改革；11月，综合改造后的老墙根社区服务站正式投入使用，开始试点运行。2020年1月，广内街道召开改革推进大会，计划通过2~3年的时间，分类分批推进18个社区服务站综合设置的全面改革。紧随其后，西城区召开全区启动部署会，宣布2020年将在15个街道按照社区总数30%的比例推进社区服务站转型升级和综合设置改革。这是一次顺应时势、回应诉求、完善基层治理体系、创新治理模式、破解社区治理难题的有益探索和尝试，具有相当的实践意义和研究价值。

二　老墙根社区服务站改革特色——转型升级新变化

社区服务站改革因应首都北京新时代新要求和新任务，是推动“吹哨报到”改革向党建引领深化，向社区治理深化，向受理市民诉求、解决群众身边的问题深化的重要举措，契合完善基层治理的应急机制、服务群众的响应机制、打通抓落实“最后一公里”的工作机制等。

改革推进注重党政领导与基层民主协商。广安门内街道党工委和办事处高度重视、大力支持，于2019年3月成立工作专班，正式启动改革，工作专班先后六次组织街道、社区专题研讨，十分注重居民意见，多次开展基层民主协商。面向居民采用线下发放调查问卷，线上“社区通”意见征集的方式了解需求；多次召开居民座谈会，与居民共同协商讨论改革事项等。

改革谋划注重顶层设计与精细实施。改革专班邀请西城区委改革办、北京市委党校等的专家进行指导和科学设计，特别是明晰改革思路与任务目标，即以“七有”“五性”指标体系为指引，聚焦群众生活服务响应慢的痛点，从“小切口”入手进行“微改革”，建立群众需求快速感知和处置机制；根据居民最急切现实的服务诉求，精准明确服务站各项功能，努力把社区服务站建设成为面向全体居民的综合服务平台，将其打造为可休闲娱乐、有文化内涵的社区“公共客厅”和居民“邻里家园”。在具体实施过程中，设置改革推演大会，反复推敲完善工作流程和实施方案，还聘请专业的设计公司认真修改设计图纸，打造最优服务场景。

历经八个月改造，老墙根社区服务站焕然一新。2019年11月21日，广内街道在此召开社区服务站改革试点运行现场会，宣布全新升级的老墙根社区服务站正式投入使用。以下综述老墙根社区服务站改革的主要内容、特色，以及转型升级后的新变化。

（一）树立新角色：链接多方、综合服务的“多功能插座”

转型后的社区服务站根据居民诉求，提供全新的“一站式”综合服务，并整合了政府、社会组织及周边企业、社区的服务资源，将相关主体链接在服务站这一平台，提供包括党群服务、政务服务、生活服务、公益服务四大类的综合服务。

党群服务包含转接组织关系、党员“双报到”等内容，围绕党建活动和党群服务展开。党群服务站嵌入了传统的服务站中，体现了党在人民群众中，营造了党为群众服务的红色氛围。政务服务是指社区服务站承接政府提供公共服务的职能，协助政府各职能部门在社区内办理相关业务。社区服务站是街道政务服务中心的延伸，秉持能办即办、按需代办的原则，保证政府可在离群众最近的地方回应群众诉求。生活服务方面，社区服务站整合企业、个体工商户、社会组织等资源，形成街道、社区两级服务资源平台，倡导付费消费和市场化运作。目前社区服务站已经整合了社区辖区内 80 多家社会企业资源，当居民出现水电气热修理、家政保洁等生活需求或法律和心理咨询、卫生健康等专业化服务需求时，有充足的资源可以满足。公益服务包含了文化体育、安全维稳、垃圾分类、环境环保、社会公益等志愿服务，居民可自愿参与。以上服务覆盖居民生活的方方面面，可以满足居民多样需求，同时也为居民日常生活增添色彩，更能动员居民积极参与社区建设。

目前，老墙根社区服务站共承接 149 项在站业务内容，其中包括党务 8 项、政务 116 项、便民服务七大类 25 项，并与多家单位（54 家服务机构、22 家便民服务网点、11 家辖区单位和 12 家公益志愿组织）建立了合作关系。48 项业务可以直接办结；68 项业务需接收材料，受理后填表进行上报。

转型升级后的老墙根社区服务站，其职能不再只是承担政务服务，还变成功能丰富多样的综合服务平台，可以将其新角色形象地比作“多功能插座”——以需求为导向，链接政府、企业、社会组织、志愿者、社区党员等主体，将治理资源统一至社区服务站这一平台，保障居民的诉求全受理、全满意，促进形成共建共治共享的社会治理格局。

（二）打造新场景：布局优化、温馨亲民的服务型空间

创新社区服务站布局和设置。老墙根社区按照便于管理服务、便于居民自治、便于社区功能发挥的原则，科学合理设置，将整体区域划分为五个功能区：引导接待区、休闲等待区、服务办理区、党群工作站、暖心驿站和便民工具柜。功能区设置打破传统的社区服务站“柜台”办事模式，以开放式空间为主，变办公场景为生活场景和服务场景。服务站注重场景营造和服务体验，工作人员主动上前问候、耐心解答咨询、积极服务引导，提供管家式全程优质服务。进入这里的每一个空间，居民都有回到家一样的温馨感受，群众体验更加良好，对社区的归属感也有所提升。新服务站力求满足不同人群的多样性需求，融入社交及休闲空间，居民除了办事还可以到社区服务站遛弯歇脚、带小孩、聊天，这里还是有座位、有休闲、有文化的邻里家园。此外，社区服务站还配备了工具箱，方便居民应急使用。

老墙根社区服务站致力于打造服务型空间，从冰冷的行政大厅到“聚民情、集民智、惠民生”的温暖会客厅，改变了形象、更新了理念。

（三）重塑新机制：流程再造、服务效能升级的“全科社工－全响应”

服务站精简人员、优化流程，变单一的归口管理为全科社工，服务事项全受理。将各项服务前移到服务站集中受理，根据服务内容，服务站内部合理划分功能区域，合理调整人员分工，设置 2～3 个全科社工综合受理岗，实行“全科受理、一人多岗、一岗多能”，精简服务站人员，7 人“瘦身”为 4 人。挑选党员优秀骨干作为首席站长，采用首席负责制，站长携其他两名工作人员在前台接待，副站长则负责业务的后台流转与协调。服务流程简洁高效，实现“一窗一门一次”，即一窗受理、上门办理、居民办事只跑一次。完善业务管理制度，预约服务、全程代办、服务承诺、限时办结等，做到任务清晰、分工明确。

“即办－流转”、“吹哨报到”响应制。全响应服务线上预约、线下业务办

理，又将服务站受理的居民诉求分即时办理的“即办件”和需要后台入户核实的“流转件”。即办件在居民反映后立即解决，当下不能解决的便流转存档，通过“街道吹哨、部门报到”、问题发包等方式进行处理。例如，11 月底，服务站接到居民关于下水井堵塞影响生活的求助，马上启动了流转件应急处理程序，将情况迅速反馈给管片管口主任进行入户核实，后经由社区书记发起“吹哨”，多部门报道现场办公，不到一天就抢修完毕。

包片入户、“互联网 +”主动响应制。除在站接待的人员外，其他工作人员由党委、居委会统筹调度、分配工作，按照“包片联户”机制进入网格，积极上街入户，了解居民需求、帮助居民解决问题，变被动回应为主动出击。同时运用“互联网 +”信息化手段，主动问需于民，主动发现问题，形成搜集问题、发现问题、解决问题的完整链条，将问题发现和解决集中在社区，做到“未诉先办，接诉即办”。

线上线下一体化通办响应制。借助“西城家园”社区治理平台中“我的社区”栏目，通过信息流转、流程再造，将居民在线上平台反映的诉求、需求和议事内容，转化为社区服务站的服务内容或居民自治项目，建立社区服务线上线下一体化通办平台，将线上平台议事与线下协商议事无缝结合。

老墙根社区服务站转型升级改革的成效，直接表现为服务效能提高、居民满意度快速提升等。服务站正式运行一个月，受理了四大类居民诉求共 356 件，涵盖转接党组织关系、党员“双报到”等党务活动，水电气热等生活问题，政务咨询和办理服务，“冬衣送暖”等公益志愿服务，社区残疾孤寡老人社保业务办理等。社区服务站的各项举措以人为本，居民满意度大幅提升，居民纷纷表示生活在老墙根社区舒心、放心、开心。有位社区阿姨，现在经常来站里坐一坐，聊一聊。服务站社工热情接待，贴心服务，令她踏实又安心。电闸故障了，帮报修；医保不明白，帮解答。当服务站为她妥善办好残疾老人新政补贴后，由于省去了太多的奔波和不便，她感激得为本次服务站改革竖起了大拇指。居民们见证着社区的变化，感受着点滴服务的用心，在场景家园式空间里，不再像以往被柜台隔着那样冰冷，充满了温暖和谐。在“掌上广内”等信息平台的留言区里也可发现社区居民的感谢与好评。网名“蓝天白云”的社区居民写道：“老百姓，真有幸，不出社区全搞定，你有求，他有难，来到社区全能办。我们生活在这个社区，无比幸福和温暖”。网友“宣南寒士”填词《西江月·赞老墙根社区服务站》：“邻里家园百姓，暖心话语宾朋。扶危济困解民情，社会和谐同庆。四务合一善举，人文公共客厅。安居乐业慰民生，不忘初心使命。——2019 年 11 月 22 日”

老墙根社区服务站转型升级试点提供了较为成功的经验和范本，激起一波波更大范围的推广改革。2020 年初，广内街道公布《广内街道全面推进社区服务站综合服务站设置改革实施方案》，并在老墙根社区召开改革推进大会，将通过 2～3 年的时间，分类分批推进 18 个社区服务站综合设置的全面改革。“城市家园”是广内街道各社区服务站的新定位，服务站提供开放式的综合服务，初步实现“四务合一”，构建街、居两级服务平台和以“六大体系”为支撑的社区治理格局，最终实现提升服务水平和能力、完善基层治理体系的工作目标。随后西城区委社会工委、区民政局在广内召开全区启动部署会，颁布了《西城区社区服务站转型升级推广工作方案》。遵照方案，2020 年西城区将建立“区－街－社区”三级工作体系，在 15 个街道按照社区总数 30% 的比例推进社区服务站转型升级，将“社区全响应服务”在全区 259 个社区全面推行。鼓励各街道因地制宜，突出地域特色和社区特色，在四类基础服务之外，提供 N 项特色拓展服务；重塑服务流程，提升社区服务智能化水平，最终使服务站成为居民的温馨家园和社区治理中心。

三　社区服务站综合设置改革的启示与思考

（一）服务站改革的启示

老墙根社区服务站运用场景营造理念，打造舒适公共空间，实现场景化社会空间的生产。随着知识经济的来临，城市的人文环境和氛围更加重要，城市的发展也向着强调空间品质与生活质量的地方美学与消费转向。由各种舒适物组成的文化场景能为城市居民带来舒适愉悦的感受。老墙根社区服务站在空间改造的过程中就融合场景营造的先进理念，营造舒适的公共空间。场景化空间影响参与其中的个体的行为，同时也吸引着各色群体前来进行社会实践。社区服务站空间是一处多用的，比如党群活动中心设有西城区委党校广内分校、广内名书记工作室；中心会议室作为多功能的活动场地，可供周边单位和社区开展主题党日等活动……新的社区服务站不仅是提供公共服务的场所，也是居民的“公共客厅”，它重构了空间内的社会实践，再生产了社区社会资本。

老墙根社区推进“党居站”一体化建设，整合党组织、居委会、社区服务站的服务内容和功能，将社区服务站转型升级为集合党群服务、政务服务、生活服务、公益服务等多项内容的社区治理中心，通过链接政府、企业、专业社会组织、党员、社区志愿者等多元治理资源，满足居民日益多样的需求；通过设置全科社工，重塑“一窗一门一次”的高效工作流程，简化服务步骤，初步构建扁平化网络式治理结构，显现社区整合式治理模式，创新社区治理方式。

整合式治理模式主要回答了三个问题：怎样又快又好地提供政务服务，让居民只跑一次？如何利用场景化空间吸引居民组织化参与社区建设？多元主体可以通过什么样的机制有机联合、协商共治？该模式体现了社区始终是基层治理的前沿阵地，创新了基层精细化治理，回应了社区碎片化难题，从实践逻辑探讨社区善治之道。

（二）深化改革的思考与建议

推动社区服务站改革的原因之一是居委会面临行政化困境与边缘化危机。社区服务站以转型升级为目标的微改革，虽然在一定程度上将居委会拉回了社区事务的中心、减轻了其行政事务负担，但在政府职能转变不到位、居委会自治能力不足的现实中，社区治理的居委会困境恐怕难以真正破解。作为治理整合平台的社区服务站，是基层社区层面的机构，虽具有半行政性质但并不是正式的政府机构，没有执法权力，为保证整合治理的效能，其制度基础和权力合法性有待明确。另外，服务站全科社工的设置，虽然提高了行政服务的效率但削弱了专业社区社会服务的效能，对于形形色色的居民诉求，社区所能提供的服务只能浅尝辄止、全而不专，不利于提高社区综合服务水平。这引导我们思考“全科社工”真正的科学内涵应该是什么，社区社会工作者应该向什么方向发展。

对此，有必要进一步深化服务站改革，首先转变政府职能，做到真正为社区减负，不断减少社区承担的各类行政性事务，使之更专注于服务居民。其次，加强社区服务站与街道公共服务大厅的对接，注重与街道公共服务大厅建设工作的融通汇合，将社区服务站的服务项目列入公共服务大厅的项目流程规范之中。再次，居委会可借助服务站这一空间，鼓励居民在此议事协商、参加文娱志愿活动，融入社区自治。社区服务站着重培养兼具行政能力和专业能力的全科社工，提高服务的综合水平，确保有能力回应居民多样复杂的诉求。最后，社区服务站综合设置改革要结合民情民需，贴合社区特点特色，广泛听取本社区内居民的意见和要求，根据民情民需进行服务内容的改革和空间的改造，打造独有的“特色服务菜单”和居民家园。

参考文献

吴军：《城市社会学研究前沿：场景理论述评》，《社会学评论》2014 年第 2 期。

王德福：《城市社会转型与社区治理体系构建》，《政治学研究》2018 年第 5 期。

朱发奎、朱义东、金文：《创新全科社工模式推进社区提质增效》，《中国民政》2015 年第 23 期。

钱全：《基层治理结构转型研究——“再造—共治”的一个分析框架》，《四川理工学院学报》（社会科学版）2019 年第 6 期。

郑杭生、黄家亮：《论我国社区治理的双重困境与创新之维——基于北京市社区管理体制改革实践的分析》，《东岳论丛》2012 年第 1 期。

李强、葛天任：《社区的碎片化——Y 市社区建设与城市社会治理的实证研究》，

《学术界》2013 年第 12 期。

郑容坤：《整体性治理理论的演进及意蕴探析》《行政科学论坛》2018 年第 11 期。

吴群刚、孙志祥：《中国式社区治理：基层社会服务管理创新的探索与实践》，中国社会出版社，2011。

社区发展

Community Development

B.22

中国智慧社区发展研究

朱海龙　徐 焕*

摘　要： 智慧社区是顺应科技发展的产物，主要由基础设施层、功能应用层和决策管理层共同组成，包括智慧政务、智慧民生、智慧家庭和智慧物业四大模块，是社区管理的新模式。智慧社区这一概念起源于美国，20世纪80年代末，我国智慧社区开始发展，分为社区智能化、社区数字化、社区智慧化三阶段。本文通过分析当前我国智慧社区发展模式及建设现状，反思我国智慧社区建设存在的部分地区思想认识上有待加强、缺乏统一的规划、缺乏统一的智慧社区建设标准、建设资金不足、资源开发力度不够、技术人才短缺等问题，提出我国

* 朱海龙，杭州师范大学公共管理学院教授、中国社会政策学会理事长、美国加州州立大学圣贝纳迪诺分校公共管理学院内陆商务与信息管理中心特约研究员，主要研究领域为网络社会（智慧社会）、社会政策、劳动与社会保障等；徐焕，湖南师范大学马克思主义学院研究生。

智慧社区未来发展的方向，即网络覆盖化、系统集成化、设备智能化和设计生态化，创新我国智慧社区发展的思路。

关键词： 智慧社区 社区治理 智慧物业

一 智慧社区概念阐释

（一）社区的概念

“社区”译自 Community，Community 作为社会学范畴的学术概念，由德文 Gemeinschaft 翻译而来。1851 年德国社会学家 F. J. Tonnies 在社会学领域开始使用 Gemeinschaft，他将 Gemeinschaft 解释为一种社会群体，该群体内部维持着亲密的关系，具有团结与互助的内核，个体均具有相同的价值理念，是一个具有人情味的社会群体。1933 年，费孝通等人首次将 Community 翻译成“社区”。

关于“社区”的概念，最著名的是滕尼斯和帕克提出来的，他们分别从共同体价值和功能主义的角度进行了研究，随后，引起更多社会学家基于不同角度的研究，但是至今人们对社区的理解仍是各有千秋。从社会学视角看，社区指在一定区域内发生社会关系并产生归属感的人群，这个区域是相对独立的。它由诸多要素构成，例如产生相互关系并有特定生活的人群、地域内的相应组织或服务机构、一定界线的地域范围、配套的生活设施、社区文化以及人们逐渐形成的认同感和归属感。社区均具备上述要素，但由于社区可划分不同的类型，所以在其构成要素的发展水平上各类型社区也具有差异性。

社区作为社会的重要组成部分，是政府和群众联系与沟通的中间桥梁，是政府实现其社会管理和发展功能的重要载体。随着信息技术的发展，为满足社会发展的需要，信息技术逐渐实现与社区发展的融合，催生智慧社区新的发展形态，推动社区建设的发展与升级。

（二）智慧社区的概念

智慧社区的建设起源于美国。20 世纪 80 年代，随着美国科技发展和经济水平的提升，美国政府成立了“智能化住宅技术合作联盟”，大力研发与智能住宅相配套的产品及系统，旨在将科技与住宅相结合，打造智能化的社区。随后，智慧社区在欧洲、日本和东南亚地区产生。1992 年，圣地亚哥大学的 International Center for Communication 正式提出了“智慧社区”概念，应对技术的快速变化和复杂的社会经济带来的挑战，并从 1997 年开始出版《智慧社区指导手册》。[①] 随后智慧社区在欧洲、日本、东南亚地区展开建设。1999 年美国微软公司在中国提出“维纳斯计划”，我国以 TCL 为首的电视机生产商开始进入智能社区产品的探索阶段。2009 年 IBM 公司提出构建智慧城市，而社区作为独立的社会实体，是智慧城市建设的重要领域，智慧社区受到了广泛关注。2014 年，国家发展改革委发布《关于加快实施信息惠民工程有关工作的通知》，首先提出加强社区信息化建设。随后智慧社区作为智慧城市建设的核心要素被提出来。

智慧社区是当代社区治理的新思路。它以现代科技作为支撑，充分利用云计算、物联网以及互联网等技术，以智慧城市建设为依托。信息基础设施的完善为社区智慧化创造了基本条件。智慧社区建设以实现社区智慧化治理为目标，即管理智慧化及生活智慧化，社区管理人员能运用大数据为社区居民提供高效便捷的服务，营造舒适、安全的社区环境，社区居民能享受到高质量、智慧化的生活方式。

一个完整的智慧社区主要由基础设施层、功能应用层和决策管理层共同组成。基础设施层是信息的处理和交互传输中心。它由宽带网络、信息集成平台和网络数据中心构成。宽带网络主要用于社区信息的传递和交换，保障信息流通的顺畅。信息集成平台的作用是确保人们能够正确地处理信息。网

① Lindskog H. , *Smart Communities Initiatives*, Proceedings of the 3rd ISOneWorld Conference. 2004: 14 – 16.

络数据中心主要用于收集广泛的数据信息，同时储存各类信息，包括人口信息、公共设施信息、商务信息、安全监控信息、物业管理信息等，从而为智慧社区的建立提供有保障的基础数据。只有这三个组成部分互为支撑，才能实现有效的信息共享和交换，避免社区内多元复杂的信息成为“信息孤岛”，从而提升信息的利用率。功能应用层是智慧社区建设最核心的组成部分，这主要是满足社区发展需求的数字化应用系统和网络信息系统，可利用这两大系统对我国传统的社区治理模式进行改造和重建，从而实现社区的智慧化治理。决策管理层是智慧社区的高端系统，对整个社区的基础设施、功能应用等进行掌握、规划和建设等活动，这一切最终体现为社区数字化应用的结果，在对社区进行有效管理和服务的基础上，充分发挥社区在智慧城市建设中的价值。

二 中国智慧社区发展历程

随着城镇化进程的加快，社区作为城市的细胞，其地位也显著提高，智慧社区的建设成为时代潮流。我国智慧社区于20世纪80年代末起步，由信息技术和社区建设融合而成，其发展遵循着一般规律，总体上看，我国智慧社区发展可以划分为三个阶段。

（一）社区智能化发展阶段

随着城市人口的持续增加，我国传统的住宅建筑和社区发展模式已经无法满足人们日益提高的生活需求，甚至成为限制城市发展的重要因素，在此背景下，发展科学技术成为唯一的解决途径，只有将科学技术与社区相结合，才能突破社区建设瓶颈，智能社区这一理念便产生了。20世纪80年代末，上海国际工业博览会上展出了一个智能化住宅模型，人们开始对建设智能化住宅展开探索。由于当时我国智能社区建设还处于探索阶段，存在着建设标准不统一的问题，我国在1999年12月出台了《全国住宅小区智能化系统示范工程建设要点与技术导则（试行稿）》，指定智能化社区建设试点，确定建设内容，统一建设标准，规范建设过程。1999 年下半年，上海创世纪滨海花园小区成功建成我国第一个智能化试点小区。之后智能化社区在北京、深圳、广州、武汉等城市也迅速发展起来，拉开社区智能化发展的序幕。但是我国智能化社区在发展过程中存在着很多主观与客观上的问题。例如，智能化社区建设的浪潮中，开发商片面追求销售量，过分夸大信息化的含金量，从而在建设中追求华而不实的信息系统，导致系统建成后难以启用，造成资源浪费。在智能化社区开发过程中，各自为政和不同的建设理念导致智能化社区质量标准多元混乱。在建设过程中过分强调智能化程度，忽视社区居民实际智能化需求量和消化量，导致技术过剩。但是，社区智能化建设是社会发展的必然趋势，通过社区住宅内部及外部网络系统和智能应用的建设与升级，人们生活质量不断提高，传统的生活方式获得新的进步，推动城市的智能化发展。

（二）社区数字化阶段

在社区智能化建设的基础上，建设部在 2001 年提出了建设数字化社区的构想。近几年全国各地普遍将现代科学技术融入社区建设，实现社区管理和服务数字化，建设数字化社区成为时代需求。实现社区数字化，需要利用各类技术，归纳处理社区信息，构建住户与各类服务组织之间高效互动的中介平台，达到社区资源得以充分利用、保护环境、提高服务质量，以及居民生活智能、安全且开放的目的。我国数字社区在一些城市已经进行实践，并取得有效的建设成果，例如北京、上海的社区 e 生活门户网站、社区远程教育和文娱系统等。数字化社区的进步之处在于它将各个智能化小区连接为一个网络，数字化社区强调信息资源的收集与处理，着力提高数据的时效性与权威性，其目的是实现数字化的生活方式，有效提高社区工作人员的效率，降低劳动强度。

但是当前数字化社区建设存在着一些问题。一是体制方面的制约。一方面是软件环境的制约，受原有管理体制的限制，某些领域的市场管理体制依旧存在垄断，使得成熟技术无法推广和使用；另一方面是社会资源的配套落后于发展，社区的区域网与市政网脱节。二是建设思路与实际脱轨的问题，在建设思路上片面强调追求先进的科学技术，没有考虑到社区居民实际需求和物业管理人员素质。三是建设方案大多处于总体规划阶段，存在重建设轻管理问题，导致某些系统关闭或停机。四是小区局域网和宽带接入网重复建设。

（三）社区智慧化阶段

2012年北京市通过了首个关于智慧社区建设的实施意见，随后上海、广州等地均通过了符合该地实际的智慧社区建设标准，北京西城区、上海陆家嘴等地均积极开展相关建设。截至2015年，我国已在多个城市开展智慧社区建设，并且智慧社区示范点已能提供智慧化的服务、富有人情味的社区环境、完善的基础设施以及引进了一批有能力、有技术的人才。智慧社区历经智能化、数字化建设，前两个阶段的建设为中国社区建设奠定了信息化的基石，促使我国社区建设朝着智慧化的目标奋进。在智慧化目标的引导下，我国社区在更大规模、更大范围、更大程度上实现了数据与信息的集成，并进一步增加了数据与信息互通、互动的能力。当前，我国人口老龄化问题日渐突出，社区服务反应效率有待提高，5G与物联网急速发展，安保安全性有待提高，医疗反应速度有待增加，物业公司需要更多的宣传选择等，社区智慧化建设作为一个新的领域，有其建设与发展的必要性。同时，由于我国物联网硬件在社区普及范围较广，中国企业拥有部分自主核心技术，同时又有政府大力支持，我国社区智慧化建设受到的阻碍较少。

我国智慧社区的实践在有条件的地方陆续展开，主要致力于居民、产业、商务、政务、科教、交通、医疗卫生、旅游休闲等智慧社区建设，从不同程度上解决社区的人口、政务、警务、医疗及老龄化等管理难题，提高社区管理和服务的效率。如智慧人口管理系统，该系统已在北京长阳社区运用，它可以高效广泛地收集居民信息，并实现数据的比对与处理，可以缓解“信息孤岛”这一困境，实现数据的共享。北京市清华园街道通过运用物联网技术，在区域内建立三级垃圾分类体系；通过智慧社区网络平台系统，街道辖区内实现了居民对服务商的考核。杭州高新区（滨江）是浙江的国家级智慧社区建设试点。2014 年南京市推行了智慧养老服务，有效应对人口老龄化的难题。但是我国社区智慧化发展仍然存在自主开发核心技术能力弱、不能因地制宜建立试点、法律支援数据保密性不强、政府支持力度有待加大、民间共建参与度有待提高和宣传力度有待加大等问题，需要社会各方不断共同努力，实现对普通社区的智慧化升级。

三　中国智慧社区发展模式

随着我国互联网、物联网信息技术的应用和普及，人民对社区生活产生新的需求和较高的要求，这些都加速了网络信息技术与社区的有效融合，推动了智慧社区的形成和快速发展。我国智慧社区建设在以人民日常生活应用场景为基础的同时，结合政府公共服务、公共管理、社区基础设施、物联网和互联网技术，形成一种全新的生活模式。当前我国智慧社区建设的模式主要有三种。

一是以政府管理为切入口。随着城市的发展，居民的生活需求不断增多，逐渐凸显社区监管体制不完善的问题。这需要加强政府与居民之间的交流和沟通，帮助政府了解居民日益增长的生活需求。但是随着政府职能的转变，政府与居民之间交流沟通的渠道不多且不完善。在网络信息技术的支撑下，我国形成以政府管理为切入口的智慧社区发展模式，通过打通过去各个部门之间条线管理的区隔进行横向连接，为老百姓生活提供方便。同时借助信息技术构筑社区综合信息服务平台，建设社区应用专题数据库，实现社区信息资源的深度融合，使居民通过网络提前了解办事指南、提前预约，提升社区自治和服务能力。

二是从社区商业入手。这一模式主要是由给居民生活提供一些便利条件而形成的“自上而下”的社区模式。这个模式的技术基础是大数据和物联网，通过建立多样的服务平台，引导商家入驻，整合社区各类资源，以该平台为中介满足住户各类需求，包括教育、医疗、家政、交通、购物、饮食等，实现小区公共服务管理信息化，帮助居民足不出户实现就近消费、精准消费。

三是通过物业管理入手。这种模式是在“互联网+”的基础上构建系统化、全方位的智能物业服务平台，致力于全面满足居民的生活服务需求。随着智慧社区的建设，物业服务逐渐实现由传统模式向社区消费主导的新型服务模式转变，通过建立安防系统、客服中心、周边商家合作平台等，实现线上物业报修、自助查询业务和缴纳费用、递交投诉及建议等方面信息的实时反馈。

四 中国智慧社区发展现状及存在的问题

改革开放四十多年来，我国经济建设呈现高速发展趋势，有力地促进了我国住宅建设业的发展。21世纪，我国住宅建设开始由注重量的发展向注重质的发展方向转变，我国社区建设开始朝智慧化方向发展。

（一）智慧社区整体发展状况

21世纪以来，智能化、智慧化在我国社区建设中得到了长足发展，我国社区建设朝着智慧化方向发展的趋势是不可逆的，智慧社区已成为社区建设的热点。当前我国许多城市顺应时代潮流，借助信息技术的发展，积极以社区为基本单位开展智慧化建设。

首先，规划先行，以规划指导社区的信息化建设。我国具有统一规划的优良传统，以标准化带动社区规范建设，激活市场活力。信息化的实现是构建智慧社区的基石。我国许多地区已通过了各类指导意见，制定了社区建设标准和规划，如《重庆市信息化示范社区评选标准》《杭州市社区信息化建设实施纲要》等。还有一些地区为了指导社区信息化建设，在相关政策中设置了专门的内容，确保本地区社区信息化建设的良性发展。

其次，基本形成社区信息化的“高速公路网”。21世纪以来，我国高度重视光纤网络的发展，这个“高速公路网”特指网络。社区信息化建设的核心就是网络，目前我国已搭建起较为完善的社区“高速公路网”，该网络系统是将有线网络与无线网络有机结合形成的，具有全覆盖、高效率的特点。我国同时加大对社区居委会现代化办公设施配备的投入力度，加快完善社区信息化的基础设施。我国社区信息化建设目前已经取得一定成效，尤其是沿海发达地区已建成了能提供多元服务的网站，能够基本满足群众需求。

第三，加快实现社区信息化网络的多级覆盖。当前我国科技发展日新月异，改变了民众的生活，人们对信息化，尤其是社区信息化的需求不断增强。智慧社区建设逐渐成为智慧社会建设的重要工作。到目前为止，我国智慧社区普及率为 40%，并且构建了覆盖市、区、街、居的网络管理系统，实现了数据资源的广泛收集与共享，促进社会各级治理工作互联互通。例如，北京大多数社区构建了公共服务平台；上海实现了“三网联动”，有效提高了居民办事效率。

第四，以社区居民需求为导向，准确把握市场动态，实现社会效益和经济效益的双丰收。当前我国智慧社区建设进展顺利，其中一批高质量的智慧社区已建成，有效改善了传统社区治理模式，提高了社区管理服务的效率和水平，同时结合居民的生活需求，提供多元的智能应用平台和服务内容。要衡量一个智慧社区是否成功，其标准不仅包括社区住户的评价，还包括市场对其的反响及政府是否对其放心。如宁波市大力构建公共服务平台，至今已有 570 多家企业加盟，为社会提供 16000 多个工作岗位，帮助 4900 多名下岗职工重新找到工作，在促进社区管理服务信息化、智能化的同时，缓解社会就业压力。

第五，积极探索智慧化社区。当前，我国已实现光缆网络基本覆盖的目标，各社区负责人需在构建智慧城市的浪潮下，开拓渠道向住户宣传智慧社区的相关知识，在实现基本网络设施更加完善的同时加快探索智慧化社区的步伐，吸取示范区建设经验，总结建设教训，探索符合本社区实际情况的建设思路与建设路径。当前，我国部分社区在其管理服务上已经进行了有益的探索，初步实现了智慧化。如德加社区充分运用网络平台，将日常社区信息公布在网络上，实现社区事务公开，同时通过网络积极提供众多服务，包括警务、教育、医务等。

（二）智慧社区建设存在的问题

我国智慧社区经过近几年的建设，已经取得一定的成绩，但是还存在一些值得注意的问题。

第一，我国部分地区在思想认识上有待进一步加强。从总体上看，我国高度重视智慧社区建设，并将其列为一项民生事业，但部分地区对其认识不到位，存在思想过于传统、不重视智慧化的问题，尤其是部分领导对智慧社区的基本功能认识不清晰，一些单位还抱有“等等看”的观念。此外，智慧社区建设需要投入大量的资金、技术和人才资源，部分领导一味强调社区建设存在着技术、资金、人才等方面的困难，却不能主动积极地解决这些困难，从而影响本地区社区智慧化建设进程。

第二，缺乏统一的规划、管理和协调。我国智慧社区处于初步建设阶段，存在着经验不足、各单位职能规划不清晰的问题，导致某些建设责任无人认领、执行力低、协调力差等弊端。一些委办单位只从自己工作角度出发，建设属于自己部门的信息资源系统，采取封闭式的管理和运作方式，不能实现资源的共建共享。由于资源的封闭性，各部门重复采集数据，不仅耗费人力、财力，浪费社会资源，还导致工作效率低下，工作重复烦琐。

第三，缺乏统一的智慧社区建设标准。我国许多地区出台了详细的智慧社区建设标准，但这只是针对特定地区制定的建设标准，不少地区没有制定智慧社区建设标准，只是在进行实践探索。统一的建设标准有助于不同地区各系统的融合，不统一的标准则容易产生“信息孤岛”。

第四，建设资金不足。一方面，智慧社区投入资金不足。智慧社区作为顺应科技发展的民生事业，其建设耗费大量资金，但收益周期较长，民间投资仍持观望态度，只能依靠政府财政投资。另一方面，已经投入的资金使用率不高，存在低水平的重复建设问题。

第五，智慧社区资源开发力度不够。建设智慧社区的最终目的在于使用，在于满足居民的生活需求，因此智慧社区建设要依据居民的生活需要加大信息资源的开发和应用力度。但目前看，宽带入户的建设已经基本完成，社区服务智慧资源采集、网站和数据库制作，以及智能系统和智能应用设备的建设与应用远远不能完成。

第六，智慧社区建设人才短缺。智慧社区建设是一个复杂的系统工程，其短缺人才包括掌握网络、编程、设备制造等现代技术的技术人员，以及专业的管理人才（这类人需要具备现代管理理念）。目前我国社区大部分技术人员仅负责基础维修，对高新技术的了解程度较低，大部分社区管理人员仍持有传统的管理理念，与智慧社区要求的管理模式有一定距离。

五　中国智慧社区未来发展趋势

中国正在大力推进智慧社区建设进程，并努力探寻满足人民生活需求的新的发展方向。

一是网络覆盖化。当前已进入网络化的时代，网络技术日益成熟，网络将在未来社区建设中更加普遍，功能将不断强化和完善。为实现社区的智慧化、住宅及各类设备的智能化，我国将充分利用互联网，大力建设网络平台及物联网，这一举措，必然促使网络全覆盖。

二是系统集成化。依托网络平台，社区内的信息将由孤立转向集成。在完成社区基本网络信息系统建设的基础上，社区内各类系统的集成化水平迅速提高，社区资源利用率显著提高，资源共享技术趋向成熟，智慧服务系统的效能得到提高。

三是设备智能化。智慧社区的建设不仅致力于实现信息集成化，还将通过网络技术与家电等基础设施结合，实现互联网对住宅设备的控制，提高社区设备的智能化水平。居民也可以通过网络获取社区内基础设施以及住宅设备的相关信息，灵活控制住宅设备，从而极大地提高生活的便捷度。智慧社区将不断通过对各种人、物和事的信息化、综合化处理，提升社区服务和管理的智慧化、主动化和个性化水准。

四是设计生态化。随着我国新兴环保生态学、新材料学等新技术的发展和应用，社区建设领域也开始重视生态化建设，在优化人们生活环境的同时，遵循国家可持续发展的战略。

B.23

社区基金会发展的全球视野与中国路径*

黄家亮　马　颖**

摘　要： 社区基金会最初诞生于美国，并逐渐向全球扩展。在过去百余年的发展历程中，美国社区基金会历经三次发展机遇期，深深植根于美国社会的土壤，并形成了具有美国特色的社区慈善模式。社区基金会在向全球扩张的过程中形成了银行模式和聚集模式两种典型模式。中国社区基金会在借鉴全球经验的基础上，面向城市社区治理创新的需要，在内部治理、资源链接和项目运作三个方面逐渐形成较为成熟的运作体系。但总体来看，中国社区基金会还处于起步阶段，必须进一步扎根中国本土的制度和文化环境，面向中国社区治理的广阔实践，探索具有中国特色的社区基金会模式。

关键词： 社区基金会　本土化　社区慈善　社区治理　社会转型

自2008年深圳市桃源居公益发展基金会成立以来，社区基金会在我国

* 本文是北京市社会科学基金项目“社会治理创新视域下北京社区基金会发展模式与培育策略研究”（项目编号：18SRB007）的中期成果。

** 黄家亮，中国人民大学社会与人口学院副院长、副教授，主要研究方向为基层社会治理、法律社会学、农村社会学；马颖，中国人民大学社会与人口学院博士生，主要研究方向为基层社会治理。

已有十余年发展历程。这种强调社区主体发挥资源整合与参与社区共建能动作用的社会组织①，不断适应我国城市社区建设的现实要求和本土社会的观念系统与治理结构，成为脱离当前社区治理困境和推动社区治理创新的破题之举②，逐渐受到实务界和学术界的重视。但在发展的过程中，我国社区基金会也面临诸多困惑，在此背景下，回顾社区基金会的起源及发展路径具有重要意义。社区基金会起源于美国，美国也是社区基金会发展最为充分、最具有代表性的国家，因此本文以美国社区基金会的发展历程为例梳理社区基金会在国外发展的历程。从美国社区基金会的发展实践出发，我们可以清晰地观察到它的变迁具有鲜明而深刻的时空属性，其百余年的兴衰起伏是与同时空的美国社会变革及其前后的相关社会制度与秩序休戚相关的③。

一　社区基金会在美国的发展历程及其社会基础

现代意义上的慈善行为与市场经济的发展相伴而生，在诞生之初便不是社会成员一时慷慨或凭一己之力的偶尔结果，而是社会变迁与社会结构的产物④。现代慈善区别于传统慈善行为，催生了作为中介的慈善组织以分离捐献者与受助者⑤，并使之职业化和制度化，从而保证慈善行为更符合公平和

① 田蓉：《从“准资源平台”迈向社区领导者——社区基金会功能三角在地化实践反思》，《河北学刊》2017 年第 1 期；徐宇珊：《我国社区基金会的功能定位与实现路径——基于美国社区基金会与地方联合劝募经验的启发与借鉴》，《中国行政管理》2017 年第 7 期；周如南、何立军、陈敏仪：《社区基金会的动员与运作机制研究——以深圳市为例》，《中共浙江省委党校学报》2017 年第 2 期。

② 王建军、叶金莲：《社区基金会：地位与前景——对一个类社区基金会的个案研究》，《华中师范大学学报》（人文社会科学版）2006 年第 6 期；刘建文：《社区基金会：促进社区自治发展的新思路——产生、特征、本土化建设策略及其意义》，《云南行政学院学报》2008 年第 3 期；陈朋：《地方治理视野的社区基金会运行》，《重庆社会科学》2015 年第 10 期。

③ Rebecca, *Community Foundations as Agents of Local Social Change*, Stanford University Press, 2006.

④ Granovetter, “Economic Action and Social Structure: The problem of Embeddedness”, *American Journal of Sociology*, 1985, 91 (3); Alexander, *The Meanings of Social Life: A Cultural Sociology*, Oxford University Press, 2003.

⑤ 李怡心：《关于国外慈善事业的研究综述》，《道德与文明》2006 年第 2 期。

效率的双重要求①。更进一步地说，现代慈善行为和慈善组织延续百余年的蓬勃生命力，也离不开日臻完善的管理制度和严格灵活的税法政策等社会制度共同为其保驾护航②。社区基金会作为整合社区慈善资源的慈善组织，生长于美国社区的经济基础、文化传统、政治秩序等结构性土壤③，并随着社会变迁洪流不断演化发展。

美国社区基金会的百年变迁主要历经三次发展机遇期，其社会力量分别是20世纪一二十年代工业社会新秩序与旧传统的交汇作用、六七十年代税法改革及其溢出效应、90年代联邦政府的公共服务体制改革。值得一提的是，上述三个发展机遇总是稍纵即逝的，不断受到经济大萧条、战争与冷战等社会动荡的冲击，这意外地造就了美国社区基金会螺旋式的发展态势。基于此，我们将对社区基金会发展问题的讨论置于更为广阔的时空背景之下，不仅能够帮助我们理解社区基金会与社会结构的互动过程，而且能够指引我们从社区基金会的发展历程中透视社区发展的实际样貌，分析社区基金会发展的社会根源与社会期待。我们将通过上述时空视野，以三次发展机遇期为引，深入剖析美国社区基金会的发展过程，在此基础上尝试呈现不同发展阶段的主要经验研究，在经验研究的积累和对话中追溯研究视角的分化及其与社会变革的重要关联。

（一）萌芽期：来自变动社会的推动

美国社区基金会诞生的直接现实基础是工业社会发展带来的新秩序与新矛盾④。19世纪末，南北战争后的美国社会进入一个蓬勃发展的阶段。

① 姚俭建、Janet Collins：《美国慈善事业的现状分析：一种比较视角》，《上海交通大学学报》（哲学社会科学版）2003年第1期；李培林、徐崇温等：《当代西方社会的非营利组织——美国、加拿大非营利组织考察报告》，《河北学刊》2006年第2期。

② 陈成文、谭娟：《税收政策与慈善事业：美国经验及其启示》，《湖南师范大学社会科学学报》2007年第6期。

③ 田蓉：《从“准资源平台”迈向社区领导者——社区基金会功能三角在地化实践反思》，《河北学刊》2017年第1期。

④ 李韬：《慈善基金会缘何兴盛于美国》，《美国研究》2005年第3期。

随着国内政治局势的稳定，工业革命的成果得以更加广泛和深刻地影响美国社会。具体来说，在大工业发展的过程中，现代分工体系不断完善，以市场为中心的资本主义体制也逐渐建立起来。这不仅摧毁了城市中的封建行会和农村中的庄园经济，而且促使大批劳动力从农村向城市流动。

正是基于工业化在城市和农村中的双重影响，财富积累与极度贫困如影随形，并很快点燃了城市中的阶级冲突与阶级对抗，短短几年间，进步主义运动和黑幕揭发运动等社会运动频发。贫困、犯罪和居住隔离等一系列社区发展问题在日益拥挤的城市空间中不断凸显，这不仅成为新兴的社会学等社会科学关注的新田野，而且是实务界开辟现代慈善事业的新舞台。1914 年，为解决工业化和城镇化过程中层出不穷的社区与社会问题，银行家弗雷德雷克戈夫率先成立克利夫兰社区基金会①。随后社区基金会在全美得以推广，并逐步适应与地方政府、社区社会组织、商业机构和城市居民的合作②。1915 年前后，以加利福尼亚社区基金会为代表的 8 家社区基金会成立，它们均致力于解决社会变革中产生的社区问题③。

尽管工业社会的新秩序与新矛盾构成了慈善基金会出现的现实基础，但是激励其产生的深层动力的讨论不止于此，学界针对该时期美国社区基金会的讨论集中在动力问题上，并提出了两种理论解释。一是宗教文化论，认为宗教组织是慈善捐赠的直接对象和重要推手④，主张现代慈善基金会脱胎于西方宗教文化对鼓励捐赠、行善助人的规定⑤，并受到 20 世纪初社会福音

---

① 基金会中心网：《美国社区基金会》，社会科学文献出版社，2013 年。

② Jeffery, “Community Foundations: What do They Offer Community Development?”, *Journal of Urban Affairs*, 2004, 26 (2).

③ 原珂、许亚敏、刘凤：《英美社区基金会的发展及其启示》，《社会主义研究》2016 年第 6 期。

④ Bishop, “The Church and Charity”, *American Journal of Sociology*, 1912, 18 (3).

⑤ Warren, “U. S. Philanthropic Foundations, Their History, Structure, Management, and Record”, *Harper & Row Publishers*, 1967.

运动[①]的极大鼓舞[②]。二是税法激励论，主张美国税收制度通过提供限额扣除税收待遇，鼓励个人和组织向慈善组织进行捐赠，这是可持续的慈善捐赠资源的根本保障[③]，对慈善基金会的稳定发展起到举足轻重的作用[④]。

（二）成长期："69税法改革"及其溢出效应

经济大萧条以后，新生的社区基金会发展缓慢，甚至进入停滞期，直至1969年美国国会通过新的税收改革法案（下称"69税法改革"）才得以打破僵局。"69税法改革"一方面加强对私人基金会资质与行为的管制，有效遏制私人基金会滥用免税优惠的乱象；另一方面针对公益性更强的社区基金会，给予其更多的政策支持[⑤]。经过"69税法改革"的双重规范，不计其数的慈善资源从私人基金会向以社区基金会为代表的公共基金会转移，直接使得社区基金会吸纳社会慈善资源的能力显著提升，在三年间达成总资产增加30%的成就[⑥]。

针对该时期美国社区基金会发展的原因，学界主要运用制度经济学和组织生态学两种理论视角展开研究。制度经济学视角对社区基金会的讨论，更多被裹挟在对慈善基金会和慈善捐赠行为的研究中。该类研究将慈善捐赠视为物质利益让渡的经济行为[⑦]，立足于企业捐赠行为的制度成因分析，阐释税收政策等再分配制度对企业慈善捐赠行为的激励作用[⑧]。组织生态学视角

① 社会福音运动兴盛于19世纪70年代至20世纪20年代，指出个人得救福音不足以解决工业化社会的种种社会失范问题，转而强调传播改革社会的社会得救福音，鼓励社会服务、慈善活动和政治改革等。

② 李韬：《慈善基金会缘何兴盛于美国》，《美国研究》2005年第3期。

③ 陈成文、谭娟：《税收政策与慈善事业：美国经验及其启示》，《湖南师范大学社会科学学报》2007年第6期。

④ 姚俭建、Janet Collins：《美国慈善事业的现状分析：一种比较视角》，《上海交通大学学报》（哲学社会科学版）2003年第1期。

⑤ 冯辉、左家囡：《美国基金会的税法规制及其启示》，《社会科学家》2015年第3期。

⑥ 崔开云：《社区基金会的美国经验及其对中国的启示》，《江淮论坛》2015年第4期。

⑦ 周怡、胡安宁：《有信仰的资本：温州民营企业主慈善捐赠行为研究》，《社会学研究》2014年第1期。

⑧ Ross, "The Social Control of Philanthropy", *The American Journal of Sociology*, 1953, 58 (5).

则直接聚焦于慈善组织的制度化和生态化过程，探究由不同类型慈善基金会构成的慈善行业生态的发展与分化，及其对社区基金会发展的直接影响[①]，明确主张私人基金会的资产转移是社区基金会在20世纪70年代得以进一步发展的主要原因[②]。

上述两种研究视角分别关注税法制度实践过程的不同阶段。实质上，税法制度不仅是关于个人和组织应该如何纳税的行为准则，更是对税收和捐赠关系的明确规定，是关于税收如何用于公共服务的价值选择。基于税收制度，社会成员的纳税行为与社会慈善被纳入一系列的社会互动中，并形成了"税收—公共财政—公共支出"和"捐赠—慈善基金—慈善事业"两种互动路径[③]。对此，制度经济学视角侧重关注两种互动路径的直接关联，即捐赠作为纳税的替代路径，是怎样被制度所建构的；组织生态学则在此基础上探究两种互动路径的社会后果，即慈善事业内部的分化与整合。两种研究视角互为补充，为我们全面展现了"69税法改革"对同时期社区基金会发展造成的影响以及作用机制。

（三）成熟期：公共服务体制改革的激励

20世纪90年代，美国联邦政府为了应对"冷战"、恐怖主义等国际局势的影响，不断改革公共财政和社会资源的再分配政策，逐渐推进市场机制在公共服务中发挥作用，同时调整联邦政府在其中的主体地位与监管方式。[④] 全球化的发展和人口流动也使美国国内社区结构日趋异质和多元，社区问题日趋繁多和复杂，社区在公共服务改革中的地位日益凸显，成为解决社区社会问题的基本窗口。在这个过程中，作为整合与使用社区慈善

---

① 高鉴国：《美国慈善捐赠的组织运行机制》，《学习与实践》2010年第4期。

② 崔开云：《社区基金会的美国经验及其对中国的启示》，《江淮论坛》2015年第4期。

③ 陈成文、谭娟：《税收政策与慈善事业：美国经验及其启示》，《湖南师范大学社会科学学报》2007年第6期。

④ 萨瓦斯：《民营化与公私部门的伙伴关系》，周志忍等译，中国人民大学出版社，2002；陈书洁、张汝立：《政府社会服务观与社会公共服务改革——英美政府购买社会公共服务的比较研究》，《探索》2011年第4期。

资源的专业化社会组织，社区基金会的现实意义不言而喻并因此逐渐受到社会关注。

二　全球化的尝试：制度移植与理论反思

21 世纪初，基于社区基金会在缓解美国社会服务需求和公共财政赤字之间张力问题上做出的探索，全球资助者协会与慈善支持机构组成的行业联盟，尝试将社区基金会模式作为一种公共服务的创新机制在全球范围内推广①。经过二十年的全球化努力，1875 家社区基金会在全球四大洲 52 个国家得以落地，并在 2018 年度筹得 50 亿美元的综合赠款②。在制度移植与具体实践中，社区基金会广泛吸收慈善捐赠，有效整合来自政府、市场和社会的慈善资源，并将其用于基于社区需求的公共服务和治理实践③。

社区基金会模式之所以被视为一种“制度”，主要是因为：首先，它是关于如何动员社区慈善资源以及如何有效管理慈善资源的行为准则和内部章程；其次，社区基金会模式并不是在封闭的慈善组织内部运行的，而是要利用社区资源、为社区提供公共服务，换言之，它界定了社区基金会组织和城市社区治理结构及其内部主体之间的关系，也为社区共治提供了可操作的行动指南。我们不能将社区基金会的全球化实践视为简单的照搬与模仿，而要将它作为制度移植的具体案例加以考察。制度移植兼具建构性与实践性，它不仅是一套文字规则与行为规范，更是一个通过社会实践与社会交往逐步将文字规则“内化”为行动取向和价值观念的过程④。为了探究和解决社区基金会模式在制度移植与本土化实践过程中的问题，学界对此开展了深入的经

① 饶锦兴、王筱昀：《社区基金会的全球视野与中国价值》，《开放导报》2014 年第 5 期。

② 数据来源为美国社区基金会地图网：http：//communityfoundationatlas. org/facts/，统计截至 2019 年。

③ 吴磊：《“合法性——有效性”框架下社区基金会发展的影响因素分析——基于上海和深圳的案例》，《社会科学辑刊》2017 年第 2 期。

④ 程士强：《制度移植何以失败？——以陆村小额信贷组织移植“格莱珉”模式为例》，《社会学研究》2018 年第 4 期。

验研究与理论探索。

社区基金会模式的全球化过程可分为理论化、法律化、实践化和理念化四个阶段。首先，理论化过程是指对社区基金会模式合理性的论证，一般伴随着对试点个案的实践总结与理论抽象，这在日本社区基金会的概念舶来和试点过程中尤为突出①。其次，法律化过程是指颁布政府规范文件等正式制度确定社区基金会的行动框架。以英国社区基金会的制度移植为例，政府对社区基金会发展的宏观政策定位与支持，推动了社区基金会搭建灵活的运作制度和获得社区的全面支持②。再次，实践化过程是指制度与环境之间互动、调试和内化的过程。有学者细致考察英国和东亚三国社区基金会适应本土环境的发展过程，指出社区基金会应该根据当地的机遇和限制，调整自身的运作形式以更好地适应新的情境③。最后，理念化过程是指社区基金会模式成为社区利益相关者的共同信念，以减少制度执行和监督的成本④。

从运作模式来看，全球社区基金会可分为银行模式和聚集模式两种类型⑤。银行模式是指社区基金会针对社区治理中的资金需求，主要发挥聚集资金和资助社区组织的中介功能，强调多渠道筹款和提供捐赠者服务。聚集模式则是指社区基金会聚焦于社区发展的现实状况，动员社区多元主体共同参与，推动多方跨界合作来解决社区问题的治理模式。这不仅要求社区基金会能有效整合社区资源，更要求其承担起组织、协调社区各方力量的责任⑥。上述两种运作机制的选择与实践，与社区基金会赖以发展的本

---

① 俞祖成：《日本社区基金会的发展及其启示》，《社会主义研究》2017 年第 3 期。

② 原珂、许亚敏、刘凤：《英美社区基金会的发展及其启示》，《社会主义研究》2016 年第 6 期。

③ Wang & Graddy，"The Development of Community - Based Foundations in East Asia"，*Public Management Review*，2011，13（8）.

④ 杨雪冬：《制度移植与本土实践：以立法听证为个案的研究》，《华中师范大学学报》（人文社会科学版）2005 年第 6 期。

⑤ Kinser，"Caught Between Two Paradigms：Changes in the Community Foundation Field and the Rhetoric of Community Foundation Websites"，*University of Arkansas at Little Rock*，2009.

⑥ 章敏敏、夏建中：《社区基金会的运作模式及在我国的发展研究——基于深圳市社区基金会的调研》，《中州学刊》2014 年第 12 期。

土社会现实紧密相关，尤其受到税法制度、慈善文化与慈善资源结构的综合影响①。值得一提的是，尽管经验研究具有类型化和理论化的倾向，社区基金会在现实世界中的运行并不是完全以理想类型的状态呈现的。银行模式与聚集模式更像连续统的两端，其不同程度的混合与杂糅才是社区基金会的原貌与常态。

三 我国社区基金会的实践创新

社区基金会的全球化实践为我国社区基金会的发展提供了借鉴，我国社区治理创新的需求则是社区基金会在我国发展的内部根源。改革开放以后，我国城市社区的快速发展和社会认同的转变，使得社区治理面临着诸多制度困境、管理困境和行动困境②。鉴于此，国家不断强调基层治理体制创新，一方面形塑多元主体共同参与社区治理的新格局，将社区居委会作为社区治理的枢纽，同时动员多元主体共同参与社区治理；另一方面调整社会资源配置，下沉社区治理资源③，将部分职能转移给居委会或各类社会组织，以解决国家行政力量无法顾及的基层社会问题。正是基于推动社区多元主体共治和资源有效配置的现实需要，社区基金会由国际社会引入并在我国蓬勃发展。

我国社区基金会在借鉴社区基金会全球化发展经验的基础上，面向城市社区治理创新的需要，结合本土制度环境和文化环境，聚焦于内部治理、资源链接和项目运作三个方面，探索具有本土特色的运作体系。

第一，搭建本地化与专业化并重的内部组织结构。在城市社区迈向多元共治的背景下，社区基金会不仅要实现内部的有效运行，更要妥善处理与外

① Wang & Graddy, "The Development of Community - Based Foundations in East Asia", *Public Management Review*, 2011, 13 (8).

② 刘蔚、黄家亮：《老旧社区改造与基层社会治理创新——以北京市朝阳区Y社区为例》，《新视野》2019年第5期。

③ 黄家亮、郑杭生：《社会资源配置模式变迁与社区服务发展新趋势——基于北京市社区服务实践探索的分析》，《社会主义研究》2012年第3期。

部各类社会组织的关系，以整合社区资源、回应社区需求、促进社区融合。基于自身在社区治理结构中的目标和定位，社区基金会遵循决策、执行和监督权力分开的原则，组建理事会、秘书处、监事会三大机构，形成以本地化的理事会为权力中心和以专业化的秘书处为业务中心的运行框架。社区基金会形成以理事会为中心的权力分配模式，并在实践中强调理事的本地化。在功能发挥上，由于社区基金会涉及资金捐赠管理、项目招投标、项目监管等大量专业性工作，因此在人员配置上十分强调秘书处的专业化水平[①]。这不仅关系到组织内部的统筹与协调，更影响到社区基金会与外部社区治理主体的互动关系。

第二，开创资源链接与问题回应并举的治理模式。20 世纪 80 年代以来，我国财务监管机制逐渐由行政管控型向法人治理型过渡。以往行政管控型治理模式重视基金会的外部管控，轻视内部治理，而当前法人治理型模式认为基金会内部与外部存在多元利益群体，强调要形成以化解不同利益群体冲突为基础的基金会自治机制，通过年度检查与评估等方式对基金会的财务情况进行监察[②]。财务监管机制转型使社区基金会从行政管理体制中脱离出来，在资金筹集、资金投资、资金使用方面获得更多权力。这对以资金运作为核心的社区基金会十分关键，即能够更加便捷地通过多元化筹资方式获取资金，为社区社会组织提供资源支持，促进其专业化发展。在实践过程中，社区基金会着眼于社区治理的资金需求和社区治理的根本问题，形成了资助模式和社区领袖模式。这是对国际经验中的银行模式与聚集模式的重构与补充，从而适应我国城市社区的治理环境[③]。

第三，形成培力社区与服务社区并进的项目实践机制。当前社区基金会大多以项目为载体，通过项目实践来发挥自身功能，一方面自主设立项目资

---

① 徐家良：《中国社区基金会关系建构与发展策略》，《社会科学辑刊》2017 年第 2 期。

② 李晓倩：《捐助法人治理的中国逻辑——以基金会决策机构为中心的考察》，《当代法学》2018 年第 4 期。

③ 田蓉：《从“准资源平台”迈向社区领导者——社区基金会功能三角在地化实践反思》，《河北学刊》2017 年第 1 期；胡小军、朱健刚：《“三社联动”机制下社区基金会的功能与运行逻辑》，《华东理工大学学报》（社会科学版）2018 年第 1 期。

助社会组织，回应社区具体问题，实现自身公共服务目标；另一方面向组织外部争取项目来扩充资金来源和缓解资源短缺的困境。从项目运作周期、设立主体和性质出发，社区基金会的项目可分为参与式资助项目和机构委托服务项目①。首先，参与式资助项目是社区基金会在探索社区发展问题和社区生活需求的基础上，自主征集和资助社区社会组织的项目计划，着力实现社区培力、增能和推动社区居民参与社区公共事务。在此模式下，社区基金会不仅扮演资金支持者的角色，更关注社区内部潜在公益人员的发掘和培养，为社区治理奠定了人员基础。其次，委托服务项目是指社区基金会向上对接基层政府或企事业单位，申请和执行上述机构委托的服务项目。此类项目源于自上而下的规划，在面向领域、实施周期、项目验收等环节限定性更强。它不仅有效缓解了社区基金会在资金筹集方面的困难，还使得社区基金会成为政府职能的有效补充，在组织培育、人才培训、资源对接等方面做出了有益探索。

尽管社区基金会的内部治理、资源链接和项目运作三者之间具有互相影响的倾向，但是三者仍然具有相对独立的行动框架和政策依据。已有研究在对社区基金会分类的尝试中，采取一种经济因素决定论的视角，片面地将主要的捐赠主体作为界定社区基金会类型的依据。具体而言，它们在划分出政府主导型、企业主导型和居民主导型等类型的基础上，从特定类型的个案出发，探究该类型社区基金会的权力结构与行动框架。这种研究倾向的理论诉求是从主要的捐赠主体出发，推论和预测社区基金会的运作模式。

但在具体实践中，即便是具有相同资金结构的社区基金会，其在界定组织目标和推动项目运作等具体事务时的行动方式也不尽相同。这是因为社区基金会并不只是社区慈善资源平台，更是嵌入社区治理结构中的治理主体。它的运作模式不仅受到资金结构的影响，还受到该社区慈善环境、当地政府治理路径和居民的社区参与意愿等更为隐秘的社会条件的影响。换言之，资

① 方勇：《柔性控制：政府主导型社区基金会的项目制运行逻辑》，《社会主义研究》2018 年第 2 期。

金结构只是一系列社会条件作用于社区基金会实践的表征，但不是根本原因。我们应当打破已有研究由于上述决定论倾向所形成的局限，采取更为综合与历史的视角对我国社区基金会的实践经验加以关照。

四　从社区慈善迈向社区治理

社区基金会的美国经验与全球实践，均局限于社区慈善和公共服务的范畴，这主要表现在以下方面。

首先，美国社区基金会的经验研究在很长一段时间内被裹挟于慈善组织与慈善行为研究中。这不仅受学者的研究视角所限，更是因为美国社区基金会在长期实践中都只立足于社会慈善领域，理所当然地被淹没在慈善组织的诸多类型中。随着美国公共服务体制改革，社区基金会逐渐强化自身的社区属性，凸显自身在解决日趋复杂的社区问题时的特有价值，社区基金会的主体地位才得到学界与实务界的关注。从更深层次的社区慈善与社区治理关系来说，社区慈善的本质是一种社会再分配方式，其关注的群体同时也是社会治理的主体，其关注的议题同样也是社会治理的对象。我们不能因为社会分工引发的实务层面和研究层面的种种区隔，人为地割裂社区慈善和社区治理之间的本质联系。

其次，在世纪之交的全球化实践中，社区基金会立足于对制度移植的期许，尝试以标准化和格式化的社区慈善定位进行推广。如前所述，社区基金会的标准化制度移植目标，在一定程度上打破了现代慈善体系中的固有界限，将社区作为慈善资源的基本窗口加以关注。但是，社区基金会模式在扩充慈善资源总量的同时，也激活和动员了社区集体行动，改变了社区治理的资源与权力分配状态。为了适应社区基金会模式的影响，政府、市场、机构与社会都必须在原有结构已被撼动的社区新环境中进行探索实践。因此，当我们将目光投向社区基金会带来的实际社会影响，不断强化社区基金会的社区属性以强调其在社区慈善中的重要地位时，它所带来的社区治理结构的转变同样是不容忽视的。

上述讨论不仅关涉我们如何理解社区基金会的功能定位，更是社区基金会在我国城市社区进一步发展的现实基础与现实意义所在。具体来说，我们需要回答下述问题：在我国社区治理的历史脉络和当前社会转型实践中，社区基金会如何面对既有的社区结构和其中的治理困境？如何回应发展中的居民需求？面对不同的社区治理需求，社区基金会在不同地区是否存在差异与多元特征？透过这些差异化的呈现，我们如何认识不同地区的不平衡现状与社会治理目标？只有将社区基金会置于社会治理的话语体系中，我们才能对这些问题展开经验研究与理论建构；也只有回答这些问题，我们才能赋予社区基金会在我国城市社区不断创新实践的合法性与有效性。

新的问题意识呼唤我们以更为综合与历史的理论视野，重新理解社区基金会的创新实践，并促成社区基金会与转型社区之间的良性互动。我们不仅要看到社区基金会和社区治理的相互形塑，而且要关注社区居民的需求与行动在其中发挥的作用。只有这样，我们方能抛弃社区慈善视角中暗含的资源与权力的不平等预设，从多元主体合作共治的层面出发，理解社区基金会对于未来社区发展的价值，也方能透过社区基金会的历时性变迁和共时性差异，超越组织的边界，追溯社会与个人的互动。

B.24

提升城乡接合部地区社区（村）社会治理能力的思考

——基于对北京市昌平区城乡接合部地区社区（村）的调研

殷星辰 *

摘　要： 流动人口严重倒挂、基层管理资源不足等因素，严重制约了北京市城乡接合部地区社区（村）社会治理能力和水平的提升。本文调研了昌平区20个城乡接合部地区社区（村）村庄物业化管理和智慧门禁系统等措施的推进情况，分析了其对提升这一区域社会治理能力和水平的作用、成效和存在的问题，从强化政策支持和法制保障、强化舆论宣传和正面引导、强化政府引导和资金保障、强化日常监管和教育培训四个方面，对进一步推进村庄物业化管理和智慧门禁系统建设运行，提升城乡接合部地区社区（村）社会治理能力和水平提出了对策建议。

关键词： 社区（村）社会治理　村庄物业化管理　智慧门禁系统

北京市昌平区城乡接合部地区特别是六环路以南城乡接合部地区社区（村）存在着人口大量聚居、社会秩序混乱、环境卫生脏乱、治安案件多

---

* 殷星辰，北京市社会科学院首都社会治安综合治理研究所研究员，主要研究方向为社会治理、社会稳定、社会治安。

发、各类安全隐患突出、管理缺失等突出问题，亟须创新管理模式，破解社会治理新难题。本报告重点调研了昌平区南部城乡接合部地区北七家镇、东小口镇、回龙观镇和沙河镇的20个社区（村）的社会治理的现状和存在的问题。这20个社区（村）共有人口46.2万，其中户籍人口3.6万、流动人口42.6万，本地户籍人口与流动人口比为1∶11.7，该区域流动人口数占昌平区流动人口总数的37.4%。该区域共有三层（含）以下出租房屋18.37万间，四层（含）以上出租房屋4.33万间①，在北京市具有具有一定的典型意义。

一　昌平区城乡接合部地区社区（村）社会治理创新现状分析

流动人口快速聚集，导致城乡接合部地区社会治理能力与其面临的地区问题严重不匹配，产生了大量的问题隐患。面对这些问题隐患，基层政府和自治组织积极落实北京市委、市政府正在推进的“美丽乡村”建设规划和各项方针政策，锐意创新，重点针对流动人口底数不清和基层管理资源不足两个重中之重的问题，把村庄物业化管理和智慧门禁系统安装建设结合起来，两者同步推进，实现管理手段创新与科学技术应用有机结合，取得了一定成效。

（一）面临的形势

昌平区城乡接合部地区社区（村）社会治理面临的形势严峻复杂，呈现出以下三个主要特点。

1. 流动人口严重倒挂，各类问题隐患亟待解决

近年来，昌平区城乡接合部地区因交通便利、农民自建房租金低廉、生存成本较低，快速吸引了大量流动人口聚居，人口规模严重倒挂，导致各类

① 本报告中所有数据由本次调研的相关部门提供。

案件高发、安全隐患问题严峻、环境卫生极其恶劣，加之配套的公共设施不健全，水、电、交通、健身、就医、就学等问题凸显，各类矛盾纠纷集中暴发，给该地区社会治理带来了极大的压力和挑战。特别是村民自建房多、违法建设多、出租大院多、日常管理难度大，导致“三合一”、“多合一”、“五小”企业、“六小”门店等无证照经营场所大量存在，私拉电线和电气线路老化、供电负荷过重等现象普通存在，产生了大量的消防安全和生产安全隐患。村民宅基地私自扩建，造成村内道路狭窄，加上各类车辆乱停、各类杂物侵街占道随意堆放、店外占道经营等问题，消防通道被阻塞，一旦发生火灾，极易发生群死群伤事故。2019 年前三季度，昌平区发生成灾火情 236 起，其中东小口、北七家、沙河、回龙观四镇共发生 85 起，占 36%，严重制约了昌平区整体社会治理水平的提升。

2. 人口底数不清，社会治安压力倍增

城乡接合部地区流动人口数量多、流动性强，房屋出租随意性大，加之出租房主责任意识淡薄，不主动配合报告租住人员信息，做到动态准确掌握流动人口情况底数的难度较大。此外，流动人口管理员没有执法权，进不去门、见不到人、登记不到信息等现象大量存在，也是流动人口底数不清的重要原因。2019 年 9 月抽查数据反映，多数城乡接合部重点村流动人口登记率不到 80%、核销率不到 60%，甚至部分重点村流动人口登记率仅有 25%，核销率更低。北京作为全国的首都，重大政治活动多，大量不掌握情况底数的流动人口聚居于此，对这一地区的社会治安管理构成严峻挑战。部分人法律意识和安全意识淡薄，没有正当的职业和固定收入，有的甚至通过制假、贩假等途径获取生活来源，导致城乡接合部地区各类案件高发、频发。据统计，2019 年，20 个社区（村）共接报 110 警情 8289 起，其中刑事立案 1277 起、可防性案件发案 148 起、涉车案件 28 起、黄赌毒警情 160 起，分别占全区总数的 9.3%、11%、11.9%、82.3%、11.4%。

3. 管理资源不足，集体经济入不敷出

目前北京市城乡接合部地区的行政管理机构尚未城镇化，仍是农村行政建制。基层管理人员严重不足和村庄集体经济入不敷出，导致服务管理能力严重滞后于实际需要，成为制约这一地区平衡发展的瓶颈问题，主要表现在三个方面。

一是管理人员严重短缺，一些社区（村）仅外地流动人口就有上万人，最高的达到5万余人，基层干部和各类管理服务人员与服务对象比例严重失调。以燕丹村为例，2019年初该村实有人口65000人、管理员60人，比例约为10813∶1，低于北京市基层政府和自治组织管理人员按实有人口3‰～5‰配备的规定要求，环卫保洁和基层执法力量尤显短缺。

二是管理资金不足，这20个社区（村）虽然集体土地有一些收入，但用于保障和改善严重超越地区人口承担能力的各项设施和服务，显得微不足道。以东小口镇魏窑村为例，安装出租房屋喷淋设施投入136万元，安装智慧门禁系统投入196万元，安装高清监控探头投入61万元，建设停车场投入646万元，物业公司网格员经费补贴投入36万元，累计投入1076万元。而魏窑村只是东小口镇保留村中最小的一个村庄，大的村庄资金投入更是可想而知的。据统计，20个社区（村）累计建设微型消防站20个，新增电动自行车充电桩1684个，安装自动喷淋灭火系统7.32万个、烟感报警器17.85万个，配备灭火器17.65万个，清运垃圾3.6万吨，新增绿化面积14.79万平方米，增加停车位5462个。巨大的投入导致这20个社区（村）的集体经济严重入不敷出，难以为继。

三是管理手段滞后，与流动人口急剧增加相比，基层党组织针对违法建设、人口管理、房屋管理、车辆管理等的管理理念陈旧、管理方式单一，对人口急剧增加带来的一系列新问题、新情况，没有高效的管理办法。

（二）主要创新举措

昌平区在推进治理的过程中，抓住重点，主要推出了村庄物业化管理和智慧门禁系统这两大举措，在一定程度上提升了基层政府和自治组织的社会治理能力，改善了区域内社会治理状况。

1. 探索智慧门禁系统安装建设不同模式

城乡接合部地区受村域特点、边界规划、人员状况等不同因素制约，采取单一的智慧门禁系统建设模式势必存在诸多弊端。昌平区结合区域实际，分别探索了不同的建设安装模式。

一是逐户安装模式。在东小口镇魏窑村试点对全村 90 栋楼房和 20 个平房院共 110 个院落 165 个单元门逐门逐户安装智慧门禁系统，办理智慧门禁卡 5223 张，实现了对全村所有房屋和居住人员的全面、动态、准确掌握。

二是出入口安装模式。在沙河镇于辛庄村 5 个出入口安装带有智慧门禁系统功能的闸机 29 套，办理智慧门禁卡 17000 余张，实现了对绝大多数居住人员的基本掌握。

三是全覆盖安装模式。在沙河镇西二村和东小口镇马连店家园两个回迁小区，对出入口、单元门、地下停车场至单元楼门口等人员出入口位置全部安装智慧门禁系统，两个村共安装智慧门禁系统 189 套，办理门禁卡 8554 张。

通过三种模式安装智慧门禁系统，结合系统后台数据分析汇总，民警、镇村等管理人员通过手机 APP 实时查看，手机 APP 适时向居民群众推送安全提示等措施，基本实现了流动人口由“被动管理”向“主动报到”的转变。特别是东小口镇魏窑村注重在提升服务水平上下功夫，会同建设公司在村综治中心设立专门座席办理门禁卡等业务，并在综治中心对面常设服务中心，24 小时解决智慧门禁系统出现的各种问题，极大地提升了服务水平，受到了镇村干部和群众的好评。公安数据显示，安装智慧门禁系统的魏窑村、马连店村、西二村均取得了可防性案件“零发案”的良好效果。

2. 推行村庄物业化管理模式

村庄物业化管理即建立并形成以社区（村）为基本单位、村民为基本服务对象、物业服务人员为基本队伍的物业化服务体系，提供设施设备维护维修、村容村貌治理提升和各项秩序整治维护等综合有偿服务。村庄物业化管理模式自 2017 年在昌平区东小口镇小辛庄村试点以来，取得了显著成效，2018 年分别在 20 个城乡接合部社区（村）继续推广试点。据统计，共有 11 个村以村委会为主体正式注册成立了物业公司。物业公司采取每辆机动车每年收取 1500～2000 元的停车管理费、每人每月收取 10～30 元的物业费等形式，为村民提供治安巡逻、垃圾清运、车辆管理、监控值守、秩序维护等服务，部分村庄物业公司还为村民提供了水电维修等服务。村庄物业化管理通过社会参与的形式，吸纳社会力量参与村庄治理工作，弥补了基层管理力量和管理经费不足的瓶颈问题，在一定程度上改善了村庄的治安环境面貌。例如东小口镇魏窑村每年在环卫、安保、基础设施维修方面至少投放150万元，按照每人每月收取30元物业费和每车每年收取1800元停车管理费来计算，物业公司年收入应在300万元左右，既可以回收管理成本，又可以在改善村庄基础设施、提供服务等方面加大投入力度。

通过调研发现，把智慧门禁系统和村庄物业化管理相结合，提升社会治理成效比较明显的主要有沙河镇西二村、东小口镇马连店家园等已回迁社区（村）和东小口镇魏窑村、北七家镇白庙村等未回迁社区（村）。

二　昌平区城乡接合部地区社区（村）社会治理创新存在的问题

智慧门禁系统和村庄物业化管理这两大创新举措具有较强的针对性，其对社会治理能力的提升效果也比较明显，但在推广和落实中还存在着以下问题。

（一）思想认识不到位

村庄物业化管理和智慧门禁系统虽然在少数地区试点取得了一定成效，但是作为新鲜事物，一时还难以被迅速接受，主要表现在三个方面。一是镇村干部层面，虽然对新型管理模式有一定的认同，但鉴于前期需要投入相应的资金和开展大量的群众工作，并会遭到部分村民和多数流动人口的反对，极易引发网络炒作乃至群体性事件。因此，镇村干部对此项工作持不愿干、不敢干的态度。二是村民层面，一方面是习惯传统生活模式，认为智慧门禁系统影响出入，不愿受其束缚。另一方面是不愿意因物业管理和智慧门禁系统建设额外增加费用。还有就是担心收取物业费和管理严格后影响房屋出租，降低家庭收入。因此，部分村民对此项工作持不欢迎、不赞同的态度。三是租住人员层面，只看租金的高低，没有充分认识到安全整洁的居住环境的重要性，不愿受智慧门禁系统的限制和承担租金以外的任何费用。还有一部分租住人员认为交纳了租金，就应该享受安全良好的服务，把承租人个人收入与集体收入相混淆。因此，多数流动人口对此项工作持不支持、不理解的态度。

（二）法律依据不充分

随着经济社会的发展，社会形态发生了很大变化，特别是城乡接合部地区人口数量严重超出地区承载能力，产生很多新的问题。如何发挥这一地区社区（村）组织作用，保障社区（村）地区物业公司有效管理，保障现代科技设施迅速投入使用，现行的法律法规不能提供有效的保障支撑。比如，城乡接合部地区社区（村）要对严重超出地区承载能力的流动人口提供卫生保洁和垃圾清运服务、对影响医疗急救和消防救援的乱停车问题设置专用停车场进行统一管理，但是收缴相应的物业费和停车管理费没有切实可行的法律依据；对告知后依然乱停乱放的车辆进行处罚没有切实可行的法律依据；要求农民宅基地加盖高层出租的户主加强门禁、监控、防火等设施建设没有切实可行的法律依据。

（三）服务管理不平衡

在昌平区推进村庄物业化管理和智慧门禁系统安装建设试点工作中，最难开展的两项工作就是物业费的收取和人员信息的采集登记，主要表现在管理需求与服务需求的矛盾上。从租住人员角度来说，既要求解决周边环境问题，又不愿意为卫生保洁和垃圾清运付费，既希望居住地治安秩序良好，又不愿意将个人信息提供给管理部门。总体而言，参与积极性不高。

从政府管理角度来说，镇村两级短时间没有大量的人力、物力和财力投入，难以解决长期形成的城乡接合部地区各类问题。但各级政府对于群众提出的环境、安全、民生等服务需求，要想较好、较快地尽力解决，只能采取行政手段，自上而下对基层管理者提出严格要求。但原有的管理方法难以见效，新的管理手段又可能引起相关问题，陷入“左右为难”的境地。比如东小口镇魏窑村，一个只有110户、不到4000人的小村庄，工作人员加班加点，仅在物业费收取和人口信息采集方面就耗费了60余天的时间，耗费大量时间和精力。

（四）日常工作不规范

在社区（村）物业管理方面，虽然以村庄为主体正式注册成立了物业公司，在工商部门也有备案，但毕竟不是经过正规培训的专业管理队伍，缺乏科学管理和诚信服务等企业管理运行理念，日常管理也存在不规范的情况，缺乏企业发展的科学规划。在智慧门禁系统安装方面，虽然区、镇政府注重加强引导，也出台了相应的技术规范。但作为社会行为，以村庄作为实施主体，在安装范围、建设数量、运行效果等方面缺乏规划，在费用收取、服务条款、数据安全等方面也存在不规范的情况。

（五）舆论宣传不全面

城乡接合部地区的各类问题是长期积累形成的，最主要的原因是宅基地上加盖房屋用于出租，吸引大量流动人口及为其服务的各类合法与非法的企业、社会组织聚集，导致现有公共服务水平与地区承载能力严重不匹配。这些问题的解决需要社会治理的创新、需要久久为功的努力。舆论引导没有充分认清这一长期问题，报道不够全面，制约了各项工作的开展。

三　进一步提升昌平区城乡接合部地区社区（村）社会治理能力的建议与对策

习近平总书记在党的十九大报告中就加强和创新社会治理工作提出“推动社会治理重心向基层下移，发挥社会组织作用，实现政府治理和社会调节、居民自治良性互动”的要求。[①] 北京市也下大力气开展了“推进美丽乡村建设”系列工作。合力推进城乡接合部地区村庄物业化管理和安装智慧门禁系统，是落实中央和北京市委部署要求，创新城乡接合部地区社区（村）社会治理模式的有效探索。笔者认为今后还应该在四个方面加以完善。

（一）强化政策支持和法制保障，建立对称的权力与责任体系

社会治理的难点在基层，重点也在基层。基层管理人员工作任务重、压力大。特别是城乡接合部地区的管理者，面对无序增长的流动人口、规模不一的出租房屋、乌七八糟的环境卫生、杂乱无章的秩序问题，工作责任较大，却没有好用的法律利剑，存在“责权不对称”的现象。因此，各级政府在严格落实属地责任的同时，还应该在完善政策法规和法律体系上下功夫。通过完善的制度体系和法律法规，既倒逼基层管理者勤奋工作，又为其开展工作提供有力保障，实现“责权一致”。具体建议如下。

一是完善城乡接合部地区社区（村）物业公司的行业标准。要参照城市社区物业公司管理模式，制定该区域物业管理公司的规章制度、人员设置、资金使用等指导意见，规范物业费用收取标准、收取程序和费用票据等，明确资金使用范围及账目公开流程，使村庄物业化管理工作有法可依。

二是制定城乡接合部地区社区（村）安全设施规范。要参照城市社区安全标准，结合现代科学技术，制定城乡接合部地区社区（村）安全设施建设规范，统一技术标准、技术参数和对接端口等，实现门禁数据、监控数据、出入口闸机数据与现有流管平台、综治平台、公安平台的对接联通和共享共用。特别是要强化智慧门禁系统采集的人口数据、图像数据、房屋数据等信息安全，并实现有效整合，减少基层重复工作。

三是要制定城乡接合部地区社区（村）交通秩序管理指导意见。鼓励

① 习近平：《决胜全面建成小康社会　夺取新时代中国特色社会主义伟大胜利》，人民出版社，2017 年。

和支持有条件的城乡接合部地区社区（村）统一设置停车场，明确管理费用收取标准，实现规范管理。要在城乡接合部地区社区（村）主要街道施划消防通道和禁停标识，对于乱停行为，要利用现代信息手段，建立城乡接合部地区社区（村）交通违法信息平台，由物业人员采集上传数据，由专业执法人员分析认定。对于专业执法人员认定的交通违法行为要上传至交管平台，依法进行处罚。

四是要制定具有可操作性的房屋出租和人口信息采集制度。明确房屋出租标准、租赁信息报备等强制性措施，规范房屋出租、降低问题隐患，掌握居住人员信息。

（二）强化舆论宣传和正面引导，树立正确的权利与义务观念

当前，城乡接合部农村地区主要问题是无序增长的人口数量和超越地区承载能力的管理水平之间的“供需矛盾”。要解决这个矛盾，既要在减“需”上下功夫，即压减人口数量、降低不符合实际的需求，又要在增“供”上加力度，即增加消防、环卫、治安巡逻、停车管理等方面的投入。而智慧门禁系统和村庄物业化管理作为减“需”和增“供”的重要手段，作用是明显的。因此，各级政府和新闻媒体要在舆论宣传和正面引导上加以重视，着重在人口无序聚集和租住违规房屋的危害等方面加强宣传，着重在村庄物业化管理改善居住环境和智慧门禁系统提供安全保障等方面加强宣传。使承租人正确认识收取租金的权利和提供安全保障的义务，正确认识房屋自由出租的权利和依法报备租户信息的义务；使租住人正确认识享受安全美好居住生活环境的权利和为接受的服务付费的义务，正确认识租住自由的权利和如实向政府管理部门提供个人信息的义务。引导居民群众支持并配合基层政府和自治组织推进智慧门禁系统和村庄物业化管理工作，全面参与到居住地区治安环境改善工作中来。

（三）强化政府引导和资金保障，助推群众由接纳向需求过渡

村庄物业化管理和智慧门禁系统作为新的管理模式，被广大居民群众接

受需要一个过程和时间。而物业公司运行和智慧门禁系统安装需要一定的资金投入。因此，各级政府部门应在此项工作中加强引导和资金保障。政府在引导方面，要给予基层相应的政策支持，鼓励城乡接合部地区大胆开展此项工作；要加强对建设公司的把关和帮扶，鼓励其以工作成效作为建设标准，因地制宜地开展建设；要将建设情况和工作成效作为评价城乡接合部地区相关领导工作业绩的重要依据；等等。在资金保障方面，要采取奖励补贴等方式，给予镇村一定的资金补助。在智慧门禁系统安装工作中，可采取政府补贴一部分、物业公司投入一部分、村民承担一部分的方式开展建设。在物业服务费收取方面，可采取前期政府补贴一部分，村民承担一部分的方式，让居民群众在享受到相应服务的基础上，逐步认可和接纳物业化服务，从而变被动接受为主动需求，通过物业费逐年递增的方式，实现按标准全额收取，最终实现物业公司专业化规范化管理。

（四）强化日常监管和教育培训，实现政企服务与效益双赢

村庄物业化管理和智慧门禁系统安装均采取收取相应费用的方式，为居民群众提供一定的服务，涉及政府和企业双方。政府引导的出发点是更好地服务群众，企业参与的出发点是提升企业效益。因此，各级政府应加强管理，强化日常监督，确保此项工作既能真正提升群众的安全感和满意度，又能促进企业增收和发展，实现政企双赢。

一是要督促企业提升服务水平。物业公司要充分学习专业化物业公司的管理方法和理念，加强对从业人员的教育培训；要以群众需求为导向，扩展服务范围和内容，提升服务水平。智慧门禁系统建设公司要强化对相关设施的维修维护，要划分区域，设置 24 小时服务站点，及时解决运行过程中出现的各类问题。

二是要加强资金使用监管。各级政府管理部门要加强对资金使用的监管，特别是要加强对物业公司的监管，确保按标准收取费用、按照规定使用资金，并依照程序进行公开公示。

三是要指导企业科学规划。不管是以村庄为主体注册成立的物业公司，

还是负责智慧门禁系统安装的建设公司，其发展的前景都将影响群众的切身利益。因此，作为主导此项工作的各级政府部门，还应为科学发展规划提供指导和帮助，物业公司要在村党支部领导下，注重企业运行文化，以高水平的服务来支撑企业更好发展。智慧门禁系统安装建设公司要紧密结合技术装备更新换代快的特点，加强新技术的研发，积极在已建设的社区（村）开展新产品的试验和应用。要科学运用系统采集的各类数据，加强服务应用系统的研发，为政府、群众等提供更科学、更有效、更先进的服务。

参考文献

习近平：《决胜全面建成小康社会　夺取新时代中国特色社会主义伟大胜利》，人民出版社，2017。

夏建中：《治理理论的特点与社区治理研究》，《黑龙江社会科学》2010 年第 2 期。

王欣亮、任弢：《我国社区治理问题研究回顾与展望》，《理论导刊》2017 年第 7 期。

徐晓军、程星：《制度设置、权力协调与资源分配：社区治理体系和治理能力现代化的三个基本向度——社区治理的“百步亭经验”研究》，《江汉大学学报》（社会科学版）2017 年第 6 期。

张艳国、刘小钧：《城市社区治理能力现代化研究——以江西南昌为例》，《江西社会科学》2017 年第 1 期。

B.25

西北地区社区治理创新的困境与出路

——基于甘肃“三社联动”试点项目的调查与思考*

焦若水　高怀阳　张思杰**

摘　要：“三社联动”是新时期社会治理创新的新举措，为社区发展带来新的支撑。这一新生事物在嵌入原有社区治理特别是西部地区发展的过程中，面临着一些特殊性挑战。本研究通过对甘肃省“三社联动”试点社区的调查，发现存在如下挑战：行政主导下的“三社联动”专业社工发展空间不足；三社“联”而不动，难以有效协调和高效运转；社区社会组织发育迟缓，不能有效发挥其在社区治理中的作用；社会工作介入浅层化、社区参与形式化等问题突出存在。同时社工人才队伍发展长期滞后于人民群众对社会工作服务的需求也是制约“三社联动”进一步发展的瓶颈。社工、社会组织等容易被原有行政体制吸纳，而使得原有行政体系进一步扩展，使“三社联动”存在“内卷化”的风险。本文结合问题产生的实践环境提出相应的政策建议，以期对这一实践探索实现良好运转有所裨益。

---

* 本文是2016年度教育部人文社会科学研究一般项目《社会工作参与西北连片贫困区精准扶贫研究》（16YJA840003）的阶段性成果。

** 焦若水，教育部人文社科重点研究基地兰州大学西北少数民族研究中心/历史文化学院教授，博士生导师，主要从事社会学理论、农村社会学、社会工作理论研究；高怀阳，兰州大学哲学社会学院研究生，主要从事农村社会学、社区社会工作研究；张思杰，兰州大学西北少数民族研究中心/历史文化学院研究生，主要从事民族社会学、社区治理研究。

关键词： 西北地区　社区建设　三社联动　内卷化

伴随着专业社会工作的发展以及政府对社区治理重视程度的不断增强，“三社联动”已经成为影响社区治理方式转变的关键因素。甘肃省2017年正式开始“三社联动”试点工作，2018年更是扩大了试点范围，完善了试点方案。积极探索符合甘肃省情实际的基层社区服务机制，通过充分发挥社会工作专业优势，为广大群众提供更优质多样的服务，提高全省基层治理水平是发展社会工作的目标。从甘肃省内各地社区建设示范点来看，社区基础设施健全、生态环境优美、基本公共服务比较完善，在硬件方面与东部地区的差距逐渐缩小。但社区硬件方面的建设仅仅处于社区建设的初步阶段，而社区内部的各类社区社会组织、专业服务人才、居民参与和满意度、管理理念和方式等是社区建设的关键和深层问题。

一　总体推进状况

2013年11月15日，《民政部财政部关于加快推进社区社会工作服务的意见》提出要建立健全社区、社会组织和社会工作专业人才联动服务机制。2015年11月27日，甘肃省民政厅下发《关于深入推进“三社联动”工作的通知》，就全面贯彻落实全国社区社会工作暨“三社联动”推进会议精神，有序推进甘肃省“三社联动”工作进行了安排部署。2016年6月16日，甘肃省民政厅印发《甘肃省开展“三社联动”试点方案》。

从2016年开始，甘肃省通过“三社联动”项目争取的资金支持达到1000万元的规模。2017年1月10日，甘肃省民政厅下发《关于推进“三社联动”试点工作的通知》，决定在兰州、金昌、嘉峪关、张掖、白银、天水6市，依托20个社区，每个社区年度支持50万元开展“三社联动”试点工作。其目的就是要建立以社区为平台，以社会组织为载体，以社会工作专业人才为支撑的新型社区服务管理机制①。截至2017年底，省内20个试点社区全部完成招标工作，专业社会工作机构已经入驻开展工作。

作为从“社会管理”转变为“社会治理”这一理念的新型实践探索，截至2018年底，甘肃省“三社联动”各试点社区的实践工作已经有了一定的进展，在促进社区力量和社会工作的整合、增强居民参与社区治理的能力、促进社区发展、维护基层社会稳定等方面初显成效。然而，在实践过程中也出现一些问题，制约“三社联动”在社区建设和社区发展中作用的发挥。本文将结合甘肃省“三社联动”试点社区的实践经验和笔者在社区研究、实地调研中的材料，总结当前“三社联动”面临的问题和挑战，提出相应的政策建议。

二　“三社联动”推进过程中突出存在的问题

按照学界目前的研究来看，在社区建设初期，由于社会力量仍然弱小、社区活力未得到激发、社区发展层次较低，主要由地方民政部门积极推动“三社联动”实践，逐渐形成“三社联动”的运行机制，体现出一种在强政府逻辑下培育与发展的特征。在社区建设达到一定程度、社区发展取得一定成效、社会力量得到一定成长之后，政府逐步实现从“大管家”到“资源提供者”“陪伴者”“监督者”的角色转变，从注重管理、管控的刚性治理向注重服务、合作的柔性治理转变②。

实际上，从“三社联动”的出发点来看，其意在政社分离，增强社区的自治能力，培育多元主体参与解决社区问题，以达到社区层面的善治目的。但是从目前实践的效果来看，在强大行政体系惯性支配下，社会组织与社会工作的积极效能没有得到有效激活，不足以构成“三社联动”的实践环境。

① 李仁利：《创新“三社联动”机制，助力优质社区创建》，《中国社会工作》2014年第19期。

② 徐选国、徐永祥：《基层社会治理中的“三社联动”：内涵、机制及其实践逻辑——基于深圳市H社区的探索》，《社会科学》2016年第7期。

如何避免“三社联动”的“内卷化”风险，真正发挥联动效应，增强西北地区城市社区治理创新，是实务部门与研究界需要深入研究的重要问题。

（一）行政主导下的“三社联动”专业社工发展空间不足

“三社联动”是基层社会治理的有机构成，本质上它是国家与社会在基层治理实践中的互动，内含着明显的政社互动关系。在现有的实践环境中，“三社联动”实际包含着两层含义：一是强调政社分开，二是强调政社合作。合作意味着互动双方在地位、权力、资源等方面具有平等或均衡的特性①。社会组织的发展既促动现有社会管理转型，又是推进政府改革和社会建设的动力。真正切实有效地承接政府职能转移，是推进社会治理创新落实的有效依托②。在行政思维主导下，社会力量未能形成主体意识，因而未能达到各主体合力之下的“社区治理”，只是行政力量单方面主导的“治理社区”。调查发现，甘肃省“三社联动”试点社区较为普遍地存在以下问题。

第一，在认识上，原有的社区工作人员并未将社工与行政体系内的工作进行区分。许多基层政府认为社工是作为原有行政体系的补充而存在的，在对多个试点社区居委会主任的访谈中发现，普遍存在的认识是因为当前的社区工作者没有专业技能，所以才会引进社工机构，现在的社工仅仅是居委会的辅助人员，在居委会工作时社工进行辅助，主要在活动策划方面做一些工作。总体来看，基层政府与社区居委会对“三社联动”工作的认识有着一定的偏差，将其事务化和行政化的倾向较为严重，影响了“三社联动”效能的发挥。

第二，社工机构对政府的依赖较强。“三社联动”项目支持资金全部由政府提供，一旦资金不能及时到位，社工机构很容易出现发不出工资、社工流动与流失等一系列问题，严重影响了项目的持续性和深入性，对于社会工

① 徐选国、徐永祥：《基层社会治理中的“三社联动”：内涵、机制及其实践逻辑——基于深圳市 H 社区的探索》，《社会科学》2016 年第 7 期。

② 郁建兴、金蕾：《社区社会组织在社会管理中的协同作用———以杭州市为例》，《经济社会体制比较》2012 年第 4 期。

作行业整体的健康发展也产生潜在挑战。由于地区社会经济发展水平的限制，如果没有政府资金的支持，很多社工机构甚至“无法生存”，这导致整个社工行业抗风险能力和创新服务能力极低。

第三，项目资金拨付使用程序尚待优化。甘肃省“三社联动”试点经费由省民政厅直接拨付给各试点地区政府，按照相关规定，各地通过招投标程序选择社会工作机构承接，相关程序需要一定时间才能完成，对社会工作服务机构的资金造成一定压力。为了更好地进行开放性探索，甘肃省民政厅没有对经费使用做出统一规定，各地经费使用不规范、程序不一。社工普遍反映，经费拨发已经成为阻碍项目正常运行的绊脚石。“经费申请麻烦，要和各方领导具体讨论季度经费如何使用，申请下来之后，机构才能根据服务项目使用。”（S 县 F 社区项目点社工）在 L 县试点社区，由于当地领导对项目经费的拨发和使用理解有误，项目曾一度中止。

第四，政府对社工机构和社工的行政性干预强，很难形成社工机构基于专业价值考虑的独立发展路径，专业价值的发挥常常会受到行政性力量的影响，社会工作者服务居民、解决问题的能力被削弱。社工反映，试点社区往往是当地基础条件较好的社区，各类考核与评比较多，社区居委会常常将社工纳入日常事务工作当中，社会工作者的专业角色和功能难以有效发挥。基于非专业的要求，当地政府领导往往直接干预社工机构的内部管理事务和具体工作安排，使得项目运行中行政色彩更浓，进而导致专业社工发展的空间严重缺乏。

（二）三社“联”而不动，难以有效协调和高效运转

“联”在“三社联动”中具有重要地位。三社各打锣鼓、相互分离，不利于社区服务、社区建设、社区治理目标的有效达成。“动”即行动或运作，与“联”并存共生。“联”是基础、体制和结构，“动”是目标、机制和功能。“三社联动”的关键在“动”，只有“动”才可能有“联动”①。

① 顾东辉：《“三社联动”的内涵解构与逻辑演绎》，《学海》2016 年第 3 期。

“三社联动”是不同主体基于社会理性而协作行动，并依托社会工作方法，完成社区发展任务。“三社联动”涉及多方协调，仅依赖政府或者社区、社会组织和社工一方的力量，尚不足以产生持续、稳定的联动效益[①]。

人们对社区社会组织的认识还停留于自娱自乐、低层次民间组织的阶段，对社区社会组织在社会治理创新中的价值认识不够清晰，社区组织的孵化和居民的培育严重不足[②]。从各试点社区的实际工作来看，三社“联”而不动现象突出存在。“多方共同领导的工作不简单，要是多方领导都是积极的，那我们的工作就很好进行了。但是要是有一方不积极的话，我们的工作就会滞后很多。”（M县T社区项目点社工）

在实际操作中，各主体对“三社联动”未能够形成统一的共识。居委会认为社工是居委会的辅助人员，是高学历的社区工作者。社工认为自己只是配合居委会工作，开展社区专业服务才是自己的本职工作，社区没有认识到社工在社区治理中的作用与价值。居民则认为，只要可以把自己要办的事情办好，还不用麻烦自己，是谁做的、怎么做的都不重要。各行为主体边界不清，未能就社区事务形成明确自我定位，其原因在于各行动主体对自身在“三社联动”中的角色认识不清晰。

总之，多方参与社区管理是社区建设和发展的趋势，是政府职能转移的必然要求，是实现社区治理创新的根本途径。社会工作介入社区形成的内外合作力量对于形成能和企业、政府平等协商的合作治理格局具有重要意义[③]。只有在“三社联动”中厘清各方角色，实现各司其职、互相配合，避免角色职能交叉，才能促成实践层面上从社区管理到社区治理的转变。

（三）社区社会组织力量未能有效发挥

社区社会组织是社会组织管理与社区建设的交汇点，是社会建设的微观

---

① 叶南客、陈金城：《我国“三社联动”的模式选择与策略研究》，《南京社会科学》2010年第12期。

② 何增科：《我国社会管理体制的现状分析》，《甘肃行政学院学报》2009年第4期。

③ 焦若水：《社区社会工作本土化与社区综合发展模式探索》，《探索》2014年第4期。

主体与基本单元，在社会治理创新中占据着重要位置[①]。要在社区层面上达到社区居民自治目标，实现从社区管理到社区治理的转变，必须借助社会组织的力量来提升社区居民的自治意识，引导社区居民的自治行动以探索社区居民的自治机制。

从试点社区调查情况来看，社区社会组织并未能真正发挥其在社区建设中应有的作用和功效。

第一，社区社会组织的发育和成长都嵌在原有行政体系当中，对政府资源依赖较重。在行政指标的考核下，现有社区社会组织多是由社区牵头成立或帮助成立的，由政府或社区提供活动经费支持，依赖社区场地来开展活动，社区社会组织对政府的依赖性较强。

第二，社区社会组织数量少，自主性不强，未能成为社区治理中的一支力量，在治理社区中的主体性作用未能发挥出来。由于强烈的行政依赖，当前的社会组织更多的是社区无事可做的居民借助政府提供的资源进行自娱自乐而成立的，文化娱乐类社区社会组织偏多，公益慈善类、社区服务类社会组织相对较少，能够真正进行社区自助互助的社区社会组织基本没有，社区社会组织在社区治理中的主体性作用未能真正发挥出来。

第三，管理不规范，社区组织自我管理能力不足，发展可持续性差。试点社区中社区社会组织的普遍状况是其成立和发展往往都是和社区中一两个“能人”紧密相关，组织发展的成熟度不高，可持续性和稳定性严重不足。调查发现，试点社区的社会组织普遍存在发育缓慢问题，不能成为社区治理中的重要一极。而处于发展期的社区社会组织治理出现问题，更是导致管理部门因噎废食，选择性地限制社区社会组织发展，造成社区社会组织发展受限。

（四）社工介入浅层化，社区参与流于形式

当前出现“应付式”的参与现象和“形式化”的活动类型等问题，究

---

① 焦若水、陈文江：《社区社会组织：社会建设的微观主体》，《科学社会主义》2015 年第 1 期。

其原因，主要包括以下几个方面。

第一，社工问题意识不强，本身对项目的设计理解不到位。专业社工的基础视角是“人在环境中”，通过把握案主所在的环境，进而切实了解案主需要什么，如果不能将案主的需求放在案主所处的环境中评估，那么永远不会知道案主的困境在哪里，其结果只能是社工一厢情愿，而案主并不买单。如何避免社工忘记社会工作的“社会”本质，重新将“社会”元素放入日常工作当中，这一问题需要高度关注①。如果没有专业的问题意识，那就会导致社工提供的服务与居民的需求不契合，社工的服务不能够真正满足居民的需求，居民参与热情自然不会高。当前社工组织的活动以“节庆慰问”为主，形式和内容十分有限，参与人群往往是“老人团”或者“少年班”，不仅参与方式被动，而且参与层次低。

第二，居民对社工不了解，不愿意参与到社区活动中来。社工作为社区外的资源介入者，以陌生人的面孔出现在居民面前，在家丑不可外扬的传统观念影响下，要让居民做到对社工吐露社工专业所要求的心声非常困难。社工虽然在学校学了很多专业知识，但是不能融入居民的生活中。同时，由于甘肃各州市社会工作机构发展滞后，许多试点社区引进外部机构承接服务，社工不通方言，开展服务的有效性受到很大影响。

第三，项目任务指标繁重，社工为了完成上级要求和考核指标而做活动。在大量指标的指挥棒下，社工为了落实上级任务要求、顺利完成项目评估考核，一味追求活动数量而忽视活动价值，造成大量社工活动流于形式。在访谈中，一家社工机构的负责人告诉我们，“指标设计不落地，烦琐的文书工作，再加上各种应付领导检查，做专业服务的时间很少，这已经影响到了社工服务。”（L社工机构负责人）

① 甘炳光：《社会工作的“社会”涵义重拾社会工作中的社会本质》，*The Hong Kong Journal of Social Work*, Vol, 44, No. 1. 2010。

（五）社工发展缓慢，人才支撑不足

1. 专业人才缺乏

截至2018底，甘肃省共有社工人才22000多人（但其中持证社工仅有1484人）、民办社工机构39家、社工岗位634个，甘肃省社会工作发展与东部地区相比呈现整体落后的局面。欠发达地区社会工作者的社会认同度比较低、社会地位低、工资待遇低以及高校培养社工模式存在偏差，这些问题导致社会工作机构招人困难、社工人才和机构管理人才缺乏、社工流动性大等诸多问题，对“三社联动”与社区社会工作发展有着结构性的挑战。

2. 社工人才分布不平衡

更需进一步注意的是，甘肃有限的社会工作资源在省内分布差距更为明显，绝大部分社会工作机构与服务人才集中于省会兰州，其他地区对社会工作服务需求迫切，社会工作服务资源奇缺。在20个试点社区中，除了在兰州的六个社区，其他社区绝大部分都由在兰机构派出社工入驻进行服务，在这些项目点中，人员流动问题更为突出。在调查中发现，不能按照“三社联动”要求配足四个在岗社工，是各项目点普遍存在的问题。再加上入驻初期各项配套设施不完善，派出社工解决基本生活问题都比较困难，更不用说按照项目合同开展专业服务了。

3. 项目运行环境欠佳

不成熟的项目运行机制，已经成为制约发展社工人才队伍的又一个拦路虎。“我们机构在接这个项目之前，按照投标要求，要做服务方案，需要进入社区实地调查了解需求，在此期间产生的费用就有一万多元，但这些钱并不在经费预算中，全部是由我个人垫付的，再这样下去，我自己也撑不下去了。”（G县D社区项目点社工）调研中，笔者发现社工自己垫付活动经费、拖欠社工工资在兰州以外的项目点中普遍存在，这使得本来工资就不高的社工生活压力进一步加大，进而使得人才队伍建设之路更加曲折。

4. 督导工作存在偏差

社会工作督导是社会工作专业化的保障，各地政府高度重视督导在指导一线社工提供专业服务中的作用。在甘肃省，除了具有高校背景的机构可以提供在地督导外，其他机构很难获得省内督导资源，因此，各地会定期聘请来自社工发展前沿地区广州的督导对项目运行进行指导。在督导方面，社工反映最多的是，领导为了提升专业性就请广州的督导过来，其产生的结果是，广州成熟的专业并不能适应甘肃本地的实际情况，建议根据当地情况进行调整。

（六）“三社联动”有“内卷化”的风险

“内卷化”概念最早是美国人类学家戈登威泽在分析社会文化问题时提出的，他认为：当一种文化模式发展到某种终极状态时，它既不能进入稳定状态，也很难转变达到一种新的状态，唯有不断在内部变得更加复杂[①]。黄宗智使用“内卷化”分析了中国经济发展与社会变迁，认为将大量劳动力投入有限的土地上，进而获得的总产量的增长是一种“没有发展的增长”[②]。在对甘肃省社会组织承接社会服务状况的调查中，笔者发现，当前“三社联动”具有“内卷化”风险，即服务活动按照指标大量开展，但是只流于形式，项目所蕴涵的政社分离等理念并没有呈现。

在上一轮基层组织变革中，社区居委会行政化倾向严重，“社区”并未按照其本来的属性得到重视。可以说，变革后的居委会仍然是基层政权的一条腿，导致实践中出现“社区”内涵的异化以及社区建设的“内卷化”，引发了居民对居委会合法性的追问[③]。在“三社联动”项目实施中，原有自上而下的压力型体制没有变革，基于基层政府的权力约束，居委会承接上级部

① 刘世定、邱泽奇：《“内卷化”概念辨析》，《社会学研究》2004 年第 5 期。

② 黄宗智：《长江三角洲小农家庭与乡村发展》，中华书局，1992 年，第 56 页。

③ 何艳玲、蔡禾：《中国城市基层自治组织的“内卷化”及其成因》，《中山大学学报》（社会科学版）2005 年第 5 期。

门多达100多项事务。居委会的工作不但没有减少，反而因为“三社联动”的推动而增加了。社工和社会组织主动或是被迫地卷入政府部门的行政事务中，或者在提供社会服务的名义下从事并承担政府的行政性任务。虽然表面上看来社会组织完成了合同规定的一系列服务指标，但是这种服务提供方式在实质上并无有内涵的发展，社会服务的专业精神并未得到体现，而是表现出“有增长，没发展”态势①。

如果仍然按照当前的实践惯性执行项目，不对街道、居委会以及社工等的关系做一个全面系统的改革，社会组织又会成为居委会的执行机构，社工也会成为居委会的办事人员，长此以往，不仅“三社联动”的预期目标不能达成，反而会使基层部门再次扩张。总之，就目前甘肃“三社联动”项目整体推进状况来看，社区治理创新发展的阶段与学术界期待的理想状态尚有一定距离。综合评估，当前“三社联动”具有很大的“内卷化”风险。

三 西北地区“三社联动”与社区治理发展的对策建议

（一）发挥社工潜质，优化顶层设计

“三社联动”是政府管理下沉于社区的社会治理模式的实践，是新时期社会治理和服务的重要手段，是创新基层社会治理的重要举措。“三社联动”的制度设计逻辑意在资源共享、优势互补，达到1+1+1>3的效果。西北地区受制于社会经济发展滞后，社会建设事业发展的短板效应较为突出，迫切需要从整体性的战略层面研究甘肃特色的社区社会工作发展战略，避免服务碎片化与可持续性不足等问题。

首先，立足基层社会治理创新的大格局，突破民政部门演“独角戏”

① 吴月：《社会服务内卷化及其发生逻辑：一项经验研究》，《江汉论坛》2015年第6期。

的瓶颈，全面规划以“三社联动”为核心的社会治理新体系。要通过倡导宣传，使各级政府充分重视社会工作的专业价值与效能，增进其应对西北地区工业化、城镇化、市场化带来的社会问题的效力。其次，要着力提升社会工作服务能力，回应社区发展的现实需求与问题，兼顾专业性与特色性发展的整体思路，在“党委领导、政府负责、社会协同、公众参与、法治保障”的总体精神指导下，充分发挥政府部门、社会组织、社会工作机构之间的合作关系，发挥社会工作在基层社区治理中的作用①。

（二）社区回归社会，培育社会力量

西北地区正在进入新型城镇化加速发展阶段，社区更新导致原有的社会网络与文化不断重组，社区原有的“半熟人社会”优势资源持续消解。这种变迁进程既推动社区治理方式的转变，也使原有社区管理的痼疾不断凸显，特别是使西北地区社区治理行政化色彩过重、社区与社会力量发育不足的问题充分显现。

第一，加快完成政府从社区中的脱嵌，使社会力量在社区中有发展的空间，逐步实现政府和社会的融合发展，避免居委会改革中的社区发展“内卷化”陷阱。充分利用“三社联动”的催化剂作用，明确社区、社会工作、社会组织各主体的优势与发展空间，深化政府基层部门改革，将行政性事务逐步转移到街道层面，推动社工服务从形式走向内容，推动居委会在民主协商与综合服务中发挥实效，大力培育社区社会组织。

第二，优化联动机制，厘清政府和社区的职责边界。运用市场机制，拓宽社会融资渠道，通过政府购买服务方式支持社区社会组织的发展，降低行政成本，提高服务水平。建议进一步完善街道社区层面的联席会议制度，通过联席会议定期统筹协调制定政策，加强监督管理，明确组织机构职能定位、人才角色定位。从落实联席会议制度、建立服务联办制度、形成联席沟

① 张翼：《社会治理思想的新发展——近期社会治理研究中的热点问题》，《人民论坛》2018年第16期。

通机制、明确联动服务机制四个维度搭建街道、乡镇和社工机构联动平台，推动“三社联动”机制长效化、制度化发展。

第三，积极培育社会组织，增进社区社会资本。重点培育公益慈善类、社区服务类等能承接社区公共服务的社会组织。提高专业社工岗位在社区的覆盖率，设置社会组织培育孵化机构，引导社区居民建立多样化的社会组织。在管理观念和模式上大胆创新，在社区社会组织管理构架上实现自上而下与自下而上相结合、垂直式管理与网络化管理相结合、重点扶持枢纽型社会组织与广泛培育“草根”社会组织相结合①。立足西部地区城市社区发展较为滞后的现状，链接引入社区外公益性社会组织，通过专业服务引领社区服务优化；积极推动现有社区社会组织转型，通过孵化支持、社区领袖工作坊等多种形式，引导社区群团组织由自娱自乐的娱乐类组织向自助、互助、公益服务型组织转变。

第四，培育在地社工机构及在地社工，推动社会工作深度融合社区发展。加强社会工作机构能力建设，扎根居民社区生活开展服务，实现专业性和本土化有机融合，从根本上解决社工活动流于形式问题，提升专业服务质量，精准对接社区居民的需求。通过专业化督导的持续服务，推动项目社工从当地情境与服务对象的实际需求（问题）出发，探索符合当地文化、适宜服务对象的服务形式，持续完善服务设计。以案主需求为核心，并在此基础上不断积累经验，进行反思和理论的提升，在专业化和本土化的双向运动中推进社会工作在当前社会建设中的发展②。

（三）提升社工认同，构建专业团队

在人才培育方面，落实“五个一批”工程，构建专业团队。完善社会工作学历学位教育，健全社会工作专业硕士学位教育制度，大力发展社会工作中等和高等职业教育，推动社区工作者从业人员能力建设提升，通过

---

① 张静波：《社区社会组织参与社会建设的路径》，《光明日报》2009 年 10 月 31 日。

② 焦若水：《精神性与社会工作》，《广东工业大学学报》（社会科学版）2013 年第 1 期。

专业教育培养一批。开展社会工作知识普及培训，将党政干部、民政干部、街道乡镇和社区相关工作人员纳入培训体系，通过职业培训提升一批。继续开展社会工作师、助理社会工作师职业水平考试，加快制定高级社会工作师评价办法，通过评价考试转化一批。加强社会工作专业岗位开发，积极促进民办社工服务机构发展，加大支持保障力度，依托社区资源禀赋打造一批适应当地本土化服务需求和提供专业化服务技能的社会工作专业机构，通过搭建平台使用一批。制定社会工作人才激励制度，完善社会工作人才的激励保障制度，规范社工专业人才的薪资待遇与福利待遇，通过激励保障留住一批。

认真落实“五个一批”工程，从而打造一支既有理论涵养又熟练掌握专业技能，还熟悉地方文化环境资源的高素质社会工作者队伍，为进一步发展“三社联动”项目提供基础支撑。

B.26

绿色发展理念下北京社区公共设施空间布局特征研究

穆松林*

摘　要：　社区不仅是人民生活的“第一空间”，更是追求美好生活的“起始空间”，公共设施的数量、种类、选址等都影响社区居民对美好生活的追求和获得。本文在绿色发展理念指引下，分析北京社区公共设施的空间布局特征，针对存在问题与不足，提出社区公共设施空间优化路径，以期为社区公共设施的问题研判、布局优化、解决路径等提供科学支撑。

关键词：　空间布局　社区公共设施　绿色发展

党的十九大指出新时代中国社会主要矛盾已经转化为人民日益增长的美好生活需要和不平衡不充分的发展之间的矛盾，人民对美好生活越来越注重，社区不仅是人民生活的“第一空间”，更是追求美好生活的“起始空间”。“绿色”是五大发展理念之一，推进绿色发展是新时代中国特色社会主义的基本方略之一。应在绿色发展理念指引下，进一步更新社区功能，优化基础设施，打造生态宜居、功能齐全、设施完备、便捷省时的生活空间，提升居民获得感和幸福感。公共设施的数量、种类、选址等都影响社区居民对美好生活的追求和获得，因此，本文以绿色发展理念为指引，分析北京社

* 穆松林，博士，北京市社会科学院城市问题研究所副研究员，主要从事城乡空间优化、区域发展等方面研究。

区公共设施的空间布局特征，以期为社区公共设施的问题研判、布局优化、解决路径等提供科学支撑。

一　研究背景

公共设施是由政府提供的公共物品或设备，交由公众使用，公共设施是否完备、便捷是区分城市特征的关键因素。十九大以来，社区作为居民感受幸福生活的空间载体，越来越受到关注。社区公共设施的供给要从居民的需求出发，以实现居民的美好生活追求为目标。公共设施具有非竞争、非排他和非分隔等特性。

二　公共设施现状评价

（一）北京市常住人口现状

北京市的发展以非首都功能疏解为总导向，有序开展人口疏解工作。截至2018年年底，北京市常住人口统计数为2154.2万人，比上年减少16.5万人，下降0.8%，如表1所示。人口变化的特点是城六区人口减少，其他10个区人口均有增加，如表2所示。人口结构方面，2018年0~14岁年龄段的人口为226.6万人，占比为10.5%；60岁及以上人口364.8万人，占比为16.9%，15~59岁劳动年龄从2014年开始持续减少。

表1　2010~2018年北京市常住人口情况

单位：万人，%

年份	总量		增量		增速	
	常住人口	常住外来人口	常住人口	常住外来人口	常住人口	常住外来人口
2010年	1961.9	704.7	101.9	90.5	5.5	14.7
2011年	2018.6	742.2	56.7	37.5	2.9	5.3
2012年	2069.3	773.8	50.7	31.6	2.5	4.3

续表

年份	总量		增量		增速	
	常住人口	常住外来人口	常住人口	常住外来人口	常住人口	常住外来人口
2013 年	2114.8	802.7	45.5	28.9	2.2	3.7
2014 年	2151.6	818.7	36.8	16	1.7	2.0
2015 年	2170.5	822.6	18.9	3.9	0.9	0.5
2016 年	2172.9	807.5	2.4	-15.1	0.1	-1.8
2017 年	2170.7	794.3	-2.2	-13.2	-0.1	-1.6
2018 年	2154.2	764.6	-16.5	-29.7	-0.8	-3.7

表 2　2017～2018 年北京市分区常住人口情况

单位：万人

	2017 年	2018 年
城六区	1208.8	1165.9
东城区	85.1	82.2
西城区	122.0	117.9
朝阳区	373.9	360.5
海淀区	348.0	335.8
丰台区	218.6	210.5
石景山区	61.2	59.0
其他十区	961.9	988.3
门头沟区	32.2	33.1
房山区	115.4	118.8
通州区	150.8	157.8
顺义区	112.8	116.9
昌平区	206.3	210.8
大兴区	176.1	179.6
怀柔区	40.5	41.4
平谷区	44.8	45.6
密云区	49.0	49.5
延庆区	34.0	34.8

（二）教育设施空间分布评价

根据北京教委统计资料，截至2019年全市共有小学970所，其中城六区389所，其他10个区581所。从绝对数量评价，16区中房山最多，门头沟最少；城六区中海淀数量最多，石景山最少；其他十区中，房山最多，门头沟最少。从人均值评价，16区中平谷最多，朝阳最少；城六区中东城最多，朝阳最少；其他十区中，平谷最多，顺义和昌平最少（见表3）。

表3　2019年北京教育设施（小学）空间分布

单位：所

名称	总数	万人均
总　计	970	0.45
城六区	389	0.33
东城区	61	0.74
西城区	58	0.49
朝阳区	83	0.23
海淀区	84	0.25
丰台区	75	0.36
石景山区	28	0.47
其他十区	581	0.59
门头沟区	23	0.69
房山区	108	0.91
通州区	84	0.53
顺义区	49	0.42
昌平区	89	0.42
大兴区	89	0.50
怀柔区	26	0.63
平谷区	46	1.01
密云区	39	0.79
延庆区	28	0.80

根据北京教委统计资料，截至2019年全市共有中学644所，其中城六区326所，其他10个区318所。从绝对数量评价，16区中朝阳最多，门头沟最少；城六区中朝阳最多，石景山最少；其他十区中，昌平最多，门头沟

最少。从人均值评价，16 区中延庆最多，丰台最少；城六区中东城最多，丰台最少；其他十区中，延庆最多，大兴最少（见表4）。

表4　2019 年北京市教育设施（中学）空间分布

单位：所

名称	总数	万人均
总　计	644	0.30
城六区	326	0.28
东城区	41	0.50
西城区	42	0.36
朝阳区	94	0.26
海淀区	79	0.24
丰台区	47	0.22
石景山区	23	0.39
其他十区	318	0.32
门头沟区	16	0.48
房山区	49	0.41
通州区	41	0.26
顺义区	33	0.28
昌平区	54	0.26
大兴区	43	0.24
怀柔区	19	0.46
平谷区	19	0.42
密云区	23	0.46
延庆区	21	0.60

（三）文化设施空间分布评价

根据统计数据的可获取性，共选择了公共图书馆、博物馆、剧院、场馆等4类指标。公共图书馆的分布基本均衡，最多的是西城和朝阳；博物馆空间分布不均衡性显著，东城最多；剧院的空间分布差异性较大，西城最多；场馆的空间分布不均衡性比较明显，朝阳最多。从4类指标总数看，空间分布不均衡性明显，朝阳区数量最多（见表5）。

表 5　北京市文化设施空间分布

单位：家

名称	公共图书馆	博物馆	剧院	场馆	总数	万人均
城六区	13	131	45	141	330	0.28
东城区	2	33	14	9	58	0.71
西城区	3	29	17	12	61	0.52
朝阳区	3	32	9	89	133	0.37
海淀区	2	28	4	20	54	0.16
丰台区	2	7	1	7	17	0.08
石景山区	1	2	0	4	7	0.12
其他十区	11	32	1	15	59	0.06
门头沟区	1	0	0	0	1	0.03
房山区	2	4	0	1	7	0.06
通州区	1	6	1	1	9	0.06
顺义区	1	2	0	5	8	0.07
昌平区	1	8	0	1	10	0.05
大兴区	1	5	0	3	9	0.05
怀柔区	1	2	0	4	7	0.17
平谷区	1	0	0	0	1	0.02
密云区	1	1	0	0	2	0.04
延庆区	1	4	0	0	5	0.14

（四）体育设施空间分布评价

根据统计数据的可获取性，共选择了专项活动场地、体育传统项目学校、健身气功站点等 3 类指标。从专项活动场地总体来看，城六区数量远远多于其他十区。城六区中丰台最多，西城最少；其他十区中延庆最多，怀柔最少。体育传统项目学校，总体看城六区多于其他十区，城六区中东城最多，石景山最少；其他十区中通州最多，密云最少。健身气功站城六区的数量远远高于其他十区，城六区中丰台最多，石景山最少；其他十区中，通州最多、延庆最少。三类设施的总数城六区远高于其他十区，城六区中丰台最多、石景山最少；其他十区中延庆最多、怀柔最多。人均看，城六区中丰台最多，石景山最少；其他十区中平谷最多，昌平最少（见表6）。

表6　北京市体育设施空间分布

单位：家

名称	专项活动场地	体育传统项目学校	健身气功站点	总数	万人均
城六区	818	117	431	1366	1.17
东城区	21	32	45	98	1.19
西城区	7	22	38	67	0.57
朝阳区	144	17	66	227	0.63
海淀区	305	30	109	444	1.32
丰台区	330	12	141	483	2.29
石景山区	11	4	32	47	0.80
其他十区	564	82	223	869	0.88
门头沟区	21	10	10	41	1.24
房山区	52	7	28	87	0.73
通州区	17	16	39	72	0.46
顺义区	101	12	9	122	1.04
昌平区	32	10	33	75	0.36
大兴区	36	9	33	78	0.43
怀柔区	16	6	9	31	0.75
平谷区	88	5	24	117	2.57
密云区	48	2	35	85	1.72
延庆区	153	5	3	161	4.63

（五）医疗设施空间分布评价

社区医疗设施空间从卫生机构、社区卫生服务专业技术人员、卫生机构床位三个方面评价。卫生机构数总体，城六区中朝阳数量最多，石景山最少；其他十区中，昌平最多，门头沟最少。从万人均来看，城六区中东城最多，丰台最少；其他十区中，怀柔最多，通州最少。社区卫生服务专业技术人员方面，在城六区中朝阳数量最多，石景山最少；其他十区中，大兴最多，门头沟最少。从万人均来看，城六区中丰台最多，海淀最少；其他十区中，平谷最多，昌平最少。卫生机构床位方面，在城六区中朝阳数量最多，石景山最少。其他十区中，昌平最多，延庆最少。从万人均来看，城六区中西城最多，海淀最少；其他十区中，门头沟最多，通州最少（见表7）。

表7　北京市医疗设施空间分布

单位：个

名称	卫生机构	万人均	社区卫生服务专业技术人员	万人均	卫生机构床位	万人均
城六区	4832	4.14	16613	14.25	80332	68.90
东城区	554	6.74	1227	14.93	9947	121.01
西城区	695	5.89	1852	15.71	16368	138.83
朝阳区	1641	4.55	5190	14.40	23669	65.66
海淀区	1182	3.52	3865	11.51	13261	39.49
丰台区	527	2.50	3583	17.02	12317	58.51
石景山区	233	3.95	896	15.19	4770	80.85
其他十区	6256	6.33	14357	14.53	43176	43.69
门头沟区	257	7.76	600	18.13	2990	90.33
房山区	1007	8.48	1800	15.15	6329	53.27
通州区	616	3.90	2108	13.36	3802	24.09
顺义区	771	6.60	1879	16.07	3870	33.11
昌平区	1068	5.07	1615	7.66	11817	56.06
大兴区	871	4.85	2762	15.38	7603	42.33
怀柔区	488	11.79	725	17.51	1931	46.64
平谷区	271	5.94	1056	23.16	1984	43.51
密云区	589	11.90	1089	22.00	1748	35.31
延庆区	318	9.14	723	20.78	1102	31.67

（六）园林设施空间分布评价

园林设施空间从公园、林木绿化率两个方面评价。公园总数上，城六区中朝阳最多，石景山最少；其他十区中，房山最多，平谷最少。林木绿化率方面，城六区中石景山最高，西城最低；其他十区中，怀柔最高，大兴最低（见表8）。

表8　北京市园林设施空间分布

单位：个，%

名称	公园	林木绿化率
城六区	189	30.2
东城区	16	19.1
西城区	23	14.6
朝阳区	56	26.1
海淀区	44	40.5
丰台区	35	40.3
石景山区	15	40.7
其他十区	166	60.0
门头沟区	18	70.0
房山区	25	62.6
通州区	13	34.3
顺义区	16	37.2
昌平区	24	67.0
大兴区	18	32.1
怀柔区	17	80.0
平谷区	3	71.8
密云区	18	73.3
延庆区	14	71.7

三　优化路径

（一）社区公共设施空间分布需考虑“一老一小”的需求

《北京城市总体规划（2016年~2035年）》中明确提出，要严格控制人口规模、优化人口分布，在新版总体规划中，北京“以水定人”，确定了常住人口的上限，即常住人口控制在2300万人以内。在绿色发展理论指引下，社区的公共设施空间布局要根据人口结构和人口调控机制进一步优化，满足不同人群的需求。根据人口结构分析，2018 年 60 岁及以上人口 364.8 万人，占比为 16.9%；0～14 岁年龄的人口为 226.6 万人，占比为 10.5%。因此社区的公共服务设施要充分考虑“一老一小”人群。老年人退休后社区成为日常生活中的一部分，相关的公共设施能否满足需求对其幸福感影响很大。所以，要进一步提高空间上的便利性，在考虑老年人行动特点和日常需求的基础上，尽可能调整公共设施与居住的距离。社区是儿童户外活动的重要场所，但许多老旧小区建设初期没有考虑设置儿童类的公共设施，后期更没有空间布设，孩子只能到公园、广场等公共场所活动娱乐。

（二）社区公共设施分区调整和优化

北京市要求实施差异化的人口调控措施，即城六区人口减量与其他区人口增量相统筹。根据表 2 分析，2017～2018 年城六区人口减少，其他 10 个区人口均有增加。从教育设施、文化设施、体育设施、医疗设施和公园等总数看，目前城六区基本上远多于其他十区，随着城六区人口向其他十区的有效、逐步疏解，相应的公共服务设施新增计划也要随之完善，以满足其他十区的居民需要。尤其是通州区作为城市副中心，其社区公共服务设施需求要重点和优先考虑。同时，社区公共服务设施配置要符合绿色社区建设要求，进一步完善节能节水、绿化环卫、垃圾分类等设施，推进社区基础设施绿色化。

（三）社区公共设施分类均衡与规划

虽然从教育设施、文化设施、体育设施、医疗设施和园林设施等进行评价，还远远不能够涵盖社区公共设施的种类，但从 5 类设施的评价中，也能发现一些问题和不足之处。在教育设施的空间布局中，不仅要考虑量的分布，更要考虑质的优化，以均衡、优质为下一步的努力目标。文化和体育设施从“核心－外围”的均衡是亟须改善的方向。在园林设施评价中，虽城六区的公园总数略高于其他十区，但林木绿化率远低于其他十区，因此城六区的生态建设任重而道远。下一步优化中，应按照新版城市总体规划的要求，把全市万人医疗卫生机构床位数提高到65张左右，万人养老机构床位数提高到100张，人均公共文化设施建筑面积提高到0.45平方米，人均公共体育用地面积提高到0.7平方米，人均应急避难场所面积提高到2.1平方米。

参考文献

张坤坤：《习近平绿色发展理念与全面建成小康社会》，《法制与社会》2018年第2期。

Liu Jiayan, Deng Xiangyu, Li Caige, Community Planning Based on Socio - Spatial Production: Explorations in "New Qinghe Experiment", *China City Planning Review*, 2017, 26 (02): 6 - 13.

Abstract

This report is an analysis from 2019 to 2020, compiled by the "China Community Development Report (Theme of Community Care for Seniors)" group of Beijing Academy of Social Sciences, with participation of institutions experts, college scholars and government organizations.

This report mainly analyzes the situations, challenges and development of communities in China especially communities of megalopolis such as Beijing and Shanghai. According to this report, which consists of two summary reports and five parts made up of twenty-four sub-reports, the serious challenge nowadays the community faced up with is the prevention and control of public health emergency in community under the outbreak of "2019-nCoV". From both the macro national perspective and the mega-city development perspective, the main report respectively illustrates the current situation and challenges of community governance in urban and rural areas based with "2019-nCoV", and develops a scientific judgment of the general situation of community governance. At the same time, some effective countermeasures and suggestions are also put forward for the development of community care for the aged in large-scale cities. The second part is composed of five articles, which analyses the hot issues in the field of community public health, such as community prevention and control, community service mode, and the intervention path of Internet medicine, as well as the application of community health care for the elderly services. And the third part consists of fIve articles, which aim at the integration of the functions of the urban community elderly service, the integration and development of the community service model and the community elderly education. Based on the actual situation in Beijing, Furthermore, the third part of this report provides us some important advices referred to the community service model for the elderly in the capital. In the fourth section, four articles analyze the innovative development and problems of the current urban community participation model according to the practices of Beijing and Shanghai, with the qualitative and quantitative research methods, and put forward the countermeasure proposal from the different perspective. The fifth part of the report illustrated community multi-consultation co-construction and sharing pattern from different governance subjects such as the community neighborhood committees, community service stations, property management, etc. The sixth section of this report is made up of 5 articles. Based on community development, this report probes into the development trend of smart community, the future development of the urban-rural fringe of Changping District, the optimization of the spatial distribution of public facilities in Beijing and the improvement of urban community governance in northwest China, and puts forward some corresponding measures.

Contents

Ⅰ General Reports

Abstract: 2019 – 2020 age last years at the beginning of, the source in Wuhan's new crown pneumonia epidemic situation, is governs the system and ability to our country one time tests greatly, also is to our country basic unit community government and a community serviceability inspection. Problems in the epidemic are also huge challenges in the governance of urban and rural grassroots communities. Analyze the current situation of community governance from the current situation of grass-roots urban and rural community governance, explore the connection and uniqueness of urban and rural community development, and analyze the problems and challenges faced by urban and rural community development. The combination of the " three, the rule of virtue" governance ideas, cultivate a good social mentality and social work talent resources, consolidate the foundation of community governance, with a view to providing ideas for the construction of urban and rural communities, and promoting the transformation and upgrading of urban and rural community governance.

Keywords: Urban and Rural Communities; Refined Governance; Social Mentality; Community Construction

Abstract: As one of the three pension models, community care service for the elderly plays an important role in the development of pension service in China, because it can effectively link and bridge the disadvantages of family care and institutional care for the elderly. It is an urgent task how to optimize the service function of community care for the elderly and integrate service resources to meet the needs of the elderly in the community. It is necessary to develop the top-level design construction of the community care service system in order to promote the community embedded care model to the community integrated service care, effectively integrate multiple service resources within the community, and form a convenient, accessible and optional community care effective supply model integrating public welfare and inclusive marketization.

Keywords: Community Care; Embeded Pension; Aging

Ⅱ Community Health

Abstract: Community is the first line of defense for prevention and control of public health events, and plays an important role at the grassroots level. The grass-roots public health service system and community public health event prevention and control system in Beijing have been gradually improved and played an important role. However, it also exposed some problems. It is suggested that the community public health prevention and control work should be strengthened in the future, including strengthening the planning and guidance, strengthening the community prevention and control organization system and professional coordination guidance, strengthening the talent reserve and building the grassroots public health reserve team, improving the control and storage mechanism and optimizing the community information system, and the construction of humanistic care mechanism.

Keywords: Community; Public Health Events; Prevention and Control System

B. 4 Application and Innovation of Internet Medicine in Community Epidemic Prevention *Li Mao* / 031

Abstract: Community epidemic prevention and control is a vital component of the whole society's task, and it is also the basic guarantee to win this battle. This essay first analyzes the basic connotation and main application of Internet healthcare in China, and discusses the specific role of Internet healthcare in community epidemic prevention and control. Then it points out the problems and shortcomings of Internet medical treatment in the function of community epidemic prevention and control, and proposes to take full advantage of the historical opportunity of it to accelerate the pace of Internet medical treatment optimization to achieve application innovation.

Keywords: Internet Healthcare; Community; COVID-19; The Prevention and Control of Epidemic

B. 5 The Innovative Exploration of Community Service Under Epidemic *Luo Xu*, *Zhang Jiaxin* / 041

Abstract: During the spread of coronavirus, it is how to realize the service and attention to specific groups under special background that is the focus of community service during epidemic periods, which needs to solve the new problems by new perspectives and modes. This paper takes the family care plan of "Hand in Hand, Fight Together Against the Epidemic" and the psychological visit project of "Garden Voice of the Mind", initiated by Beijing Seeyoung Social Work Service Center, during the anti-epidemic period as examples to explore the online community service mode and specific practices experience, which aims to service specific groups such as the community youth, the elderly and the difficult crowd, and to study the continuity and feasibility of corresponding daily community service.

Keywords: The Prevention and Control of Epidemic ; Psychological Service; Social Organization; Community Service

Abstract: With the acceleration of the social aging process, pension and medical problems have become increasingly prominent. With the acceleration of the aging process of society, the demand for pension and medical care services of the elderly has becoming increasingly strong. In order to meet the health needs of the elderly, improve the health level and quality of life of the elderly, the development of new model "Integrating medical care and pension service" is the main way to solve the problem. The community health care is an important component and service support of the "Integrating medical care and pension service" model, however its imperfect supervision mechanism, shortage of medical equipment and insufficient personnel restrict the rapid progress of the "integrated medical care and pension service" model. This study combines the development status of the "integrated medical care and pension service" model, discusses the development model, main content and existing problems of community health care services, and puts forward some suggestions for further improving the level of community health care services.

Keywords: Integrating Medical Care and Pension Service; Pension Service Mode; The Community Health Care Services

B. 7 Investigation on the Situation of Emergency Treatment in Rural Communities of Yunnan Province *Zhang Hui* / 066

Abstract: This article studies how the rural communities in Yunnan effectively carry out epidemic prevention and control and local emergency management during the current period of the new coronavirus pneumonia epidemic, and strives to make scientific improvement of rural community emergency management mechanisms and efficient and smooth coordination of collaborative management. It is beneficial to explore, and strive to form a coordinated, emergency, and efficient rural community emergency governance model that is coordinated, accurate and efficient, scientifically commanded, with a well-established mechanism and full participation of the entire population.

Keywords: Rural Communities; Emergency Management; Yunnan

Ⅲ Community Care for the Elderly

B. 8 Study on the Problems and Countermeasures of Community Home-based Elderly Care Service *Liu Shu* / 082

Abstract: Community home care is an important part of China's old-age care. It is considered to be one of the old-age care methods that is more in line with China's national conditions and close to the actual needs of the elderly. It is of theoretical value and practical significance to study the problems in community home care services and propose corresponding countermeasures. This article first analyzes the development process of community home care for the aged, and discusses the current status, supply mode and existing problems of community home care for the aged at this stage. Finally, this article puts forward the future development direction and specific countermeasures of community home care services.

Keywords: Home Care Services; Aging; Aged people Service; Community Construction

Abstract: With the deep development and different characteristics of the ageing population in Beijing, new requirements and challenges for the supply of old-age care services are put forward constantly in the new era. Based on the analysis of Beijing at present endowment service integration development, this article discusses on the current problems about the elderly community care innovation models. Above all, this article also provides advices as follows: first of all, it is necessary to strengthen the top-level design by the building of the Communist Party; secondly, it turns out to be much more important to promote the sustainable development of the endowment service station, relying on the community elderly home endowment service supply to demand more elderly people; last but not least, as far as the elderly service talents are concerned, this article also improve some suggestions to forward the elderly service staff development.

Keywords: Ageing; Community Care; Beijing city

Abstract: The degree of population aging in Beijing is deepening, and the pace of service infrastructure construction of pension agencies accelerates, but in sharp contrast to "one bed is hard to find", the operation of pension agencies is difficult. Based on the analysis of the basic situation of the pension agencies in Tongzhou District, Beijing, this paper finds that the occupancy rate of the pension agencies is generally low, and a large number of pension beds are vacant; the elderly have the demand for occupancy, but the willingness is not high, and they do not have the ability to pay; the group of nursing staff who provide services presents the characteristics of low income and low professionalism. The paper suggests that we should pay attention to making pension policy from the perspective of the actual needs of the elderly, adjust the "baton" of pension service supply, try to avoid "have quotations, but no transactions", promote the high-quality development of pension service system step by step, accelerate the professional construction of nursing staff for the elderly, and finally realize the effective supply of pension services.

Keywords: Pension Problem; Pension Agencies; Population Aging; Occupancy Rate

Abstract: The old-age care has increasingly become one of the core issues of social concern, and has become a touchstone to test the level of social governance and social development, which must be viewed with a higher political position. Population aging superimposed urban development transformation is the capital of Beijing's basic city situation, while affirming that Beijing has achieved great achievements in the endowment system development, we should see that it is still a more problematic area, need more institutional innovation and resource investment. We will continue to improve the level of facilitation for the aged at home, further enhance the level of legalization and standardization of matters related to the aged, and overcome the problems of insufficient market impetus and competitive optimization pressure for pension products (services) .

Keywords: Home-based Care for the Aged; Old-age Care System; Beijing City

Abstract: Elderly education, as an important part of lifelong education is also an important method of realizing active ageing. Under the context of population aging, a prominent problem facing the current elderly education lies in the contradiction between the huge demand of the elderly for learning and the limited resource supplies. This article believes, on the one hand, conceptually speaking, we must boost the transfer of the "welfare-oriented" elderly education to the "resource-oriented" one to solve this problem. Besides, we should cultivate the elderly's independent awareness of being educated and focus on stimulating their own potential by adopting the concept of lifelong education and the perspective of active aging, thereby creating a positive image of senior citizen for the elderly; on the other hand, practically speaking, we must clarify the competent department for elderly education as quickly as possible, refine the policies and regulations for elderly education, establish a sound service system for elderly education, and enhance the training of senior education professionals, etc. All of these are important measures to effectively solve the practical dilemma of elderly education.

Keywords: Community Elderly Education; Lifelong Education; Active Aging; Welfare-oriented; Resource-oriented

Ⅳ Community Participation

B. 13 The Old Neighborhood Brand in Shijingshan District: Analysis and Reflection on Social Governance Experience

Liu Jixin, Yang Yuzhong, Li lu and An Ruoran / 137

Abstract: "Old neighborhood in Shijingshan District" is a general name for people who live, work, love, care and build Shijingshan; they are the practitioners of Shijingshan's master spirit, the practitioners of people's city people build, people's city people manage", and Synonymous with practitioners of "fine governance, co-governance, rule of law"; a collection of enthusiastic people serving the people, leaders of deliberative democracy, inheritors of excellent culture, and guardians of civilized society. This characteristic appellation, which has a strong human flavor and reflects countless neighbors' watching and helping each other, has become the backbone of promoting grass-roots social governance in Shijingshan District. The article analyzes the experience and advantages of governance from three aspects: the development background, brand building and achievements of the "Old Neighborhood", and then makes reflections on this basis to further promote grass-roots social governance.

Keywords: Old Neighborhood; Social Governance; Co-governance and Shared Benefits

B. 14 Thinking and Experience of Voluntary Service Participating in Community Governance

—*Based on Practice of "Two New and Two High"*

Haidian District of Beijing / 148

Abstract: Haidian District, as the cultural and technological highland of

Beijing and even the whole country, is incomparable in terms of the thickness of cultural heritage and the leading scientific and technological capability. Based on the two peaks of talent and science in Haidian District of Beijing, the voluntary service in Haidian District fully implements the strategy of "Two New and Two High", excavates new impetus for the integration and development of culture and science and technology, contributes to the construction of new urban form, promotes the high-quality development of voluntary service, creates high-quality communities, and meets the people's needs for a better life. This paper discusses the model of voluntary service participating in social governance in the scene of Party building leading, science and technology innovation integration, public welfare entrepreneurship, care for teenagers, aging friendship, etc. in order to explore the possible positive role of voluntary service participating in social governance in the "Two New and Two High" strategy of Haidian District.

Keywords: Party Building Leading; Science and Innovation Integration; Public Entrepreneurship; Youth Growth; Aging Friendly

Abstract: With the increasing social status of women in urban areas, women not only take an advantage in community construction, but also play an important role in families, neighborhood, community service and help. They are becoming the major force in community construction in urban areas. In the reports from the 19th National Congress of the Communist Party of China, advocacy of enhancing community management and structure to establish a platform for women \`s involvement has been proposed. To ensure the participation of women in community management in urban areas and playing better roles, the management should follow the leadership of Communist Party, developing rules to fulfill the needs for women in community management. Therefore women will pay more attention and gradually become the maj or force in community management, contributing their intelligence and power to modernization of national management system.

Keywords: Women; Urban Community; Social Management

Abstract: Based on the fieldwork and investigation of Hongqiao Town of Minhang District in Shanghai, this article generalizes the positive effects and existent problems of community self-governance in buildings and residents' participation, and then provides certain policy advice. Community buildings' construction in Hongqiao has positive effects on the party building, team building and self-governance. On the other hand, there are still different problems of governance among communities, together with other problems of particular buildings' construction, basic system of the party, stability of grassroots leaders and level of residents' participation. Then ten pieces of advice are provided to promote community self-governance.

Keywords: Self-governance in Buildings; Residents' Participation; Social Governance

V　Community Governance

Abstract: Since the strategy of sustainable development of rural tourism was put forward, various tourism forms have developed rapidly in many places. To balance the relationship between traditional community and commercial has become a problem that rural communities has to face. As the main organization of community governance, the neighborhood committee plays an important role in the development of rural tourism. Taking the community of X street in Zhujiajiao as a case, this paper analyzes the role and function of neighborhood committee in community governance from four aspects of autonomy, management, service and mobilization, and summarizes relevant experience, hoping to provide practical experience for community governance.

Keywords: Community Governance; Tourism Communities; Neighborhood Committees

Abstract: For the problems in assessment of current safe community construction, YT street integrated the indicators of all kinds of assessment systems, and established a hierarchical index system on the basis of past experience. YT street enhanced the effect of safe community construction by operating in project system and attracting residents to participate.

Keywords: Safe Community; Community Construction; Community Assessment

Abstract: Community consultation has become an important means and platform to promote effective community governance, and it will be an inevitable development trend in the new period. Based on the research, this paper analyzes the basic operation characteristics, operation mechanism and effect, influencing factors, existing problems and optimizing path respectively. It is found that most of the communities with community consultation halls have a high level of development, and different communities have carried out different innovative practices under the overall framework of community consultation with their own characteristics and actual conditions. The development degree of community consultation is more directly related to the contribution degree of the benefit subject who grasps the advantage resources of the community, and the implementation of the result of consultation has become the key problem that restricts the community consultation. Only in this way can the effective conduct of the consultation process be guaranteed.

Keywords: Urban Community; Consultation; Grass-roots Management

Abstract: as a specialized, market-oriented and modern housing management mode, property management is of great significance to improve the living environment of urban residents and the value-added and maintenance of real estate. However, due to the limited development time of property management and the lack of market competition in China, the service level of property management enterprises is uneven, and the property complaints rank first, and the property services accepted by the grass-roots courts are combined. The number of the same dispute cases is increasing in an explosive way. Starting from the ten focuses of disputes over property service contracts in recent years, the report analyzes the misunderstanding of property owners, the vague identity of property service companies and the lack of service quality in property management in China, and points out that the ADR dispute resolution method that the court hopes can not fully solve the actual disputes. In order to make our property service market-oriented road, only the refinement of legal provisions and the clear definition of rights, obligations and responsibilities can.

Keywords: Property Service; Contract Dispute; Property Management

Abstract: Community governance is an important part of grass-roots governance in China. Micro governance and micro reform based on community service station is a useful exploration to improve grass-roots governance. This paper focuses on the reform of Beijing community service station, tracing back to the background of the reform, and introducing in detail the process, content and characteristics of the comprehensive pilot reform of Laoqianggen community service station in Guang'anmen Inner Street of Xicheng District, and making in-depth analysis in combination with "The Theory of Scene" and "Governance Theory". The author believes that the community service station, through transformation and upgrading, establishes a new role, creates a new scene, reshapes a new mechanism, becomes a governance center linking multiple parties, better responds to the needs of residents, and improves the efficiency of community governance. The reform practice is committed to the production of scene social space, promoting the initial appearance of integrated governance mode, inspiring the author to further think about the problems of grass-roots governance, and put forward some suggestions for deepening the reform.

Keywords: Laoqianggen Community Service Station; Scenes; Integrated Governance

Ⅵ Community Development

B. 22 China Smart Community Development Report

Zhu Hailong, Xu Huan / 263

Abstract: Smart community is a product of scientific and technological development. It is mainly composed of infrastructure layer, functional application layer and decision-making management layer. It includes four modules: smart government, smart people's livelihood, smart family and smart property. It is a new model of community management. The concept of smart community originated in the United States. At the end of 1980s, China's smart community began to develop. It was divided into three stages: community intelligence, community digitization and community intelligence. By analyzing the current development mode and construction status of China's smart community, Reflecting on the problems existing in the construction of China's intelligent communities, such as the need to strengthen the ideological understanding of some areas, the lack of unified planning, the lack of unified standards for the construction of intelligent communities, the lack of construction funds, the insufficient development of resources, the shortage of technical personnel, etc. , this paper puts forward the future development direction of China's intelligent communities, i. e. network coverage, system integration, equipment intelligence and design ecology, and innovates the ideas for the development of China's intelligent communities.

Keywords: Smart Community; Community Governance; Smart Property

B. 23 Global Perspective and China Path of Community Foundation Development

Huang Jialiang, Ma Ying / 274

Abstract: The community foundation was born in the United States and gradually expanded globally. In the past years, the American Community Foundation has been deeply embeded in the soil of American society, and has formed a community charity model with American characteristics. In the process of global expansion, community foundations have formed two typical models: the bank model and the aggregation model. Based on the global experience, the China Community Foundation has gradually formed a more mature operation system from the three aspects of internal governance, resource linking and project operation. However, in general, Chinese community foundations are still in their Initial stage. It's very important to take root in China's local system and cultural environment further, facing the practice of community governance, and explore community foundation models with Chinese characteristics.

Keywords: Community Foundation; Localization; Community Charity; Community Governance; Social Transformation

Abstract: the improvement of the ability and level of social governance of the communities (villages) in the urban-rural fringe area of the capital is seriously restricted by the factors of the floating population hanging upside down and the lack of management resources at the grassroots level. This paper investigates the promotion of the measures of "village property management" and "smart access control system" in 20 communities (villages) in the urban-rural fringe area of Changping District, and analyzes their promotion The function, effect and existing problems of regional social governance capacity and level are further promoted and improved in the construction and operation of "village property management" and "smart access control system" from four aspects of strengthening policy support and legal system guarantee, strengthening public opinion propaganda and positive guidance, strengthening government guidance and fund guarantee, strengthening daily supervision and education and training, and improving the urban-rural integration The social governance ability and level of local communities (villages) are proposed

Keywords: Community (Village) Social Governance; Village Property Management; Smart Access Control System

B. 25 The Dilemma and Outlet of Community Governance Innovation in Northwest China

—*Investigation and Thinking Based on the Three Social Co-ordinations Pilot Projects of Gansu*

Jiao Ruoshui, Gao Huaiyang and Zhang Sijie / 299

Abstract: "Three Social Co-ordinations" is a new measure of social governance innovation in the new era, bring new support to community development. This new thing is facing some special challenges in the process of embedding the original community governance, especially in the development of the Western Region. Through the investigation of the pilot community of " Three Social Co-ordinations" in Gansu province, this study found the following challenges: The development space of professional social workers under the leadership of administration is insufficient; The three associations are "linked" without moving, which is difficult to effectively coordinate and operate efficiently; Community social organizations are stunted and cannot effectively play their role in community governance; The problems of shallow involvement in social work and formalization of community participation are prominent. At the same time, the development of social workers' talents lags behind the people's demand for social work services for a long time, which is also a bottleneck restricting the further development of the three social cooperatives. Social workers, social organizations, etc. are easily absorbed by the original administrative system, which further expands the original administrative system, making the " Three Social Co-ordinations " risk of " involvement" . This article puts forward the corresponding policy suggestions based on the practical environment generated by the problem, with a view to helping the practical exploration to achieve a good operation.

Keywords: North-west Region; Community Construction; Three Social Co-ordinations; Involution

Abstract: The community is not only the "first space" for people's life, but also the "starting space" for the pursuit of a better life. The number, type, and location of public facilities affect the pursuit and acquisition of a good life for the residents of the community. Under the guidance of the concept of green development, this paper analyzes the spatial layout characteristics of community public facilities in Beijing, puts forward the path of spatial optimization of community public facilities, aiming at the existing problems and deficiencies, in order to provide scientific support for the research, judgment, layout optimization, and resolution paths of community public facilities.

Keywords: Spatial Distribution; Community Public Facilities; Green Development

皮 书

智库报告的主要形式
同一主题智库报告的聚合

皮书定义

皮书是对中国与世界发展状况和热点问题进行年度监测，以专业的角度、专家的视野和实证研究方法，针对某一领域或区域现状与发展态势展开分析和预测，具备前沿性、原创性、实证性、连续性、时效性等特点的公开出版物，由一系列权威研究报告组成。

皮书作者

皮书系列报告作者以国内外一流研究机构、知名高校等重点智库的研究人员为主，多为相关领域一流专家学者，他们的观点代表了当下学界对中国与世界的现实和未来最高水平的解读与分析。截至 2020 年，皮书研创机构有近千家，报告作者累计超过 7 万人。

皮书荣誉

皮书系列已成为社会科学文献出版社的著名图书品牌和中国社会科学院的知名学术品牌。2016 年皮书系列正式列入“十三五”国家重点出版规划项目；2013~2020 年，重点皮书列入中国社会科学院承担的国家哲学社会科学创新工程项目。

S 基本子库
UB DATABASE

中国社会发展数据库（下设 12 个子库）

整合国内外中国社会发展研究成果，汇聚独家统计数据、深度分析报告，涉及社会、人口、政治、教育、法律等 12 个领域，为了解中国社会发展动态、跟踪社会核心热点、分析社会发展趋势提供一站式资源搜索和数据服务。

中国经济发展数据库（下设 12 个子库）

围绕国内外中国经济发展主题研究报告、学术资讯、基础数据等资料构建，内容涵盖宏观经济、农业经济、工业经济、产业经济等 12 个重点经济领域，为实时掌控经济运行态势、把握经济发展规律、洞察经济形势、进行经济决策提供参考和依据。

中国行业发展数据库（下设 17 个子库）

以中国国民经济行业分类为依据，覆盖金融业、旅游、医疗卫生、交通运输、能源矿产等 100 多个行业，跟踪分析国民经济相关行业市场运行状况和政策导向，汇集行业发展前沿资讯，为投资、从业及各种经济决策提供理论基础和实践指导。

中国区域发展数据库（下设 6 个子库）

对中国特定区域内的经济、社会、文化等领域现状与发展情况进行深度分析和预测，研究层级至县及县以下行政区，涉及地区、区域经济体、城市、农村等不同维度，为地方经济社会宏观态势研究、发展经验研究、案例分析提供数据服务。

中国文化传媒数据库（下设 18 个子库）

汇聚文化传媒领域专家观点、热点资讯，梳理国内外中国文化发展相关学术研究成果、一手统计数据，涵盖文化产业、新闻传播、电影娱乐、文学艺术、群众文化等 18 个重点研究领域。为文化传媒研究提供相关数据、研究报告和综合分析服务。

世界经济与国际关系数据库（下设 6 个子库）

立足“皮书系列”世界经济、国际关系相关学术资源，整合世界经济、国际政治、世界文化与科技、全球性问题、国际组织与国际法、区域研究 6 大领域研究成果，为世界经济与国际关系研究提供全方位数据分析，为决策和形势研判提供参考。